南明史

錢海岳撰

第七册　列傳

卷四十七至卷五十六

中華書局

南明史卷四十七

列傳第二十三

無錫錢海岳撰

劉同升 子孟欽等 仲錞等 劉明保等 張朝綖 謝上進 李丕珩 張羽明等 廖惟志等 萬元吉 子象玄等 弟九吉 陳課 童以振 李士延等 黄志忠等 黄震象等 陳賡 陳斌 段仁 曾應遴 曾聯甲 曾應文 廖任隆等 謝大茂 黄雲師等 詹兆恒 父士龍 弟廷椿 劉日杲 俞道淳 徐肇曾 姚應亨 周可期 周建子 王栻 王廷垣 傅濬龍等 傅鼎乾等 管清等 李藩等 楊時秀 趙祖等 陳泰來 子正儀 袁應夢 張天溥 熊惟樸 胡維霖 李九華 熊士逵 漆嘉祉 曹志明 曹國祺 聶棟 王平東 李維楨 黄楧等 晏楊勳等 任汲 李淩洪 黄國彦 謝詔新等 諶廷椿等 胡親民 鄒魁明 繆九鳳 李含初等 劉炤華 舒春陽等 戴知三等 許文龍 張猶龍等 黄鍾等 胡之瀾 徐善箕 倪大顯等 石光龍等 了空 吳漢超 趙初浣 徐朗 項志亨 梅盛林 王聘徵 方鼎 李贊圖 鍾時升 薛顯吾 潘振蛟等 徐濬 葛綰 鮑先聲 楊璜等 吳大眼 邵起 周從勛

張以謙　朱寵　易道三　易祚遠　王光淑等　易名甫　劉啟禎等　王璸　嚴子靜　萬里春　孫希仲　李芬　劉和尚　胡公國　周檣　魯元孫　劉君顯　胡爾榮　耿應興等　族應衢　周文江　魯元霖　劉鼎關　徐焯然　江中清　江石　張鵬羽　馬連山　鄭鼎生　韓杰　秦如鼎　吳載瑜　王之賞　吳國宇　趙應瓚　王祚昌　耿應昌　盧之懔　張百程　吳希顏　吳優　耿應衝　張五敦等　郭良甲　胡海若等　胡喬然　嚴欽謨　梁佳　周諒　張旦熙等　張光環　陸嗣先　吳國璋　胡之羆　李甘來等　李奇觀　胡魁楚　黃景嵩等　張一寵　王振基等　金時揚等　李侍　柯抱沖等　程志升　朱希先　楊知佐　江油然　傅運　馮么　吳錫嘉　程式厚　李儲元　柳宗旦　張用晦等　何大忠　申一龍　李之縞　楊標奇　宋之彥　何士達　梁凝祺　華龍等　薛兆麟　李之先　廖得勝　張冕　胡公緒　王士誠　楊弘載　張秉鑑　王斌　張仲　韓國顯　黃昌胤　焦裕等　常道立　楊文驄　父師孔　子鼎卿等　周歧　朱名世　朱名卿　龔廣生等　孫臨等　程良孺　金世俊　弟世儼　姜應甲　孫時芳　余祚徵等　錢六洲　高維城　許試　馬應禎　黃徵明

劉同升，字晉卿，吉水人。侍郎應秋子。崇禎十年進士第一。威宗問年幾何？對曰：「臣年五十一矣。恐無以報聖恩。」上曰：「爾尚似少年，勉之。」授修撰。乞假省墓歸。後以楊嗣昌奪情，謫福建按察知事。未赴而北京亡，痛哭馳檄，徧告十三郡鄉官士庶，興義復仇，縞素辭墓。至會城，與楊廷麟遇，大集澹臺祠，爲威宗發喪，誓師啟行。會安宗立，起侍講、右中允，未赴。明年南京亡，與廷麟邀李永茂共建義旗，保守贛州。紹宗聞而嘉之，擢國子祭酒，轉詹事。遂立忠誠社，招致四方豪健。鄉官王其弦、劉明保等各率家丁齎糧相從，幾二萬人，進復萬安、泰和、吉安、臨江。已而永茂内召，以張朝綖爲巡撫，尋又召回。隆武元年十月，改命同升以兵部左侍郎總理江西，巡撫其地，督謝上進、李丕珩、張羽明、廖惟志等圖恢復。時永寧王由榿復建昌、撫州諸路，移檄信、饒犄角，約並下省，晋尚書督師，而同升拮据勞瘁，已疾作。是冬十二月，行至雩都卒。事聞，贈太傅、東閣大學士、廬陵伯，謚文忠。

子孟欽，字安期，隆武二年舉天興鄉試。起兵，累遷太僕卿。國亡，自刎不殊，入西山，以不薙髮係獄，久之，脱歸死。

子宗漢，字景璜，去舉業，力學自放。

仲錞，字安于。隆武二年舉天興鄉試。職方主事。隱梅川，與蕩公子義師，水死。

叔鋮，字安道；幼鍾，字安士，去諸生，不知所終。季鐄自有傳。

從弟家升，禮部儒士，吉水陷死。

明保，安福人。萬曆三十一年舉於鄉。知縣。與諸生彭日趣各以家丁入社，後明保赴鐵櫃塘死，日趣死萬壽宫。

朝綎，字思藻，同安人。崇禎十三年進士。授職方主事。抗疏清核京衛冒糧數十餘萬，以武選郎中典試廣西，轉湖西參政。時天井盜盤踞，歷任監司剿撫兩困，單騎抵穴開諭，盜盡解甲。陞雲南督學副使，民爲之攀轅，因留任。及撫南贛，清勤自矢，調兵部右侍郎。福京亡，隱居卒。

上進，字善下。歷廣州同知知府致仕。後歐血數斗，觸石死。

丕珩，字楚賤。諸生。兵敗，與妻王、僕得爵水死。

羽明與弟羽時、羽昭、羽翕，負膂力，傾家起兵，拒張獻忠全城，立堡介山，且耕且守。清兵至，戰死，皆吉水人。

惟志，字覺先，忠誠興國人。選貢。佐同升軍，授職方主事。兵敗隱，清徵不赴。兄子應運，亦勤王死。

萬元吉，字吉人，南昌人。天啟五年進士。授潮州推官，調歸德，捕盜有聲。崇禎初，計典鐫級，爲永州簡較，尋遷大理評事。楊嗣昌薦充軍前監紀，曉暢戎機，倚之若左右手，諸將亦悦服。十三年七月，張獻忠將入川，元吉扼之歸、巫。與秦良玉合兵擊之，招降惠登相、王光恩等。邵捷春分兵力弱，元吉諫之，不聽。獻忠果敗捷春。元吉邀之譚家嶺、七箐坎、乾溪。捷春被逮。元吉至保寧，以猛如虎爲總統，合屯綿州。元吉間走射洪，守蓬溪以待。獻忠入瀘州，元吉欲以大兵自南搗其巢，促之北犯永川逆擊。十四年正月，嗣昌追獻忠雲陽，元吉慮東竄，請分兵出梓潼塞歸路，不聽。已獻忠果東，路空不可遏，遂出川取襄陽、武、岳。湖廣殘破，焰益張。嗣昌歿，命監二軍，駐蘄、黄，防獻忠、羅汝才東逞，且鎮馬守應、賀一龍。以嗣昌敗，薄其賞，元吉亦以憂歸。

服闋，起南京職方主事，陞郎中。李自成窺北京，請急撤關寧吴三桂，選將守關，俾三桂隨路迎擊，可以戰勝。王永吉、黎玉田是之。以陳演不從，中止。命贊畫吴甡軍前，未行而安宗立。高傑欲擁兵渡江，元吉奉命扁舟造其壘，告以戢兵聽朝命。傑曰：「吾欲寄家江南耳。」元吉曰：「公等將進取淮北，而併孥淮南甚便，過江逼天子輦轂地，非公等兼爲國家意也。」諸將應曰：「諾。」顧皆眈視揚州。已傑卒駐揚，黄得功以兵爭之，不勝。朝議以元吉能輯諸將，擢太僕少卿，監江北軍，發銀萬兩犒之。元吉與張文昌、李棲鳳致書得功，期共戮力王室。得功報書，自陳無他，欲連絡各鎮，鼓勇討寇。元吉録稾傳示，傑、劉澤清始少戢。

元吉陛辭，疏言：「主術無過寬嚴，道在兼濟；官嘗無過任議，義貴相資。先皇帝初涖海宇，懲逆黨用事，劉削元氣，力行寛大。諸臣狃之，爭意見之玄黄，畧綢繆之桑土，大患當前，束手無策。先帝震怒，一時宵小，遂乘間抵隙，中以用嚴之説。凡告密、廷杖、加派、抽練，新法備行，使在朝者不暇救過，在野者無復聊生，然後號稱振作，乃中外不寧，國家多故，小人用嚴之效如是。先帝悔之，更崇寛大，悉反前規。諸臣復思競賄賂，恣欺蒙，每趨愈下，再攖盛怒，誅殺方興，宗社繼没。蓋諸臣之孽，每乘於先帝之寛，而先帝之嚴，亦每激於諸臣之玩，則以寛嚴之用偶偏也。昨歲孫傳庭擁兵關中，識者以爲不宜輕出，然已有逗撓議之者矣。寇既渡河，臣即與史可法、姜曰廣請撤關寧吴三桂，俾隨路迎擊，先帝召對亦曾及此，然已有蹙地議之者矣。及寇勢薰灼，廷臣勸南遷，勸出儲監國南都，語不擇音，亦權宜應爾，然已有邪妄議之者矣。繇後事而觀，咸追恨違者之誤國，設事幸不敗，必共服議者之守經。天下事無全害，亦無全利。當局者心怵無全利之害，誰敢違衆獨行。旁觀者偏見無全害之利，必欲强人就我。年來督撫更置，專視苞苴，封疆功罪，悉從意見，禦寇實著，概乎未聞。國事因之大壞，則以任議之途太畸也。」又言：「朝廷不當偏安，宜仍南京故名，示不忘恢復。而減錦衣旗尉，罷南北鎮撫，以杜告密。」

又言：「寇今被創入秦，垂涎東南，轉盼秋深。出漢、商則徑抵襄城，出豫、宋則直窺江北，兩處兵民，積怒深怨，民必爭迎寇以報兵，兵更退疑民而進畏寇。恐將士之在上遊者，卻而趨下，在北岸者，急而渡南，南京武備單弱，何以當此。臣入都將近十日，竊窺人情皆積薪厝火，安寢其上，舌戰徒紛，實備不講，一旦有急，不識諸臣置陛下於何地，得毋令三桂等竊笑江左人物乎！從來戰勝首廟堂，在廷無公忠共濟之雅，未有能立功於外者。中外大小臣工，宜洗前習，猛勵後圖，毋急不可居之功名，毋冒不可違之清議，捐去成心，收集人望，萃衆志以報大讐，集羣謀以制大勝，社稷身名，並受其福矣。」

元吉身在外而心於朝廷，前後論奏甚多，如請修建文實録，復孝康尊號，褒祀靖難時及近日北京四方殉難諸臣。又以先後目擊訪問最真者，陣亡之總兵如虎，調護秦兵之監軍副使曹心明，未蒙褒録，薊、遼舊督趙光抃未蒙昭雪，請推恩，朝議多從之。

及傑欲赴河南北伐，方擬請速予餉，而土橋鬨閧，元吉心傷之。因言：「古大將保功名，以恭順爲本。今朝廷新立，綱紀未尊，恐從此相沿，恭順日替，輕朝廷，墮綱紀，臣罪滋大。」因自請罷斥，不許。清兵至濟寧，元吉疏必南牧，請上下戒備，不聽。南京亡，走福京。清兵陷江西，諸郡望風降附，惟贛州城守。元吉與丘𦈢等散家財募兵。紹宗命以兵部右侍郎、副都御史，總督江西、浙直、湖廣七省軍務。及抵贛，劉同升已卒，遂兼巡撫事。向與金聲桓善，至是聲桓爲清畧江西，以部將禮具書幣迎元吉，元吉拒之。已主撫聲桓，遣使南昌，聲桓頗心動。

隆武二年春，加尚書，代楊廷麟守吉安。先是陳賡於崇禎末，奉命赴雲南調兵，及抵江西，而南京且亡，因駐吉安。廷麟留與共守，待以客禮。將趙應選、胡一青頻立戰功，數請駕出江西。上命從西路進兵，合周定礽以一枝屯建、撫，以偏師出瑞、洪，更檄何騰蛟出九江，合兵復南京殲虜。元吉約束嚴，不少假貸，諸將漸不用命。又以新軍張安爲足恃，蔑視雲、廣軍，雲、廣兩軍因解體。清兵逼吉安，命監紀程亮守綿津灘，總兵蒲纓、曹良咨、林大典及劉承胤部黄、向、吳諸軍合拒。諸軍内携，不戰而潰。陳課稱病走廣，爲丁魁楚所斬。監軍陳甲，遊擊張應奎，守備徐日賢及廣將童以振、丘龍、張應魁陣歿，戎旗黎富、蕭鳳龍被執死。李士延戰城下死。黄震象、鼎象兄弟畔應清兵。三月二十四日，吉安遂陷。元吉奔皂口，檄諭贛州，極言雲南軍棄城罪，雲南軍因而西去，清兵乘勝逼皂口。四月六日，元吉不能禦，趨入贛州。八日，參謀舒奇藻等執萬年，總兵劉時亮執豐城死。上敕召至行在，將行而清兵迫，不克赴。元吉素有才，涖事精敏。及吉安陷，神志惛然，令益嚴，日坐城上，與將吏不交一言。隔河清營偏山麓，而指爲空營，兵民從清營中至，言敵勢甚盛，輒叱爲間，斬之。楊文薦，元吉門生，奉命往湖南過贛，見事急，因自任守禦。事少辦，已而江起龍率兵三千，南安同知劉清容引兵三百，蘇觀生部遣師三千，粤帥餘卒三千畢集。袁從諤出募砂兵三千，龔棻、黎遂球出募水師四千，亦至南安，軍威一振。加特進，封忠誠伯。力辭。

諸將請戰，元吉必待水師至，併擊之。水師帥羅明受故海上大豪，王其弦言桀驁難制，若慈母之奉驕子。今且水涸，巨舟難進，豈能如約，不聽。及水師至，清兵夜截諸江，焚巨舟八十，死者無算。明受遁，於是雲、廣軍皆自潰，諸營散走一空，城中惟起龍兵三千，郭維經部三千餘，汪國泰、金玉振吉安兵四百餘，徐日彩新招虔兵二百餘，城外水師後營副總兵黃志忠二千餘人，而廷麟初調廣西成大業狼兵八千，元吉族人年招余龍兵已踰嶺，不及至。清以長圍困之。自五月至於十月，城中食盡，斗米八千，餓死者載道。元吉斷指入函，請救於湖南、廣東。周仕鳳在南雄，謝志良在雩都，皆趦趄不進。孫之獬爲清招撫，射榜城中招降，火之不省視。柯永盛傳汀州之訃，再招降，射殺其人。三日，將賈熊麾下張大益畔，導清兵自小南門上，兵猶巷戰。及明，清兵大集，城遂陷。

先是元吉以死自厲，禁婦女出城。從弟六吉潛載其二妾縋城去，飛騎追還，痛捶之。子欲請降，大怒，手刃之，以頸血貯盆水，呼各將士歃血，同心誓死不變，人呼萬精忠。軍民相感其義，故死守愈固。城陷，兵民皆格鬬。清兵憤，屠數十萬人，士女俘者數萬，井屍幾滿，竟無一人降者。元吉持槊戰小南門失利，走建春門，部將將擁奪門去。元吉嘆曰：「爲我謝忠誠人，使闔城塗炭者，我也。我何可獨存！」遂投贛江死，年四十四。二妾及婢井死。幕客尉甲罵不絕口，寸磔死。明年，聲桓卒舉江西反正，蓋元吉本謀云。

子象玄、象赤、象㪅，任錦衣指揮僉事，從扈，不知所終。

弟九吉，職方主事。

課，清遠人。指揮，累擢總兵。與諸生蕭道方同死。

以振，字千仞，孝陵衛人。都督仲揆子。自千户遷陽電參將。

士延，吉安人。邦華子。破家從軍。

志忠，番禺人。都督同知南贛總兵。

震象，字交侯，廬陵人。崇禎三年舉於鄉。

鼎象，字商侯。天啟元年舉於鄉。

元吉，永曆初贈上柱國、太師、建極殿大學士、吏部尚書、進賢伯，謚文烈。

陳賡，本名藎，字鳴遲，魏縣人。崇禎四年進士。累官廣信知府，有遺愛，遷福建參議。十七年，以御史巡按雲南，疏言：「滇中故貯帑四十萬，爲不虞資，請發募兵入衛。」安宗許之。加監軍銜，特給令字牌銀三萬募衆。賡簡傲，戎事非所長，因宗室壽鉥募得萬三千人、戰馬二千、象十二，皆臨安、石屏、寧州、新興、通海、河西子弟，驍武敢鬭，甲械尤利，標槍連弩，洞胸穿札。軍成，率趙應選、胡一青、王永祚、蒲纓至黔、楚間，而南京已陷。紹宗擢僉都御史，促赴閩，乃出湖南。何騰蛟欲留守長沙，不果。東過吉安，萬元吉招同城守，屢破清兵。元吉以言語相左，賡引退南安，命應選、一青援忠誠。忠誠陷，走寶慶，零落失意，所部爲張先璧、劉承胤所制。居隆回年餘，王進才掠其家，遂至奉天，抑抑卒。

陳斌，字蜨庵，江寧人。累功官都督僉事總兵，從賡募兵雲南。汀州變聞，隱雞足山不返。詩文筆翰成家，後以譏訕爲清所害。

段仁，雲南廣西人。崇禎十五年舉於鄉。有志節。後賡授推官參軍務。至湖南，命回滇募兵，沙定洲突至，兵未集，憤惋死。

曾應遴，字無擇，寧都人。崇禎七年進士。授刑部浙江司主事，遷職方員外郎。清兵破昌平，逼京城平子門，佐司郎策畫，日夜不敢就私室。改兵科給事中。清築烏峯，駐善木，尋屯義州。種黍米豆，漸運西洋銃及攻具，隨四酋入，而兵從右路盤嶺至廣寧，遶城轉營北鎮廟。應遴疏曰：「此虜欲借廣義爲犄角持久計也。義州在所必爭，當急乘其營未固出戰，使喘息走死，仍用海師或朝鮮。凡回鄉販使，皆可縱爲用，則義緩着亦奇着也。且誠欲蔽前峯而固山海，則錦右肘腋之間，不可不熟審處，不得以嬰保八城而已。」其明日，遼撫上朝鮮使李舜男報，登州哨軍望見旅順北岸，清亦駕朝舡百餘艘以爲防。轉工科右，督江西、廣東兵餉，置奸吏魏恒法於理。調刑科左，陞兵科都給事中。

十五年，清兵入河間、真定，一日陷城二十六，建策造舟三千，發兵六萬，繇登、萊渡海入三韓，攻其腹心，清必回救，不攻自去。後清兵飽掠去。冬，界嶺柏永鎮既撤兵，清復入寇，再議使鄭芝龍聯日本，從日本通朝鮮，綴其後，且得廉將用海師，則海禁可撤，而利歸中國，偵探皆清所不及，臣前謂回鄉販使可縱爲用者此也。而執政以爲海宇澄清，寢不行。

十六年二月，復疏言：「虜謀本屬闞，不即攻闞，以四城在也。欲保四城，必恢嵩、錦。欲恢嵩、錦，必陰間三十六部，使復歸我。張致雍用哈、卜之言非誣，哈利在馬，卜利在市，盍仍開之。」又言：「虜號數十萬，中多難民，我何以不自用其民，令招難民爲内應，知虜動靜。」遂列招難民功賞格上，請以行。五月，虜乃出口去。虜之未去也，李輔明執其子額大。額大者，酋王抽扣子也。抽扣爲三十六家之一。應遴又據嘉靖間俺答孫那吉故事，緩額太死，曰：「乘此可密用哈、卜，以通抽扣，使殺虜效順。且額太既獲，虜復調兵抽扣，必激以天朝禽殺其子。若知額大未死，則必轉以圍虜。」頃之，虜四酋死，其弟八酋入陷三城，應遴策其歸，必與九酋爲搆，復議使慶猛間之。方應遴之用哈、卜也，其明日復上疏論曰：「中原甌脱，襄陽再陷，寇有五可憂，而防寇者有三大着。一曰防江上流，一曰九江，一曰皖城，爲留都藩屏。」暨承天陷，議請力固武漢：「王聚奎、李乾德不能團結人心，止辦一走。左良玉兵宜分堵袁、臨，孫傳庭之敗，貽禍無窮。臣所大恐，中樞調度，莫急防河。新樞張縉彥久奉諭旨，馬上馳催，應無不叱馭而前。爲今日計，宜盡并其力，以據山右，並請斬白廣恩，以爲臨陣退縮者戒。」十一月，召對，請開鎮要地，曰首在淮陽，急在朝蒲，中則青兗。而明年李自成乃自朝蒲入京師云。

十七年，又言：「江西吉、袁陷，建昌潰於張獻忠，而撫按奏報杳如。呂大器褊急，不能馭良玉，乞敕催袁繼咸回任。虔州爲閩、粵咽喉，并請以鄭鴻逵鎮虔。」北京急，再請令紳富捐賑。尋再命出督江西、廣東餉。疏云：「國家不患寡而患不均，不患貧而患不安。今天下不安，原於不均。今之鄉富，衣租食税，安坐吸百姓之髓，平日操奇贏以役愚民，而獨擅其利，有司欲其與紳富出氣力同休戚得乎！故富者極富而每至於剥民，貧者極貧而甚至不能聊生，以相極之數成相惡之刑，不均之甚也。即如秦藩富甲天下，寇破西安，千百萬悉資寇，使用犒士，則百二河山安如磐石。又聞萊陽之破，鄉紳張弘德當解嚴後，盡追鄉民犒賞，痛笞而窘迫之，一家發難，合邑受殃。及兵再至，勒令弘德自指其處，發藏百萬，然後駢首就戮。使推百分之一以賑窮而享士，豈至此哉！臣敢請皇上下臣此疏，刊布中外，凡省郡州邑中各有紳富，鄉紳例得捐十分之二，富民例得捐十分之一。捐其二，正以守其八，捐其一，正以守其九，利在紳富，而百姓歸如流水矣。然後强者各籍鄉勇，察炤紳富歲入地畝，炤例捐租，名爲均田，官籍其數上聞。而歲征其籽粒，以犒鄉勇而賑貧乏，則人心既固，他變不生，百姓無失所之憂，紳富有幹止之樂，然後於紳富中，推其平日有功德於民者，爲之長。有司但爲稽其出入，平其賞罰，均田止供地方，永不許撫按借題檄取。鄉勇止守本地，永不許撫按別生調發。臣目擊臣鄉危在旦夕，區區之愚，敢以此爲天下紳富之勸。」尋被議罷。罷二十餘日而北京陷，被掠，間道南走。紹宗擢太嘗少卿管贛州恢剿。永寧王由榶敗歿，羅榮、陳丹、陳勳、張安見應遴，願招錫山并閣王總兵盡爲應遴用。即日至萬安，謁楊廷麟請撫，擢太僕卿。廷麟薦兵部右侍郎、僉都御史，督理諸軍。忠誠急，與曾聯甲、曾應文、廖任隆、廖弘志、廖日閑、謝大茂赤日徒二百里，出湖東援之。及戰兵潰，安縱淫掠，贛人大譁，攻應遴，遁歸卒。子傳燈，授職方主事，入清舉於鄉。燦自有傳。

聯甲，字贊璣，忠誠興國人。負膂力，從援忠誠，死信豐。

應文，字純甫，清江人。諸生。監紀通判，督餉興國，力戰死。

任隆，字凝和；弘志，字藎臣；日閑，字威抑，均興國人，同族兄弟。諸生。應應遴，謀攻雩都，戰壇石執死。任隆有妹往哭，任隆笑叱之，慷慨就刃。

大茂，字子育，寧都人。從軍授監紀通判，年二十一。後四營兵潰，與燦屯江上不去。一夕，暴疾卒。時紹宗銳意復江右，並命黃雲師募兵趨九江南饒。

雲師，字雷岸，九江德化人。祖學詩，字起我，諸生。左兵東下，與妻熊死，年九十一。父開先，字竹坪，通經學古。雲師，崇禎十三年進士，歷吏户科給事中，劾傅永淳顛倒選法，大爲溺職。范復粹爲首輔，疏言相須才識度三者，復粹恚，請罷，已調兵科。抗疏甄别京卿，凡所條陳，詳明剴切，爲鄭三俊所重。催楚、粵餉，題免鄖、襄逋欠三十六萬有奇。安宗立，累轉刑科左兵科都給事中、大理右丞。紹宗擢右少卿，管九瑞南恢勦，陞卿。事敗，卜居蓮花峯，清召不出，杜門著書。卒年七十七。

詹兆恒，字月如，廣信永豐人。父士龍，字雲從，崇禎十年進士，官應天府尹。紹宗立，擢大理卿。福京亡，不食卒。兆恒，四年進士，授甌寧知縣。居民失火，災及學宫，兆恒率諸生突烟抱木主出，治績有聲。遷南京廣西道御史，巡視下江，屢陳時事。請罷常自裕，薦倪元璐、錢謙益、李模、林蘭友、成德、張采、黄道周、盛王贊、成勇、袁愷、姜埰，並見采納。

安宗立，頒追謚號詔江西，疏言：「目前大計，兵餉爲急。今北漕已漸入南，而停泊江、淮者尚衆，運弁旗甲折乾盜賣，宜申敕計臣：在淮者，令督臣路振飛督之；在京口者，令漕臣白抱一督之，星夜銜尾入南。除補給京軍月糧外，立運登庾，無露泊江干，以資盜糧。」從之。未幾，擢大理左丞。阮大鋮冠帶入見，兆恒疏言：「自崔、魏扇禍，毒危宗社，幸先帝入繼大統，芟除内難，慮奸人凶黨窺伺生心，於是欽定逆案，頒行天下，以首惡正兩觀之誅，黨從列春秋之案，凜如也。然御極十有七年，此輩日夜合謀，思扇溺灰，幸先帝神明内斷，堅持不移。夫黨人巧爲蒙蔽，妄謂憐才。賊亂之才，適足敗國。陛下駐蹕龍江，痛心先帝，與諸臣抱頭痛哭，百姓莫不灑血搥胸，願思一報。近聞燕、齊之間，士紳皆白衣冠，籲帝呼天，驅殺僞官，各守關隘。此誠先帝德澤在人，有以激發其忠義耳。今梓宫夜雨，一坏未乾，太子諸王，六尺安在。國仇未報，悲痛嘗在聖心，而忽召見大鋮，還以冠帶，使屢年欽案，遽同糞土，豈不上傷在天之靈，下短忠義之氣哉！陛下試取書觀之，應亦悔左右之誤國矣。」疏入，命進逆案乙覽，而馬士英亦於是日進三朝要典，大鋮卒起用。又以薦左光先爲大鋮切齒，張孫振糾其奸貪異議，宗室統𨨗再劾之。蝗蝻録之作，兆恒與焉。九月，以少卿奉命祭告。事竣，遂引疾歸里。

紹宗即位，轉兵部左侍郎，晋尚書。與劉日杲、俞道淳、徐肇曾、姚應亨、周可期、周建子、王栻、鄭大倫破産起兵，佐黄道周出關，協胡夢泰守廣信。隆武二年八月，廣信陷，走懷玉山，與姚志卓、徐澤雷集兵數千人。十一月二十八日，復永豐，留三日，復入山。明年三月，進攻衢州、開化，清將李榮逆戰於馬嶺，兆恒衆寡不敵，被執，不屈死。妻紀、妾康嚙清兵手，齒透其骨，磔死。

兆恒弟廷椿，起義兵，敗入獄，聞揭重熙死，哭祭之，後一月遇害。

日杲，字出子。崇禎十二年舉於鄉。歷孔目、待詔。從兆恒出關，屯永豐，相持三年。移龍頭山寨。被圍，作祭文，自經德興港頭村死。

道淳，字伯謹。諸生。衣冠投鄭村溪死。

肇曾，字更生。諸生。自鴆死。

應亨，字兆嘉。諸生。自刎。妻俞經死。

可期，字碩彥。讀書明大義，一門十餘人閉户火死。

建子，字孳也。廩生。感憤死。皆廣信永豐人。

栻，諸生。從兆恒戰死。上饒人。

王廷垣，字濬服，撫州東鄉人。天啟五年進士，改庶吉士，歷編修，直起居注纂章奏。每奉使頒詔册封，所至問軍民疾苦、山川厄塞，還列上告，上嘉納之。尋轉庶子，掌春坊事，會上欲布素郊祀，廷垣言：「事天以實不以文，且乖於禮。」語甚切直，擢南京國子祭酒。安宗立，遷詹事、禮部右侍郎，調左。紹宗即位，起故官，兼侍讀學士。與揭重熙奉羅川王由核、永寧王由櫶起兵，復撫、建，一時義從蠭起。

同邑則副總兵傅潛龍、參將黄騰、都司文而武、守備劉振威、監紀推官鄒武臣，安仁則參將傅鼎乾、都司徐德、守備洪士邦，貴溪則管清、余高、李大魁等入金谿，南豐則諸生李藩，餘干則知縣楊時秀，萬年則都司趙祖、參謀舒奇謀等，與瑞州黄楧之師相應。忠誠陷後，皆敗死。廷垣，永曆元年憤卒。

藩，字淑旦。高才，多弟子。倡千礮會，練丁壯保鄉里。子璧，字品操。工詩，慷慨有父風。

時秀，字俊靈，長汀人。歲貢。自萬年訓導遷。革火耗，平詞訟，境無作奸者。

陳泰來，字剛長，瑞州新昌人。崇禎四年進士，授宣城知縣，遷户科給事中。嘗自請假兵一萬，肅清輦轂，上壯之。改兵科，出視諸軍戰守方畧，奏界嶺失事狀，劾副總兵柏永鎮論死。轉吏科，乞假歸。安宗立，起刑科，不赴。寧州土寇攻新昌，固守全城，邑人劉毅弘力戰死。福京擢太嘗少卿兼兵科，尋以太僕卿、僉都御史，提督江西義軍。辟袁應夢爲參軍，張天溥司餉。清兵掠新昌，泰來與熊維楧大破之。

初，益王由本起兵建昌，泰來與胡維霖、李九華、熊士逵將從之，漆嘉祉、戴國士持不可，曰：「公受朝命矣。今復從王，將奉王歸朝乎，王必不屈。將兩事乎，是懷貳心也。公爲國事，捐身家，本以教忠，而先示貳心於人，人誰諒之？」乃止，已而建昌失援，新昌陷，國士出降，爲金聲桓用。泰來恨之曰：「吾乃爲賊所紿，彼固爲敵遊說也，均之國事，益與朝又何分乎？」意欲誅之，顧力薄不敵，仍相通好。

時有曹志明、曹國祺、聶楝、王平東、李維楨、黄楧、晏揚勳、任汲、李淩洪、黄國彦等起兵上高，稱七家軍。泰來與相結，並連黄朝宣之師。隆武元年十一月，復上高，斬知縣張朝荃，繼復新昌寧州，斬知縣李全家，戮國士妻子及親黨數人，暴其罪。與下園劉氏義師圍瑞州，不克。淩洪復萬載，斬知縣杜章卿，國彦敗死。聲桓引清兵攻新昌，守將出降，泰來至界埠，志明、平東、楧、汲、淩洪等從上高移軍會之，進攻撫州。十四日，上高黄鼎彝降清，爲前導，泰來敗績，與劉詔新、諶廷椿、胡親民同死。二年正月五日，志明、平東、汲俱戰殁馬湖。維楨火死。揚勳、楝爲僧。或曰：「國士與泰來爲姻聯，已降，權驛傳道。」聲桓使招泰來，而以重兵躡其後，國士入泰來營，甫相見，清兵已壓壘陣，敗走黄氏祠，自刎死。

子正儀，選貢。永曆中，平樂知縣，卒。

應夢，字飛熊，諸生。負才畧。從趙光忭、楊文岳軍，泰來破寇起兵，皆用其計，後從死。

天溥傾家助餉，授職方員外郎，兵敗杜門。

維樸，諸生。事敗，入何騰蛟幕，招李赤心，道卒。

維霖，字夢説。萬曆四十一年進士。歷營繕主事、員外郎，出爲黄州順德知府、浙江右布政使。魏忠賢生祠建，不列名，罷。起福建左布政使，平浦城巨寇，調四川歸。

九華，字瑞生。崇禎元年進士。授南安知縣，以兵部主事典試四川，累遷車駕郎中、井陘僉事，鋭意修防訓士。應詔陳言，不省。定州告警，委妻劉守城，自以兵北上。寇乘間攻獲鹿，劉督兵守八日夜，城陷，一門死。歸救不及，坐失地戍邊，後起湖廣參議。

士逵，字夷庚。崇禎元年進士。歷虞衡主事、郎中，出爲福州、韶州知府，上川南參政。兵敗，維霖等被執免。

嘉祉，字蔚生。崇禎四年進士。歷順德、潮陽知縣，廉明多善政。劉香攻城，拒卻之。遷寧國推官，振卹全活無算。轉武庫主事、員外郎，出爲杭嚴僉事、海北副使，以母老乞歸。隆武元年，管理瑞州義兵餉務。永曆元年，散米以振，邑人德之。顧持重不肯起兵，爲人所少。國亡，談先朝遺事，輒嗚咽流涕。清薦不出。皆瑞州新昌人。

志明，字性之，上高人。崇禎六年舉於鄉。

國祺，字介之，全州人。萬曆四十六年舉於鄉。分宜知縣。馬湖敗後，不知所終。

棟，字明時，高安人。萬曆四十六年舉於鄉。懷寧知縣致仕。率子炬武起兵。

平東，字四知，上高人。崇禎十二年武舉第一。

維楨，字祥甫，高安人。崇禎九年舉於鄉。

楧，字茂子，上高人，崇禎十五年武舉第一，官副總兵。馬湖敗後，走高安、清江交聖果寺，錢、蕭、簡三姓從之，兵復振。隆武二年二月，與都司敖高、參將晏性、僧真空據瑞州雞公嶺、棠山，扼南昌兵，同死。

揚勳，字來捷，高安人。崇禎十二年舉於鄉。清招不應。

汲，字三及，上高人。弘光元年選貢。

淩洪，字雲士，上高人，廩生。初從楊廷麟軍，官總兵。隆武二年三月朔，復進賢。六日陷，總兵顏謙等戰死。後監黃朝宣軍，同死衡州。

國彥，高安人。選貢。

詔新，高安人。與叔之體起兵袁州，復新昌，斬守備劉吉。攻瑞昌不克，復萬載，詔新死，之體敗走長沙。

廷椿，高安人。與從子友定、友煒同死。

親民，瑞州新昌人。諸生。被執慘掠死。

鄒魁明，字彦先，南昌人。天啟七年舉於鄉。授永興教諭，署東安知縣。陳睿謨以東安多盜，將多所誅殺，力請得免。曾櫻、晏日曙、萬元吉先後皆倚重之。轉道州知州，備禦八排，清餉汰弱，訓士有方。自國子學正累遷兵部司務、職方主事，督理九門兼管存郵，協守宣武門。疏言：「官軍有籍無人，請嚴内臣包冒、豪右買充之禁，著爲令甲。」擢督捕員外郎，提調武會試。北京亡，南歸，陞河南監軍僉事。隆武時，與繆九鳳傾財起兵，以尚寶少卿監軍建昌，一時李含初、劉炤華、舒春陽、戴知三、許文龍、張猶龍、黄鍾、胡之瀾、徐善箕、倪大顯、石光龍、了空等皆響應，戰迭捷。清兵大至，入山，艱險不渝。永曆三年，以義師事連，被執死。

九鳳，字鳴岡，如皋人。副貢。於潛知縣，通敏以和出之，民被其澤。遷瑞州同知，歷知府、監軍副使，羽書旁午，判決如流。兵敗，一門死。

含初，字扶先，九江德化人。諸生。初，清英王阿濟格屯九江，遊兵分掠四出，鄉寨拒之，奪其駝馬旌旗。未幾北歸，留金聲桓守之。含初諜上其人馬，數言敵悉北不足畏，曠昭不決，而迎款者至九江矣。乃傾家起兵䏶山，得王拐子萬人。隆武元年八月，復德安、瑞昌，斬知縣郭之麟，攻南、九不克，軍聲頗振。拐子故盜反復，私款九江清將余世忠。九月，以攻南康爲名，撤營出，世忠因襲䏶山。含初檄拐子入援不至，含初與子宗麻戰死。子玉初起兵，先後死。

英，永曆二年二月，爲王得仁所殺。弟諸生暎陽，及武生唐扉、鄧士鳳，諸生熊九鼎，亦從含所殺。

炤華，武寧人。先崇禎十七年，羅朝貴立寨太平山。弘光元年降清，攻奉鄉，尋爲清兵所殺。隆武元年十一月，朱元亮夜入進賢敗走，炤華合柯柏先攻靖安死。

春陽，字管生，靖安人。功貢。從胡時忠平寇。隱繡谷峯，詩文草書獨闢境界。隆武二年，與同邑鄉官涂調鼎、建昌鄒麟及黑旋風攻都昌不克，元亮合柏先攻武寧死。

知三，建昌人。於隆武二年後起兵死，燕罔八被執軍山死。

文龍，字雲樓，南昌寧州人。諸生。博學通兵法曆象壬遁。南昌陷，與猶龍、曾嗣宗起兵寧州，何騰蛟授監紀同知。聲桓招之不應。隆武元年八月，逐清寧州道宋甲復城，出屯奉鄉，永寧王由㰘㰒擢監軍副使。十月，駐寧州，未幾陷。降將吴勝引葛甲攻奉新，文龍伏火槍上坑嶺，命猶龍出誘敵，且戰且走，誘入伏，槍發，殺勝百許人。葛乞師南昌，再圍之，文龍困守三月。二年正月，鍾奉騰蛟命，合文龍、張用吉、劉天楚及守備張京才自奉新再復寧州、瑞昌、武寧，義師萬人，自靖安至奉新走。四月，劉震木數萬人自武寧屯九仙湯，聲言攻南昌，未行而歸寧州。寧州再陷，文龍糧盡走劉陽界首寨，葛甲追急，猶龍走，文龍被執至南昌。聲桓曰：「好漢今至此乎？」叱曰：「定興同事，決不似狗輩偷活。」聲桓怒殺之。

猶龍，南昌寧州人。騰蛟監軍。嘗領十八營援剿張獻忠。寧州陷，入山。後與吴三桂起兵。

鍾，平江人。復寧州，授知州。州陷，與用吉、天楚、京才皆死。

之瀾，字聿修，進賢人。諸生。隆武二年七月十九日，起兵棲賢山，衆千人，戰敗穀源，矢盡，執至餘干，觀者如堵。笑曰：「面目不異人，但心赤不黑耳。」誘降不從，大駡曰：「畔賊何面目視人。」齒落含血噴死。

善箕，字雅調，上饒人。天啟七年舉於鄉。石首知縣致仕。隆武元年七月，起兵饒州。二年春，被執不屈死。

大顯，字用黯，饒州樂平人。武生。家饒於財，豪俠好士，與兄大恢、大登皆以勇力聞。馬士英黔兵過境，殲之下獄免。推官周損幣致之，命連絡諸豪。損敗，歸黄道周。道周敗，從汪志稷、曹大鎬廣信。二年治兵無虚日。永曆元年，得仁大發兵屠樂平。大顯以數百人破之，志稷攻婺源不克死。清兵聞大顯勇，爭取之以爲功，有僧長八尺餘，下馬搏之，大顯斫僧，應手首墮。遂與鄱陽江甲連斫清騎，甲戰死，得仁兵卻。已清兵蟻聚，大顯度不支，抽刀自刎。大恢、大登被執皆死。

光龍，都昌人。智勇精騎射，戰則跣足。使鳥銃，百步三發，發必洞胸穿札，所當無不死者，人呼黑子，又呼赤足黑先鋒。隆武二年九月，與了空奉嘉興王起兵饒州、東流、建德，衆幾萬人，破清將朱文美、潘永禧，幾執之，授總兵。十二月十三日，合童蘭二千人至堯城渡戰敗，蘭死；王及文臣陳泗一，軍師劉應龍，都督總兵胡國龍，副總兵孫日昇、朱國達，守備金文貴，千總陳一之戰死别部亦敗於彭澤，文臣項三六、劉太、葉家、周道達，總兵汪德甫，副總兵朱盛、費興、汪太青，都司汪啟棟、莫大忠戰死。光龍退保都昌，攻城不利，後出殁湖、彭、東、建間。一夕大醉戰，中矢死。

了空，九江德化人。少爲僧。起兵授總兵，先戰受創，與明了走饒州，被執不屈死。

吴漢超，字許公，本名犇公，字茂叔，宣城人。諸生。强直有膽。北京陷，與其友湯廷玄謀募兵赴難，安宗立，乃止。已而南京又亡，慨然曰：「天下事遂已乎！」議保寧國境，無應者，乃以數百人走涇縣，與尹民興、趙初浣起兵城守，授監軍御史。師潰，會徐朗、項志亨、梅盛林聚衆華陽山，聞漢超名，禮而致之。合王聘徵、方鼎、李贊圖、鍾時升、薛顯吾、潘振蛟、陶昭陽、徐濬、葛綰、鮑先聲、楊璜、吴大眼兵，連復句容、高淳、溧水、當塗。漢超曰：「我兵少，聚而守城，則無以攻戰。我以遊騎四出，使彼疲於策應，此伍員報楚之智也。」以故所復州縣皆不守，然是時民心已涣，漢超復無以撫定之，事愈無成。

隆武二年正月四日，與朗襲宣城，夜緣南城登，同知王家梁勒兵巷戰，漢超所部皆宣城人，各顧其家，莫有鬭志，遂潰。訊俘卒，始知漢超爲之主，於是圍其家，令曰：「不出且族。」漢超已出城，念母在，且恐累族人，翌日，乃歸死。臨難不屈膝，剖其腹，膽長三寸。妻戚墜樓死。

初浣，字雪度，涇縣人。副貢。名著復社。涇縣陷，遇害。

朗，當塗人。弘光元年閏六月十八日，復溧水。隆武二年二月，敗清兵當塗官園。

志亨、盛林，宣城人。皆諸生。同漢超死。

聘徵，蕪湖人。元年七月，起兵赭山。十二月，入溧水城，退屯觀山死。

鼎，字定九，宣城人。諸生。與邑諸生甘雨行皆去家客高淳，知贊圖負材勇，邀之共説龍溪里時升，傾萬金結士，同顯吾起兵，戰敗皆死。

贊圖，字君一；時升，字漢生，高淳人。

顯吾，和州人。

振蛟、昭陽，當塗人。皆官總兵。二人起兵攻蕪湖，二年二月戰死。

濬，字伯淵，當塗人。諸生起兵。二年二月，斬副將林中瑜官圩，已而戰死。

綰，字士符；先聲，字賓實；璜，字希周；當塗人。皆諸生。二年三月十六日，戰敗水死。璜爲人正直，與諸生蕭雲翔起兵橫山，雲翔陣歿，璜先驅十歲子於河，自沈死。清屠當塗，丁子龍、郝甲、孟二、孟四戰死。胡之臨與妻戴及婢水死。陳希藩與子相儒執死。武良臣、孔千、王和尚、陶榮甫、王艾、夏公時降清。

大眼，江寧人。能戰有紀律，通術數。兵敗入楚，不知所終。

邵起，金華人。恩貢。崇禎中，歷蘄水、英山知縣，邑治丘墟，駐添棲鄉。户口數千，多方招致，給牛種，土著流移以生。遷監紀通判，破張獻忠武昌，尋從楊卓然撫賀一龍、賀錦、王國寧，欲與通商互市，不果。累轉兩淮運判、廬州知府、大梁僉事參議、汝南副使，調襄陽監軍。歸隱英山。南京亡，集衆舉義豫南楚北山中。近戴宗室藴鑑，屢破清兵。以周從卨、劉時曾守蘄州斗方寨，劉時叙爲英山知縣。隆武元年，與張以謙、朱寵遣趙貴間謁福京，紹宗以豫、楚各寨師起，命職方主事唐倜聯合義師，殺僞復疆。擢起兵部右侍郎、僉都御史，總理豫、楚、直、陝、晋、齊提督軍務，討逆安順，賜尚方劍便宜行事，兼巡撫河南，恢復府縣，擇才授任。是冬，徐君美奉招討七省行牌至六安，爲清兵執死。

先北京亡後，張縉彦聯絡豫、楚堡寨，蘄水白雲、大旗、汝息、任家、張莊、龐家、光山、皂旗、烏龍、雞冠，信陽紅旗、黄楊、天台，麻城獲生、紫雲、五腦，商城牛氏、上莊四百八十九寨響應。及起舉兵，黃岡易道三、易祚遠、王光淑、易名甫、王瓚、嚴子靜白雲山寨，諸生王之經大旗山寨，萬里春武湖寨，孫希伸劉婆巖寨，李芬龍頭山寨，戴瑾馬鞍山寨，樊維章桃花洞寨，劉和尚某寨；麻城胡公國拜郊堡寨，周櫓梅侯山寨，魯元孫雲霞山寨，劉君顯雁門寨，與胡爾榮、耿應輿、耿應衢、周文江、魯元霖、劉鼎闕諸山寨；黃陂徐焯然等四城十六寨八十六堡；黃安江中清江石大峯山寨，張鵬羽小金山寨，馬連山、鄭鼎生將軍山仙人臺寨，韓杰小程山寨，秦如鼎淨瓶山寨，吳載瑜磨盤寨，王之賞五雲山寨，吳國宇風水山寨，趙應瓚紫雲、黑石、譚王諸寨，秦自輝、王祚昌、耿應昌、盧之懔、張百程、耿大來、吳希顏、吳優、耿應衡、張五敦、王獻臣、三角山等四十七寨；蘄水何彬然石門山寨；羅田郭良甲高鵬山寨，胡海若、雷世顯、李蟒崖雲峯山寨，葉嘗孚大羅山寨，蕭熹仙女寨，江萬琮獨龍井寨，胡喬然、詹勝祥、閻時鼎、秦文鼎、匡琳玉、嚴欽謨天堂山諸寨；蘄州張相策山寨及梁佳、周諒等黑石、牛皮、大標、小標等五十二寨；廣濟張旦熙、梁重其大符山寨，張光環四望山寨，胡篤生燕子寨，陸嗣先萬宏寨，吳國璋觀音寨，胡之羆羊頭坌寨，阮思槐與子雲壠頂寨，胡之郁峨峯寨，李甘來獨山寨，陶君臺武山墩寨，吳士榮與弟凱武山寨，及李奇觀、胡魁楚諸山寨；黃梅黃景嵩舒城山寨；太湖張一寵樂成堡；潛山王振基萬澗山寨；英山余文福、江永壽文義、朝陽諸寨；霍山項守達祥雲寨，王慎德王家寨，李又扙二女小姑寨，金時揚金氏寨，吴日龍、日虎、日彪三尖寨，梁應奎卓筆寨，董中義復覽山寨，谷甲蘆谷寨，余芬四柱巖寨；以及蒲圻李侍，興國柯抱沖、程志升、朱希先，大冶楊知佐，漢陽江油然，漢川傅運，馮么，安陸吴錫嘉，雲夢程式厚、李儲元、柳宗旦、張用晦、陳能、蔡陞、任國棟、何大忠，應城申一龍，孝感李之縞、楊標奇，隨州宋之彦、何士達、梁凝祺等，鍾祥華龍、薛兆麟，潛江李之先，當陽廖得勝，沔陽張冕，景陵胡公緒，枝江王士誠，棗陽楊弘載、張秉鑑，房縣王斌，商城張仲，嵩縣韓國顯，西安黄昌胤、焦裕、焦文茂，鳳翔常道立，近合固始，東連潛、霍，皆受節制，江楚震動。十二月，縉彦自六安降清。起後兵敗，退英武寨，與宗室常巢合戰失利，與子希衮、希襄自火死。羅田儒生余大新以衆降清。

從敃，蘄州人。隆武元年十一月，斗方寨陷，與時叙執死。副總兵沈一安戰死。副總兵陳福以劉婆九十五寨降清。

以謙，字本厚，睢陽人。萬曆二十三年進士。授洋縣知縣，開水田八百餘頃。歷户部主事、武昌知府，捐奉築江隄十餘里，永絶水患。轉洮岷副使，督撫將領取虎豹皮，百姓苦之，置軍役於法。調荆西參議致仕，遣官入朝，上褒答之。後事不詳。

寵，黄岡人。世襲黄州衛千户。奉瓆命拒上遊，已東下連四十八寨，與道三復黄州。聞福京亡，仰藥死。

道三，字象生，黄岡人。諸生。有聲復社。

祚遠，黄岡人。

光淑，孝感人。諸生。負文名。

名甫，黄岡人。崇禎中，從程良籌、夏時亨結寨白雲山，陳養貞、易錫生尤有膽智，兵精敢戰，黄民得有孑遺者，白雲寨力也。十六年，左良玉兵東下，獻忠趨岳、長，吴敏師來乞師，與章曠、瓆及武昌諸生程天一以黄、蘄、羅、麻等四十八寨二萬人戰雷田，斬令余高升、監紀王登伍，合復蘄、黄、武、漢，白雲義勇名天下，道三、祚遠、光淑授遊擊。十七年冬，縉彦至，名甫與參議李甲，監紀黄祥止、劉從禮，及麻城周真卿、商城周考祥議興復。弘光元年四月，清英王阿濟格至，招之不應，旋兵敗。熊夢祥、胡伯、吴國、盧希儲、阮啟屺、方大美、梁之遴、王躬靖、蕭繼昇、陳四維、王邦衡、葉欽明、夏繼青等降清，衆散。道三、祚遠、光淑不薙髮，連四十八寨，皖寨，衆猶數萬，保安柯正藩，崇陽王鍾秀、王直輔爭起應之。道三爲白雲山寨主，祚遠佐之，光淑爲大旗山寨主，扼守衆山中，時出戰斬清兵，清迭招迄不至。隆武元年十一月，總兵徐勇大舉進攻，道三被執，誘降不屈，賦詩寄家，有「誰抱祭器天涯外，賸水殘山不計秋」句，慷慨談笑死。祚遠不知所終。光淑執死。魏洪忠戰死。殉者數千人。名甫後以不薙髮死。白雲、大旗諸寨陷，光淑弟正伯，明季爲泉華寨主，與楊維尚、陳于藻、杜純甫、王接骨爲兄復仇，守黿峯大、小旗山，與總兵麻城鮑世榮，遊擊黄岡何士勝、士榮、周鐵爪，參將陳正澈諸寨合，勢大振。二年正月，上命鄭廉以敕書招勇，亦被執死。五月，正伯等再以東山兵攻黄州敗，千總田龍見、把總鄧克剛反正葉家洲。清兵至，走東山，合正伯出入永寧、還和、慕義諸鄉。永曆元年秋，敗歿。維尚降清。克剛不知所終。于藻、士勝、士榮等仍入山。吴三桂兵起，東山劉啟禎聞鄭經入閩，用大明年號，起兵曹家河，于藻、士勝、士榮與陳鼎業應之，有衆十萬，攻黄州，爲于成龍所敗，入東山。程鎮邦、鮑洪公、陳恢、李公茂降清。于藻、士勝、士榮與大冶黄金龍、鄒君升仍守紙棚河口。康熙二十八年，金龍、君升、沈潤成、楊克利、方公孝及黄岡石子山、牧馬崖鄧其興皆戰死。世榮、鐵爪、士榮、正澈、公茂、劉啟業、李森連英、霍麻埠湖口寧州兵，亦先後戰死。

啟禎，字君孚，黄岡人。

瓚，字藍璧，靜寧人。崇禎四年進士。歷孝義知縣、武選主事。坐事謫黄梅知縣，去漕弊，止軍民横索。遷户部浙江司主事，出爲武昌監軍僉事。間請兵九江復城，斬寇萬人，陞參政。兵敗隱，清召不出。卒年七十七。

子靜，字淑修，黄岡人。廪生。通經史。隱武湖。卒年八十四。

里春，字蘇伯，黄岡人。副貢。與弟爾昌申明約束，一方以安。

希仲，字旭如，黄岡人。副貢。能文。力拒多所保全。

芬，字應秋，黄梅人。諸生。荆王傅歸。

劉和尚，隆武二年冬，自蘄水襲英山不克。

公國，字爾定，麻城人。崇禎三年舉於鄉。知縣。民依歸者數萬人，監軍僉事賈同春兵不戢，説盧象昇止之。

檣，字若庸，麻城人。諸生。傾財起兵，計禽渠張靖等。宋一鶴薦商城教諭。

元孫，麻城人。降清。

君顯，麻城人。以孝親稱。

爾榮，麻城人。文有奇氣，隱香草園。

應興，字公明，麻城人。尚書定向孫。任刑部郎中，兵敗隱。族人應衢，總兵。

文江，麻城人。獻忠兵部尚書。弘光時來歸，授總兵。與應興、應衢合軍天台山，縉彦命設監軍等官，黄民附之。隆武二年五月，何騰蛟檄圍黄、麻，援湖南，敗績塔子山。六月，新興大峯諸寨陷，鄒墩、大佛、天阿等三十二寨降清，吴王等九寨潰，姚公寨地高深險阻，應衢、文江與諸義死守，清兵仰攻，禦以檑木，死者枕籍。清遂築長圍，絶汲路，以持久困之。七月，應衢、文江焚寨，退守天台，勢孤不支，走光山紅石巖，與副總兵梅增馬蛟龍、都司丘文道、鄧壽寨主李爾華皆戰死。

元霖，麻城人。隆武二年八月，起兵麻城，連鼎闢兵。十月，宗室慈炦自蘄水攻羅田執死。清兵至，麻城陷，元霖、劉三省執死。

鼎闢，字風之，光山人。崇禎九年舉於鄉，劉洪起故部。起兵光山，自稱總督。麻城陷後，走桂家河。後事不詳。

焯然，字明若，黃陂人。諸生。

中清，黃安人。諸生。降清。

石字，柱吾，黃安人。諸生。

鵬羽，黃安人。沈毅有大畧，與子諸生文譽及大來、夏嗣伯男女萬人，班分部勒，寇來則戰，寇退則耕者十餘年。

連山、鼎生，蘄州人。杰，字誠甫，黃安人。通兵法，寇不敢犯，清起不應。卒年八十。

如鼎，字勛之，黃安人。諸生。

載瑜，麻城人。諸生。與諸生周文衡降清。

之賞，字延甫，黃安人。歲貢。武昌訓導，傾財起兵。

國宇，字祁陽，黃安人。諸生。團保一方，後死難。

應瓚，字鬯卣，黄安人。廩生。宜章、嵩滋教諭。卒年八十五。

祚昌，字竽南，黄安人。諸生。寨主，力戰死。

應昌，字公府，黄安人。定向孫。任刑部主事，上在刑言刑疏。謫廣西布政炤磨，撫瑶卻餽萬金，陞楚雄通判歸。入清山居，起故官不赴。

之懔，字敬生，黄安人。歲貢。在山諷誦如故，後授光化、新寧訓導。

百程，字日闢，黄安人。精騎射能文。

希顔，字柳墩，黄安人。負智勇。

優，字太明，黄安人。傾財卻寇。

應衡，字季通，黄安人。歲貢。兄應衡，遵化推官，降清。

五敦、獻臣，黄安人。北京亡，嗣伯結朋人會肆掠，以兵定之。

良甲，羅田人。諸生。説寇全寨。

海若、世顯，羅田人。活人甚多。

喬然，字梓軒，羅田人。破寇横隄，爲僧仙韮巖。卒年九十四。

欽謨，字賡盛，羅田人。守寨得全。

佳，字士奇，蘄州人。璧山丞致仕。

諒，蘄州人。荆定王由樊樂工，慈煙重之。負勇力，下刑部獄，應募，兵敗歸，破土寇白應兒。後爲道士。

旦熙、重其，廣濟人。諸生。降清。

光環、嗣先、國璋、之羆，廣濟人。降清。國璋神機中軍。之羆後死難。

甘來，字季子，廣濟人。萬曆三十二年武進士。岳州守備、漸江遊擊。弟大來，字枕參。二十八年武舉。潮州守備，平鍾淩秀亂。歸立寨，寇屢犯不下。

奇觀，字巨海，廣濟人。孝友篤行，主守望營，事敗授徒。

魁楚，廣濟人。諸生。率宗人三百走巴東，期年全族歸。

景嵩，麻城人。諸生。寇亂，與邑諸生胡君孚、吴之棟立寨，寨三面臨水，至是斷北岸陸道，引湖水環之。内築堅城，屯糧修械，屢敗寇。三人皆有恩信，衆歸至百二十萬人。自崇禎八年至隆武元年，各寨皆破，舒城獨完。事聞，授御史巡按湖廣。清兵迫，命赴北謁用，不赴。與真卿、周智明就仲商城。貢生黄祥祉攻光州，連太和李振海，合屯石九沖。見清兵單則出擊，衆集則上女兒寨自保。二年七月，清兵夤夜攀崖罙入，寨陷，走魚子店。遇清兵戰敗，參將詹曾、知縣毛繼昌、巡簡閔自教死。監紀同知楊蘅降清。景嵩、仲復入山。未幾，偕中軍鄭瑂被執死。

一寵，太湖人。妻吴率婦女助守完寨。

振基，字爾玉，潛山人。恩貢。與弟揚基保寨，活人無算。卒年八十一。

時揚，字大烈，霍山人。廩生。屯練副總，撫諸寨鄉勇，立寨寇不敢犯，清官不應。

侍，蒲圻人。有智略。以鄉兵保里。弘光元年，拒李自成走，清迭聘不出。

抱沖，武昌興國人。陳友諒遺裔。寇亂，因山結寨自保。隆武二年，騰蛟檄起義師，以陳珩玉爲帥，復州城，斬武昌同知張夢白、總兵柯永盛合兵進攻。抱沖不敵，退屯山洞。洪崖大洞柯邦備、邦磐、柯應申、應禮、應甲降清。永曆元年正月，清燔柴洞口，抱沖六子與諸義師多死。洞主柯應科夜間薄清營，戰張家灣不利，共堅守石盤山、白石崖二寨，石盤山將柯江洲、吴育宇、吴文六戰死，白石崖柯啟坤、柯大勝降清。沿山洞陷，柯陳執死。鯽魚寨陷，寨主柯成樸、柯啟春、柯應鳳亦死。清兵入華山、黄沙諸洞，抱沖、珩玉被執死，柯氏殉者數十萬人。

志升，武昌興國人。團練守備。

希先，字君顯，武昌興國人。與鄧嘉會拒寇，追至大冶，禽奚鼎鉉。騰蛟薦黄安主簿，攝知縣，招流亡有功。

知佐，字君衡，大冶人。平樊湖梁子山寇，禽揭天王吴君勁，授副總兵，未赴。

油然，字元白，漢陽人。諸生。貌魁岸多膂力，以知兵稱。寇起，結鄉兵爲捍。惠登相潰兵至，拒襄河，六七日不敢入。清授官不應。

運，字楚川，漢川人。負膂力，多方畧，薦守備不出。

么，漢川人。隆武二年，出嵩湖攻城走。

錫嘉，字宜之，安陸人。弘光元年歲貢。能文，有守城功。清徵不出。

式厚，字仲載，雲夢人。歲貢。

儲元，字毓真，雲夢人。諸生。力守全寨。

宗旦，字鼎極，雲夢人。諸生。守高臺寨。隆武元年，寇南犯，戰死。

用晦，諸生。欲復白雲寨死。能陞、國棟，永曆十一年執死任家港，皆雲夢人。

大忠，池州建德人。十七年執死。

一龍，字麟伯，應城人。諸生。起兵係獄脱。

之縞，字圃田，孝感人。諸生。拒守多保全。

標奇，字大宇。孝感人。廩貢。運副致仕。後以從子義師事連，與子枝芳一門十餘人及童僕數十人死，謚忠靖。

之彦，字仲潁，隨州人。諸生。立漢勇營，號令嚴明，善戰守，一鶴授都司。崇禎十六年，襲平靖關，禽都尉吴漢志。北攻信陽，禽牧胡定國，陞參將，迭著戰功，歸隱佛子洞山。

士達，隨州人。太學生。從湯九州勦寇，官都司。九州死歸，立人和寨，隸副總兵秦翼明。州城再失，寨卒保全。

凝祺，隨州人。歲貢。益陽教諭。弟凝祉，諸生。商城知縣。合保顔家寨，殲徐世淳。

龍，鍾祥人。與弟虎保華家湖要道，全數千人。官守備。

兆麟，鍾祥人。爲人勇武，保障一方。清薦不應。

之先，潛江人。總兵。與黄王、聶三將以萬人起兵潛江。隆武二年正月，兵敗執死。

得勝，不知何許人。二年七月，反正當陽。後事不詳。

冕，沔陽人。二年，與姜丙起兵死。

公緒，景陵人。與邑人胡乃藩、王啟明保八百洲，斬鹽道周世慶，旋敗死。乃藩、啟明降清。

士誠，枝江人。隆武元年，自稱僉都御史，撫治鄖陽，不知所終。

弘載，棗陽人。諸生。守堡保鄉里。清薦隱逸不出。

秉鑑，棗陽人。武生。以鄉兵守陡山寨得全。後入山終。

斌，房縣人。鄖陽左騎營將。隆武二年，反正房縣老寨，自稱元帥，以數千人攻房縣死。

仲，不知何許人。起兵商城山中，授兵部右侍郎，巡撫湖廣。

國顯，嵩縣人。二年，敗焦澗死。

昌胤，字泰籙，沅江人。崇禎十年進士。自當塗、德清知縣遷刑部福建司郎中。降清，以御史巡按陝西。隆武二年六月，與涇陽知縣張錫藩反正，應孫守法死。

裕，字文茂，長安人。副總兵。六月，謀起兵死。

道立，蒲州人。舉於鄉。商州知州。降清，授關西參議。六月，蓄髮通義兵，被執死。

楊文驄，字龍友，新貴人。父師孔，字霞標，萬曆二十九年進士。授山陽知縣，坐事降順天教授，以翰林待詔事孝皇帝。終浙江參政。弘光時，追録舊恩，累贈侍讀學士、禮部右侍郎。文驄，萬曆四十六年舉於鄉。崇禎中，自華亭教諭，青田、永嘉知縣調江寧。御史詹兆恒劾其貪，奪職。

安宗立，妻兄馬士英當國，文驄自薦邊才，起職方主事，歷員外郎、郎中，監軍鎮江。以金山踞大江中，控制南北，請築城以資守禦。從之。弘光元年，遷嘗鎮副使，監鄭鴻逵、鄭彩軍。及清兵臨江，文驄駐金山，扼大江而守。五月朔，擢僉都御史，巡撫兼督沿海諸軍，合鴻逵諸軍劄南岸，與清兵隔江相持。清兵編巨筏，夜置燈火，施號礮，亂流而下。南岸軍以爲清騎渡江，礮石擊之。日奏捷轅門，鼓角震天，鎮江民牛酒犒勞，歡舞騰發。疏上，賜金牌十三，士英餽金爵十，都内咸謂清兵不足慮。八日夜大霧，清兵潛濟迫岸，諸軍始覺，倉皇列陣北固山，鐵騎衝之，悉潰。文驄走蘇州，清兵入南京，命黄家鼒以兵三千安撫蘇、嘗，春坊程正揆父滸關員外郎良孺首薙髮，文驄命都司朱國臣誅之，取庫金二十萬走處州。紹宗即位，繳朱大典、方國安及東陽諸生趙忠禎各札。子鼎卿，固卻監國魯王旨印。上嘉其忠，命文驄以兵部右侍郎僉都御史提督軍務，恢復南京、聯絡浙直。

初，上在鎮江，與文驄交好。及至杭州，使鼎卿、元卿、羹卿兄弟上謁，以故人子待之，寵甚，特加鼎卿太子太保，挂忠貞將軍印，命協復南京，整理浙兵督鎮。元卿户部郎中。羹卿，副總兵。獎其父子，擬以漢之大、小耿。

明年，晋文驄尚書，總督浙閩。與周岐移軍龍泉，號召忠義，出復錢塘。衢州急，命包鳳起出遂昌，宗室盛濃及朱名世、朱名卿各以鄉兵合劉孔昭爲援。六月，清兵至，文驄、鼎卿、元卿與總兵藍祚國移軍保仙霞關。而清兵已間道先入，不能禦，負創敗退浦城。二十四日至建寧樟樹村，與孫臨同爲追騎所得。說之降，不從，與麾下五百人俱死。妻妾方芷及四子女子婦僕從死者三十六人。中軍李茂芳降清。文驄善畫，有文藻，跌宕風流，豪邁自熹。好推奬士類，干者緣以進，故爲世所詆諆。其死也，衆論亦許之。

鼎卿，字愛生。士英議立安宗，命之先告。與上遇淮上。上大樂，與定布衣交。及即位，授錦衣指揮，日愈寵幸，近臣莫二。其所奏請，立俞旨，士英不及也。半載中，晋都督。後士英入浙，所至不容。鼎卿謁閩，首疏稱引士英，言遇難不忘國，勸己舉兵，陰扶社稷，上手詔褒之。元卿，字貞生。羹卿先戰江上死。

岐，安農父，桐城人。早名復社，以貢入京師，上書言時事得失，馮元颺薦參孫晋軍，尋授開封推官，從陳潛夫河上。遷僉事，歷參史可法、文驄軍。國亡，陳名夏屢薦不起。其詩歌雄奮，與方以智、錢秉鐙相伯仲。子煊，歲貢。

名世，字應生，海門人。萬曆四十六年舉於鄉。永康知縣，有吏才。北京亡，與龔廣生及諸生王同庚募兵勤王，國安兵至，力拒之。紹宗遷河南道御史，加太僕少卿，巡按浙江監軍。

名卿，諸生。亦永康知縣。

廣生，義烏人。崇禎三年舉於鄉。

臨，字克威，桐城人，晋弟。恩貢。負文武才畧，倚馬千言力就。開五石弓左右射，短小精悍，人稱飛將軍。嘗從方孔炤破寇，迨孔炤下獄，遂一溷於詩酒。會文驄募兵龍泉山中，財結客，召入其軍，因上書紹宗，言關外事，授副使，監文驄軍。子中岳，字又申，亦有才名。臨歿後，以憂戚終。

良孺，字穉修，孝感人。恩貢。歷行唐、涉縣知縣，平武安山寇，陞光禄正户部主事。

金世俊，字孟章，義烏人。萬曆三十五年進士。授中書舍人，奉使封藩，卻餽金不受。歷驗封主事、員外郎、郎中，憂歸。服闋，起稽勳，改考功，多所釐革。轉文選，疏自京堂、巡撫、部郎、藩臬以及郡邑銓除，查炤定規，臚爲定格。魏忠賢勢張，告歸。起太常少卿，倪文煥劾李宗延，云世俊爲左、魏私人，遂削籍。威宗即位，起大理卿。上方用法，司官問擬不當，輒予杖，大司寇至下理。世俊疏論之。未幾，上釋張鳳翔等五人罪，又釋錢龍錫等。擢工部右侍郎，提督陵工，修九陵，節十餘萬金，著爲令，調左。張彝憲總理户、工二部，請告不允。以德陵成，署尚書，上於御屏書天下三清官，首世俊云。尋忤彝憲致仕。晚於學有得。坐謀復秩行賄事露，逮免。紹宗即位，召户部尚書，管金華餉。國亡，徵不出，卒。

弟世儼，字季思。太學生。涇州判官。早歸奉母。

姜應甲，字叔乙，金華人。崇禎元年進士。授行人，奉命祭楚，至賮不受。分闈順天，得劉侗等十三人。遷刑科給事中，疏劾温體仁，著直聲。會冢宰缺員，張捷欲起奄黨吕純如，上不許，捷猶呶呶不已。應甲叱曰：「捷所舉如此，心事可知，還敢在上前縱巧辨耶！」純如卒不用。京師旱，上齋戒祈禱。一夕，出内旨決囚，封還之。曰：「齋戒之日，不宜行決。」不省。曰：「應甲言官也，言不用，可素餐乎？」即以親老乞歸。召吏科，不赴。許都之變，傾資募士，迎戰孝順街卻之。安宗立，起都給事中。南京亡，歸里。紹宗即位，召禮科，加太僕少卿，聯絡嚴、温。福京亡，清令前官未赴軍前者，以抗逆論。有司敦請就見於婺寧庵。應甲曰：「吾將死見朱大典。」卒不往。後爲僧北山，自名法藏。不入城市，髮鬖鬖垂兩耳，著書以終，年七十六。

孫時芳，字中宇，紹興山陰人。薦舉廣東鹽課提舉。天啓時，遷唐府長史。時唐王碩熿年老，世孫聿鍵年二十八，尚未以生聞。時芳曰：「今日國事孰有大於此者，況立嫡以長，太祖家法，會典具在，誰敢亂之。」毅然請王，三啟力爭，遂以事聞，而世孫得正名玉牒，乞骸骨歸，世孫卒得嗣唐王。使徵時芳，駕畢請歸。王曰：「相君有功於國，方圖魚水歡遇，舍欲余歸乎？」因泣下。時芳請益堅，賜假，握手欷歔，時芳亦灑淚就道。歸凡十四年，弘光元年五月，南京亡。王之杭入閩，即天子位，命起時芳。時芳命家人飭裝，時年八十二矣。謁福京，上大悦，撤寶炬送之。比再入對，追道往事，語輔臣曰：「在昔爲社稷臣，今爲天子舊臣，方思有以優異之。」而部議以尚寶少卿入，未恰朕心。」時芳對曰：「臣子隨地足自效，安敢志爵禄？」上曰：「行見孝陵，加恩未晚。」遂手掖而起，於是命以尚寶卿連絡浙直。仙霞關失，痛哭狂疾曰：「天下事誰令至此！今上安在？」晝夜號呼，堅卧半年，嘔血數斗卒，年八十四。

時與紹宗有舊恩者：余祚徵，字符之，吉安永豐人。崇禎三年舉於鄉。授鳳陽推官。上在高牆，獨加禮待。及即位，召祚徵，已卒，贈應天府丞，謚忠貞。子玠爲僧，名洪瀚。

錢六洲，吴江人。父應唐，爲唐府書記。紹宗以爲子。即位，授錦衣僉事。

高維城，字百雉，嘉興人。世襲錦衣百户。隆武時，改指揮使，遷僉事，以駕帖未下，遽逮人，廷杖戍粤。

許試，臨川人。父泰、兄諫與上有故。試，諸生。謁福京，授職方主事。

馬應禎，字元符，南陽人。歲貢。官唐府護衛。端王延傅世子，呼先生而不名。改林縣訓導，城守資保障。北京亡，南走。南京亡，居宣城賡召。福京亡後，皆歸里卒。

黄徵明，晋江人。隆武二年八月，紹宗以清兵日迫，命鄭芝龍具書贈方物，以徵明爲正使，加一品服兵部右侍郎銜，賫赴日本徵兵。徵明書爲引日本與大明相通，始於泰伯、仲雍，及秦人來居海島事。又述元攻苦日本，是韃靼爲日之仇，請援。中道失風，爲清兵所執。陳必勝以小舟將芝龍所贈方物大花真金緞二十端、雙面色大緞二十端、大花二綵緞二十端、大紅花京緞二十端、大鳥素入緺二十端、雪白花京緞六十端、烏花天鵝絨二十端、雪白花絲絹四十端，致長崎。書引周彭濮、唐回紇故事，請派兵五千人入援。日本廷議，以援而有功，無益於國；倘若無功，匪惟辱國，結怨强鄰，實貽後患，議乃寢。及永曆十二年，鄭成功復致書日本幕府曰：「伏以州同瞻部，就一水以定東西；境接蓬萊，連三島而橐天地。域占爲雷之位，光拂若木之華。百篇古文，早得嬴秦之仙使；歷代列史，並分上國之車書。道不拾遺，風欲追於三代；人重然諾，俗尤敦乎四維。恭惟上將軍麾下才擅擎天，勳高浴日。鑄六十五州之刀劍，雌雄爲精；服五百一郡之版圖，礫沙皆寶。文諧丹府，屢有表使至金臺；釋輔儒宗，再見元公參黃蘗。雖共臨覆載，獨奠其山河。成功生於日出，長而雲從。一身係天下安危，百戰占師中貞吉。且馬嘶塞外，肅慎不數餘凶；虜在目中，女真幾無剩孽。緣征伐未息，致玉帛久疏。仰止高山，宛壽安之有望；溯洄秋水，悵滄海之太長。敬勒尺函，稍申丹悃。爰賫幣篚，用締縞交。舊好可敦，曾無趙居任於今復往；明興伊邇，敢望僧桂梧如昔重來。文難悉情，言不盡意。伏祈鑑炤，無任翹瞻。」又與長崎官吏書：

「以大明龍興三百餘年，治平日久，人皆忘亂，以至今日。成功誓心報國，徘徊浙、閩，頗有感憤樂從者。然孤軍懸絶，四面無援。成功生於貴國，值此艱難，倘惠假數萬甲兵，感豈有極。」幕府會議，尾張、紀伊、水户三君爭爲大將，以助成功，亦以無備不行。徵明後薙髮降清，爲清使成功，議和不成，北歸卒。

贊曰：同升、賡、應遴、兆恒、廷垣崎嶇義旅，魁明、世俊、應甲、時芳不渝艱險，皆不愧完臣。夫主憂臣辱，主辱臣死，褰裳去之，誰與爲國。元吉經綸悃愊，忠誠之守，岌然孤注。泰來、漢超、起異軍蒼頭特起，欲以即墨未下之城，爲睢陽死守之節，老羆當道，貉子寒心，此志也，與天地無終極可也。文驄裙屐風流，累於附熱，而卒能一死，君子稱之。人之貴於晚蓋者，如是哉。

南明史卷四十八

列傳第二十四

無錫錢海岳撰

曠昭　徐世蔭　子天英　宋觀教　李長開　李思睿　王宗熙　吴中奇　葉仕魁　阮志道　儲至密　鄧鵬　程士悌　徐鳴時　余孺瞻　李鼎鉉　葛尚俊　汪元兆　楊大名　張大烈　趙洙清　陳策　陳天德等　黄承奎　劉之遇　張朝荃　嚴雲炫　俞泰交　張拱　聶應井　汪作霖　沈君禎　茅台鼎　盧可傳　龐再沖　何廷煒　任士茂　聶民至　張達孝　曹成模　趙葵　楊彙旭　馬寬　戴調元　熊文登　王國英　張允掄　兄允捷　丁元瑛　龐昌胤　李郁林　許琪　楊以位　張嘉聲　王名世　吴祀等　孔父　徐有佐　許文宏　賀元圭等　蔣邁　周承忠　王厚基　任皞臣　李一元　錢源裕　湯玠　葉文載　余昌稜　蔣士元　簡調陛　尹君翰　崔德懋　曹聖誥　戴貞亨　趙明鋋　翁德輝　孟經祚　李學綱　何邦福　文士恭　廖道廣　苗蕃九　齊君用　林士科　譚夢開　方尚賢　謝生蘭　鄧夢禹　徐應宿　蔣世瑛　朱士昌　陳所學　雷起龕　周爰謀　黄夢桂　鍾龍期　章志稷　梁玉蕤　張拱端　屠奏績　戴震雷　王宗周

龔燿　周英　黎倣淳等　鄭時用　葛維垣　趙俊　朱家瑞　熊飛　陳所知　嚴之偉　劉國良　華涔吉
孔尚達　沈中柱等　夏有奇　林全春　尹賓萃　舒于明　貫玉鉉　邵欽濟　賀萬光　張聖域　葛汝衆
李戴　寧臣忠　陸起龍　謝君賜　孫承榮　毛之雋　姜玉菓　李名世　梁甲壯　謝玉墀　李光潛　巫
子肖　汪康運　張羽翔　閔謙　楊可賢　傅應禎　張陸秀　陳萬化　陳維忠　韓昌錫　晋國璧　李元瑫
李沛然　董義行　黄道同　陸炫　劉道南　潘嗣魁　張星軺　顔士正　月中桂　余昌祚　沈振龍　李
國華等　戴國光　李鍾嘉　戴士憲　沈光裕　陳玉綸　周玹　郭際昌　秦餘馨　台如礪　錢大卿　張冠
方　童茂成　張啟忠　湯民熙　李煜　樂應咸　霍禹謨　王命行　林棨　王俊原　楊佐明　錢君錫　史
延雲　王瑞　范燮齊　夏廷球　饒禧　彭彤　江皡　張昊　吴明卿　王言　李雅　萬民戴　傅爾星　俞
謙　賴士平　劉淑生等　桂泓等　彭文咸　張一中　周洵　熊學粹　丁醇　陳以騰　寧若愚　徐日藻
汪茂桂　顔令譽　劉伯璿　曾潔　車殿彩　黄恢宏　萬先登　劉文龍　張有儀　徐登龍　徐朝幹　鄒萬
備　揭性　傅節　王廷憲　張祖德　陳家禎　簡騫　喻思恂　馬胤昌　胡崍　劉柱國　徐煒　柯友
桂　吴徵芳　陳斌　馮坪等　黄自泰　趙羽明　章甲　吴應台　高翼辰　汪洋識　黄受封　吴聞禮
楊三畏　趙璧　葉泉　沈夢鯨　盧士信　郭之藩　高簡　程益　陳正道　曾人龍　李景鍾　何可汲　施
爈　張宿雉　吴鼎　張思哲　張堯政　王台明　周家偉　龔君命　伍達行　李棟隆　葉逢元　鄧之鳳
游吉供　孫應璣　邢之顯　黄一鶚　李如梅　朱灝　沈士英　劉宏祚　王至彪　安連　張金麗　劉用懌

張履石

曠昭，字淑侯，遂寧人。萬曆四十年舉於鄉。授天長教諭，歷國子學録、博士，户部主事，督糧榆林甘州副使，改滁和。崇禎十六年，以僉都御史巡撫江西。南京亡，金聲桓導英王阿濟格清兵二十萬徇江西，遺書招曠，不從，答以書曰：「昊天不弔，先皇帝身殉社稷，乃臣子殺身成仁之秋。而孤臣尚仗旄擁纛，開府巖疆，誠以本朝中興有地。南京中興有主，庶得藉以雪犬馬之心而圖桑榆之效，豈知人謀不臧，補報無術。不思先皇帝之恩，而汲汲報其私恩；不思先皇帝之仇，而汲汲執其私仇。賢奸雜處，功罪不明，使江上四鎮，逍遥西北；荆、楚大帥，結怨於東南，自相攻擊。故貴國無亡矢遺鏃之費，遂越長江天塹之險，中國尚可謂有人乎！夫吴將軍之乞師貴國也，本效包胥之義，使貴國能任復楚之功，故荷戈執殳，爲王前驅，轉戰數千里，殺賊數十萬，天下稱爲奇男子。今大仇未復，宗廟再傾，逆闖構鷸蚌之勢，而貴國享漁人之利，豈吴將軍之用心哉！豈天下之所望於吴將軍哉！故爲貴國計，與吴將軍之爲本朝計，莫若窮追賊黨，以正厥辜。若亡命四逸，則當傳檄天下，捕購其首，然後擇先皇帝之諸子或宗室之親而賢者立之，以爲中興主，再簡二三元老以輔翼之。其舊將擁重兵宿内地，坐視國亡不能挽救，且恣行虜掠爲民患者，殺無赦。别選才望優將以涖之，如是則中國免湯火之患，奠衽席之安，皆貴國之賜也。如是而厚玉帛，通婚姻，世講盟好，永絶戰爭，書之史册，豈不貽萬世之美名，而吴將軍亦得藉以不朽哉。貴國興滅繼絶，在此一舉。昭束身待命，是其本事。不然者，惟有率江右文武百官，背城借一，以死報國耳。」

已清遣九江知府吴亮招撫南昌，下令不從者城屠。昭故巽懦不任事，恐士民受禍，命之出迎，而扁舟走臨江、萬安。紹宗即位，命昭復下鄱陽。會南京，昭奉敕泣下。隆武元年八月，清兵陷吉安，長驅入萬安，昭被執大罵，與張亮同舟北上，相誓不屈，卒同死。

徐世蔭，字爾繩，開化人。天啟五年進士。授南京兵部主事。時三王並封，供具百億，措置無不秩如。鄭三俊欲清屯田之冒濫者，諸軍大譁圍署，復單騎散之。累遷鳳陽知府、嘗鎮副使。宜興民變，白晝攻剽，官不能禁，或請剿之。世蔭曰：「此亂民，非寇也。」因陳禍福，召取不職者創之。事平，擢福建按察使。立法嚴明，人不敢犯，衛弁領運解京，以乾没株累平民爲囊橐，摘發立斃杖下，繇是豪强斂跡。崇禎十四年，以僉都御史巡撫安、廬。安慶兵亂，命宋觀教諭解之，斬七十人，練兵措餉，江上恃以無恐，未幾罷。世蔭孝友敦樸，矜式鄉里。曠昭卒，紹宗命以左副都御史巡撫江西，駐廣信，上疏迎駕。隆武元年十月十六日，黄道周命總兵某與世蔭會開化，復德興。清兵迫，先跳歸，上命論罪。黄鳴俊力爲申救。福京亡，卒於家。子天英，太學生。任兵部主事。

觀教，字修仲，開化人。安慶守備。從世蔭歸隱。卒年八十四。

時江西疆吏：

李長開，興化人。副貢。南昌知府。降清。兵後多所保存，嘗經紀梁于涘喪歸葬。

李思睿，平樂人。崇禎十三年特用，澂江知縣遷南昌同知。

王宗熙，字孟衍，嵩江華亭人。崇禎十六年進士。新建知縣。降清。

吴中奇，字偶子，西華人。崇禎十六年進士。豐城知縣。

葉仕魁，字子先，衢州西安人。崇禎十三年進士。進賢知縣。清召不出。

阮志道，字路然，嘗寧人。太學生。歷中城兵馬指揮、華州同知，禽寇。自江西按察經歷遷奉新知縣，歸。永曆二年卒。

儲志密，武昌人。奉新知縣。降清。

鄧鵬，金壇人。萬曆三十七年舉於鄉。靖安知縣，剿撫紅巾去。

程士悌，婺源人。武寧知縣。

徐鳴時，字君和，長洲人。選貢。黄道周疏與徐孚遠、吴德操同薦，授武寧知縣。卒官。

余孺瞻，平湖人。恩貢。武寧知縣。

李鼎鉉，安肅人。崇禎十五年舉於鄉。寧州知州。

葛尚俊，嚴州建德人。吏員，寧州杉市巡簡，去。

汪元兆，字本中，婺源人。崇禎七年進士。平湖山陰知縣，勸輸不先刑，人民稱外公。歷刑部主事、兵部郎中、嘉興知府，調瑞州，歸。卒年七十四。

楊大名，字君實，江夏人。萬曆三十一年舉於鄉。瑞州同知，九連峒變，設防以安。在任十三年，遷知府。

張大烈，字言沖，紹興山陰人。天啟七年舉於鄉。瑞州推官，多平反，忤上官去。居鄉以孝聞。紹興亡，死難。

趙洙清，字素水，濟寧人。天啟四年舉於鄉。贊皇知縣遷瑞州推官。入廬山，久之歸。

陳策，字文臺，新會人。歲貢。定安教諭遷瑞州教授，專研理學。卒年九十八。

陳天德，寧國太平人。歲貢。高安知縣。弟天爵，萬曆中舉於鄉，不仕。

黃承奎，博白人。舉於鄉。高安知縣。

劉之遇，澧州人。崇禎十二年舉於鄉。高安教諭，歸。

張朝荃，晋江人。天啟七年舉於鄉。上高知縣。降清。

嚴雲炫，字元素，分宜人。選貢。新昌教諭歸。卒年八十二。

俞泰交，字子開，武進人。崇禎十三年特用。授户部山東司主事，出使杜卻嘗例。遷九江知府，調停左良玉兵。

張拱，不知何許人。九江知府。

聶應井，宜黄人。天啟七年舉於鄉。九江同知、知府，降清。

汪作霖，歙縣人。崇禎十五年舉於鄉。德化知縣。

沈君禎，字用缶，平湖人。天啟四年舉於鄉。奉新知縣，嚴繩宗室。調德安，革郵傳供應歸。

茅台鼎，紹興山陰人。歲貢。峽江、瑞昌知縣。

盧可傳，祥符人。歲貢。瑞昌知縣。

龐再沖，字德吾，遂寧人。從吕大器軍。官湖口知縣，拒寇。南京亡，痛哭入靈泉寺。卒年七十。

何廷煒，字右文，香山人。崇禎十三年特用。彭澤知縣。

任士茂，澂江新興人。崇禎十二年舉於鄉。彭澤知縣。

聶民至，滁州人。選貢。南康通判。

張達孝，字孚先，太倉人。天啟七年舉於鄉。南康推官，禽斬寇毛甸五、涂畧三，降於清。

曹成模，字國範，金華永康人。天啟七年舉於鄉。星子知縣，蠲逋賦，卻左夢庚逼餉，力守無恙。降於清。

趙葵，字繼茂，不知何許人。都昌知縣，勤政愛民歸。

楊彙旭，阿迷人。崇禎三年舉於鄉。都昌知縣。

馬寬，德州人。天啟四年舉於鄉。都昌知縣，與訓導宋芳映降清。

戴調元，天長人。選貢。建昌知縣。

熊文登，字于岸，新建人。歲貢。建昌教諭，力學好古，不入城市。

王國英，浙江人。安義知縣。

張允掄，字并書，萊陽人。崇禎七年進士。饒州知府，挂壁止一胡床，事不便民，敗疏請。或尤之，曰：「苟釋累於民，雖朝叱而暮請，吾無憚也。」後入勞山卒。兄允捷，崇禎十年進士，歷榆次知縣、刑部主事、郎中。憂憤死。

丁元瑛，字韻含，仁和人。崇禎十三年特用。忻州知州，有安集功。遷饒州同知歸。

卒年七十七。

龐昌胤，字英胄，吴江人。恩貢。黔陽、餘干知縣，以慈愛稱。遷饒州同知。

李郁林，字穎陽，息縣人。恩貢。雁門通判署嶂縣。避李自成聘，之南京，授饒州通判歸。以壽終。

許琪，字嘉生，嘗熟人。詹事士柔子。弘光元年選貢，饒州推官。

楊以位，字達素，瑞金人。歲貢。饒州教授，不入公廷。

張嘉聲，徽江新興人。崇禎十五年舉於鄉。德清知縣，調鄱陽去。

王名世，錢塘人。太學生。鄱陽主簿，隱。

吴昶，本名永齡，宜興人。天啟四年舉於鄉。樂平知縣，歸。子箕，字弓武。廬墓不進取。

孔父，不知何許人。樂平知縣。隆武元年十有十四日，起兵復城。

徐有佐，字揆五，金華人。恩貢。浮梁知縣。

許文宏，通海人。崇禎六年舉於鄉。德興知縣。

賀元圭，丹陽人。德興縣丞，歸。子恒，字久中，尋父死。

蔣邁，字日新，武進人。歲貢。德興知縣。以守城功，加職方主事。起兵迎黄道周，兵敗，自刎獲救，投崖折足，歸。

周承忠，武岡人。歲貢。德興知縣。

王厚基，字克敏，廣宗人。歲貢。德興訓導，歸。卒年九十一。

任皡臣，字翼王，宜興人。選貢。歷柘城、永城、安仁知縣。傾家捍寇，著戰功，杜門。

李一元，字問羲，寧國太平人。崇禎十六年進士。諸暨知縣，調安仁，降清。

錢源裕，浙江人。歲貢。安仁知縣，政簡民安，去。

湯玠，丹陽人。選貢。萬年知縣。

葉文載，沙縣人。崇禎十二年舉於鄉。廣信同知。

余昌稜，字而介，婺源人，尚書懋學子。諸生。任廣信同知。入山悲歌卒。

蔣士元，南直人。上饒知縣。

簡調陛，字赤生，廣平清河人。崇禎十二年舉於鄉。玉山知縣，才能肆應。卒官。

尹君翰，字翰如，巢縣人。選貢。玉山知縣，歸。卒年九十。

崔德懋，字貞伯，南豐人。歲貢。弋陽訓導。隆武元年卒。

曹聖誥，字瞻紫，寧洋人。歲貢。貴溪訓導歸，與王鏡友。

戴貞亨，字貞生，仙遊人。崇禎三年舉於鄉。鉛山知縣，不受餽年例，憂歸，助張肯堂平亂。弟震雷。

趙明鋌，浙江人。選貢。鉛山知縣。

翁德輝，閩縣人。恩貢。鉛山知縣。

孟經祚，山西人。選貢。永豐知縣。

李學綱，湖廣人。恩貢。永豐知縣。

何邦福，字泰邦，衢州西安人。崇禎六年舉於鄉。興安知縣，兵後撫綏，歸。卒年七十五。

文士恭，字而安，九江德化人。歲貢。豐城訓導。遷興安教諭。卒年八十。

廖道廣，樂昌人。天啟元年舉於鄉。蒲圻知縣，監軍廣信，遷建昌同知，忤上官，歸。

炤磨徐翔降清。

苗蕃九，字中符，平定人。天啟四年舉於鄉。南城知縣。工詩文，隱廬山。

齊君用，蓬溪人。天啟四年舉於鄉。南城知縣。典史謝夢麟降清。

林士科，普寧人。崇禎十三年特用，新城知縣，力鋤奸猾。

譚夢開，上林人。崇禎三年舉於鄉，新城知縣，降清。

方尚賢，字靈臺，宣城人。歲貢。永曆二年，授新城知縣。

謝生蘭，字自芳，永新人。崇禎十二年舉於鄉。新城教諭，歸。

鄧夢禹，字角公，光澤人。選貢。廣昌知縣，與揭暄固守甘竹，被議去。

徐應宿，字朗叔，長興人。選貢。廣昌知縣，保全危城歸。

蔣世瑛，南平人。選貢。廣昌知縣。

朱士昌，字伊庵，武陵人。崇禎十三年持用。瀘溪知縣，憂去。

陳所學，字廷獻，丹徒人。歲貢。瀘溪知縣。

雷起鼇，字八公，靖安人。南平典史，累陞瀘溪知縣。

周爰謀，易門人。選貢。新淦訓導，拒寇全城，自臨江同知遷撫州知府。

黄夢桂，廣西人。撫州同知。

鍾龍期，字子猶，溧陽人。副貢。撫州通判。

章志稷，字育寰，桐廬人。恩貢。撫州通判。卒年八十。

梁玉蕤，晉江人。崇禎十三年進士。撫州推官。

張拱端，安陽人。崇禎十五年舉於鄉。臨川知縣。

屠奏績，字功遜，孝感人。崇禎九年舉於鄉。十六年，疏陳大計，授臨川教諭，歸。

戴震雷，字穉嘿，仙遊人。震亨弟。天啟七年鄉試第一。崇仁知縣，懲豪振災，招降鄰寇，憂歸。

王宗周，字公旦，黄平人。選貢。保定通判，改金谿知縣，降清。

龔燿，晉江人。萬曆四十六年舉於鄉。樂安知縣，歸。

周英，字芝房，天台人。崇禎九年舉於鄉。東鄉知縣，有惠政，歸。

黎傚淳，字太臣，興化人。蕭山縣丞，遷東鄉知縣，入粵，不知所終。兄體淳，字太淑，文華殿中書。

鄭時用，字龍臺，上饒人。歲貢。東鄉訓導，通百氏，歸著書卒。

葛維垣，字映辰，沭陽人。崇禎七年進士。成都推官、巴縣知縣，拒寇解圍。歷工部主事、吉安知府，憂歸。福京亡後，久之卒。

趙俊，筠連人。恩貢。吉安知府。

朱家瑞，不知何許人。舉於鄉。吉安同知。

熊飛，通山人。恩貢。吉安通判。

陳所知，不知何許人。吉安通判。

嚴之偉，餘姚人。崇禎十六年進士。廬陵知縣。

劉國良，臨桂人。天啟七年舉於鄉。泰和知縣。調廬陵。

華浒吉，字彦彰，無錫人。崇禎十六年進士。泰和知縣，去。

孔尚達，曲阜人。歲貢。泰和教諭，去。

沈中柱，字石臣，平湖人。崇禎十三年進士，吉水知縣，歸，爲僧靈隱，名行燃，字無淨。弟中琛，字獻臣。諸生。從劉宗周遊。

夏有奇，字無奇，蕭山人。崇禎十六年進士。吉水知縣，去。

林全春，錢塘人。進士。永豐知縣。

尹賓萃，漢陽人。永豐知縣。

舒于明，壽昌人。崇禎九年舉於鄉。安福知縣。

貫玉鉉，昭化人。選貢。龍泉知縣，卒官。

邵欽濟，餘姚人。恩貢。龍泉知縣，不殃民媚上。

駕萬光，字見虛，丹陽人。副貢。萬安知縣。

張聖域，字定遠，寶慶新化人。聖型弟。選貢。衡州教授，衡陽、沅陵知縣。李定國出師，調萬安。兵敗，隱嚴塘。洪承疇招，不出。

葛汝衆，通城人。永新知縣，爲政清廉，人稱慈母。導騰蛟軍拒敵。降清。

李戴，不知何許人。永新知縣。

寧臣忠，邵陽人。歲貢。永新知縣。

陸起龍，字吉雲，上海人。崇禎十五年舉於鄉。永寧知縣。壓徵令方行，又議助餉，不奉檄，捕盜不瓜蔓，歸。

謝君賜，四川人。舉於鄉。永寧知縣。

孫承榮，字君既，瑞昌人。恩貢。仙居訓導攝知縣，歲洊灾，民多逋欠，不事鞭笞而税多。又攝寧海，禽巨寇。遷吉安教諭，調永寧。間關歸，詩酒終。

毛之儁，字伯元，宜興人。萬曆三十七年舉於鄉。南京户部主事遷臨江知府，奸胥屏息，修城練兵，一方安堵。歸，數十年不入城市。卒年九十三。

姜玉菓，字荆璆，揚州通州人。天啟二年進士。户部主事，忤魏忠賢罷。起衢州知府，調臨江，歸。

李名世，宿州人。選貢。新昌知縣，遷臨江知府，去。

梁甲壯，鶴慶人。崇禎六年舉於鄉，清江知縣。

謝玉墀，莆田人。崇禎三年舉於鄉。新淦知縣。

李光潛，字茂見，台州太平人。歲貢。新淦知縣。不知所終。

巫子肖，龍川人。萬曆三十一年舉於鄉。新喻知縣。

汪康運，字當世，歙縣人。天啟七年舉於鄉。新喻知縣。

張羽翔，瀘州人。崇禎三年舉於鄉。峽江知縣。

閔謙，字益孟，奉新人。峽江知縣。

楊可賢，大理太和人。舉於鄉。峽江知縣，隱。教諭胡龍門降清。

傅應禎，閩縣人。舉於鄉。袁州知府，去。

張陸秀，字世張，錢塘人。天啟元年舉於鄉。桃源知縣，修城，寇不敢犯。遷袁州同知，歸。

陳萬化，陝西人。選貢。袁州通判。

陳維忠，莆田人。選貢。袁州推官。

韓昌錫，字公純，慈谿人。崇禎十六年進士。袁州推官，降清。

晉國璧，字連城，全椒人。選貢。袁州推官兼監紀，降清。

李元瑫，連城人。選貢。袁州訓導。

李沛然，盧溪人。崇禎三年舉於鄉。宜春知縣。興文教，勤撫字，革馬户之困。

董義行，雒陽人。崇禎十五年舉於鄉，宜春知縣。

黄道同，不知何許人。選貢。宜春知縣。

陸炫，不知何許人。宜春知縣。

劉道南，字太和，遼東人。舉於鄉。分宜知縣，紓餉困，歲饑，振多全活。降於清。

潘嗣魁，保山人。崇禎九年舉於鄉。萍鄉知縣，以廉慈稱。子世臣，同年鄉試第一。

張星軺，武進人。崇禎十五年舉於鄉。萍鄉知縣。

顏士正，字君信，安福人。歲貢。萍鄉訓導，去。卒年八十五。

月中桂，天長人。舉於鄉。萬載知縣。

余昌祚，字叔正，進賢人。歲貢。萬載訓導。國亡，死於潭埠。

沈振龍，字翼乾，秀水人。萬曆四十一年進士。泉州推官。遷贛州知府。北京亡，力守，忤上官歸。

李周華，字白先，武昌人。恩貢。歷武功知縣、户部主事、刑部員外郎，遷贛州知府，爲政廉平，歸。

子藎臣，武昌陷。妻熊自刎獲救。自成敗，藎臣歸死，熊哭三日經死。

戴國光，字覲元，光山人。天啟四年舉於鄉。趙州知州、工部員外郎，出爲贛州知府。國變歸。

李鍾嘉，陝西人。舉於鄉，贛州知府，去。

戴士憲，字蔣陵，南陵人。天啟元年舉於鄉。亳州學正，以全城功。遷贛州通判，歸，不入城市。

沈光裕，字仲連，大興人。崇禎十三年進士。贛州推官，判決如流。將内擢而北京變聞，隱海鹽。卒年七十六。

陳玉綸，字東石，龍巖人。歲貢。雩都知縣，正直公廉。謝志良爲暴，以兵戢之寇，迫民乞降，厲色叱之，率衆死守卻敵，歸。

周玹，宜山人。萬曆四十六年舉於鄉。雩都知縣。

郭際昌，蒼梧人。崇禎十三年特用。雩都知縣，去。

秦餘馨，黄岡人。崇禎十二年舉於鄉。信豐知縣。

台汝礪，建水人。崇禎十年進士。興國知縣。降清。

錢大卿，龍遊人。興國知縣。

張冠方，字以元，信陽人。歲貢。會昌知縣。

童茂成，連城人。崇禎六年舉於鄉。會昌知縣。

張啟忠，鄰水人。崇禎十三年特用。會昌知縣。

湯民熙，字清海，宜春人。崇禎九年舉於鄉。會昌教諭，歸。

李煜，鶴慶人。崇禎九年舉於鄉。安遠知縣。

樂應咸，字幼鈞，南昌人。諸生。城陷，詩酒自放。楊文薦被執，計脱不果，爲之殯殮。後授寧都教諭，聞楊以任死，至瑞金哭奠。

霍禹謨，字敦相，南海人。崇禎十五年舉於鄉。瑞金知縣。

王命行，城步人。歲貢。瑞金知縣。

林棨，羅田人。選貢。龍南知縣。

王俊原，婺源人。副貢。信宜知縣調石城，寇至一門死。

楊佐明，字嵩雲，醴陵人。天啟元年舉於鄉。石城知縣。

錢君錫，平湖人。恩貢。長寧知縣。

史延曇，晋江人。大學士繼偕子。任屯田員外郎。賫弘光登極詔福建，閣部監紀通判邵登春賫大行皇帝哀詔同行。擢南安知府。

王瑞，字介公，齊河人。崇禎三年舉於鄉。南安知府。

范爕齊，字致宇，息縣人。歲貢。睢州訓導，寇圍力守，署知州，迭破寇，遷鹿邑知縣。調南安通判卒。

夏廷球，嵩江華亭人。崇禎三年舉於鄉。大庾知縣。

饒禧，鳳陽人。歲貢。南康知縣。

彭彤，南溪人。與於鄉。上猶知縣，爲政廉明，陞茶陵知州，未任。

江皡，歙縣人。選貢。上猶知縣，拒卻葉枝春。清兵至，存帑數千，封識而去。

張昊，白鹽井人。歲貢。上猶知縣，歸。

吳明卿，歙縣人。歲貢。崇義知縣。官清如水。卒官。

王言，閩縣人。歲貢。崇義知縣。

李雅，字士雅，桐城人。選貢。從方象乾入粵，授崇義教諭。詩文沈雄。

萬民戴，南昌人。天啟四年舉於鄉。知府。

傅爾星，字居之，紹興山陰人。太學生。監紀通判。

俞謙，字予聞，廣信永豐人。崇禎六年舉於鄉。推官，爲僧。

賴士平，建昌人。監紀推官。

劉淑生、劉灝生，吉安人。

桂泓、李琦、賴邦造、桂溥、陸繹、桂閣，忠誠人。推官。

彭文咸，字受之，贛縣人。選貢。益王儀賓兼審理，改推官。工文。入山。

張一中，瀘溪人。推官。

周洵，字季亮，上饒人。崇禎九年舉於鄉。知縣，講學。
熊學粹，南昌人。舉於鄉。
丁醇，豐城人。崇禎十五年舉於鄉。
陳以騰，高安人。崇禎六年舉於鄉。
寧若愚，上高人。崇禎九年舉於鄉。知縣。
徐日藻，臨川人。崇禎十五年舉於鄉。知縣。降清。
汪茂桂，字月培，費縣人。歲貢。教諭，歸。
顏令譽，字誰譽，安福人。歲貢。訓導。隱梅溪。
劉伯璿，吉安人。訓導，任地皆不詳。
又曾滐，字宗北，南豐人。崇禎六年舉於鄉。重慶推官，未赴。
車殿彩，金谿人。天啟元年舉於鄉。慶都知縣。
黄恢宏，臨川人。崇禎三年舉於鄉。石泉知縣。
萬先登，崇仁人。崇禎九年舉於鄉。知縣。
劉文龍，臨川人。崇禎三年舉於鄉。新建教諭。
張有儀，金谿人。天啟四年舉於鄉。

徐登龍，金谿人。天啟四年舉於鄉。

徐朝幹，臨川人。崇禎六年舉於鄉。

鄒萬備，崇仁人。崇禎九年舉於鄉。

揭性，新建人。崇禎九年舉於鄉。

傅節，臨川人。崇禎十二年舉於鄉。

王廷憲，安義人。崇禎十五年舉於鄉。

張祖德，宜春人。

陳家禎，吉安人。舉於鄉。

簡搴，字申公，吉州人。歲貢。工詩文。皆揭重熙疏薦用，終事失考。

喻思恂，字醒拙，滎昌人。萬曆四十四年進士。授柏鄉知縣，縣治衝繁，往來餽遺悉取於家。調棗强，遷山西道御史，奉差巡漕。時魏忠賢擅政，使人私謂曰：「公此差皆忠賢力，可覓東關大木奇珍以獻，八座可立待也。」思恂曰：「魏奄弄權，天下切齒，某剛腸鐵骨，寧斷吾首，可屈志以事之耶！」遂持疏劾之。有旨切責，乃棄官歸。已忠賢命逮治，會威宗立，追回緹騎，得免。仍起故官，巡鹽長蘆，掌河南道，管大計軍政稱旨，陞太僕少卿。久之，以僉都御史巡撫浙江。甫下車，海寇劉香亂，辦賊海上。十月香滅，浙近海，倭寇出没無嘗，捐奉節二十一萬，爲浙防軍儲，浙、閩敉寧。後奉命勤王，親率兵，將及山東，旨行餉不準銷。思恂俱自措，且往來水陸，民不知兵，人皆頌之。旋乞休，以兵部右侍郎致仕。張獻忠入蜀，與王應熊、范文光措置軍實。

紹宗即位，起總督川、湖、雲、貴，加尚書，兼户部左侍郎。已平溪衛有僧人查繼仁假稱聖安皇帝事。初，繼仁於隆武二年春，遊食平溪間，自云宗藩。南豐王企歒知其詐，告思恂。思恂請之衛，繼仁入，南面坐，弁詢之，久乃太息曰：「此間人何知，須前黔撫范鑛乃我識耳。」弁訝之，密引二徒入内，叩其詳，曰：「實不知何來，微聞師云弘光脱難雲遊，恐爲人覺，戒我勿洩。」弁大駭，亟白思恂，躬送回寺。平溪有金國鼎者，故馬士英裨將，南京亡歸，每語人迎駕時，親把上衣，以是誇鄉里，衆請辨之。國鼎一見，叩頭涕泗曰：「臣何幸今日復覩天顏。」繼仁問何人？左右以國鼎對。繼仁曰：「忠臣。」衆咸以爲真。又有高士美者，計偕歸，云過南京，朝謁亦在，見國鼎拜，亦拜。衆見之，益以爲無疑。思恂聞二人言確，立命駕至，左右傳呼司馬來。繼仁命取片紙，舉筆書曰：「朕乃弘光皇帝也，脱難至此，賴卿保護之。」思恂即就席前跪曰：「皇上蒙塵北去，何得出？」繼仁曰：「朕行中途，守者少懈，乘間脱身。仗天地祖宗之靈，間關至此。聞國有君，無顔復出，思託身空門，不欲人知，不幸爲汝等覺。」言已泣，又問聖母何在？對曰：「臣讀邸報，士英擁杭，二月後杭陷，今不知所之。」大慟不自勝。俄出議奉蹕之所，遂以輿去。各官以此謁畢，士美具蘭湯綺縠，爲沐浴衣。日進庶饈珍味、錦衣繡幄，思愉命官起居，具狀聞於朝，且飛書四達，遠近來朝者踵相接矣。又明日，命國鼎爲錦衣，國鼎等循故事謹巡警，城門戒嚴。一日，語思恂曰：「朕今已依西方，無問天下事，大小臣工遠來修謁，不惟廢職，恐搖人心，宜罷之。」思恂乃標示各路，云「某日早朝，奉聖安面諭」云云。初，遠邇風傳，識者疑之，此示出而人益信，來者日衆。然左右須賂乃引見，有爲所沮抑，不得一面，觖望而去者。繼仁間宴，與諸臣大嚼，謔浪笑傲，呼諸臣爲兒子。衆莫測，以爲弘光素不嫻禮，或應爾。每飲必火酒，且令每日進御，蓋人言弘光嗜此物，或得之傳聞云。越數日，國鼎等設羽林，旬日得千人，而儲偫無所出，乃命撫按司道下至郡邑長各出金。又以平城隘，議徙沅州，請期行，士美從。沅士民郊迎香道左，有司以臺使署爲行宮，備極華靡。李若星在黔陽聞至見拜跪戰慄，命坐，曰：「兒子頗矍鑠，何老馬遂謂老耶！」叩首謝，侍宴時，舉巵酒賜曰：「兒子飲此增算。」若星避席叩頭跽飲，訖，又叩頭謝。繼仁見其恭謹，遂留侍帷幄，與密計。又降諭曰：「朕出亡時，對天默祝，幸免於難，當建無遮大會，施千僧，以答神庥。今仰仗佛慈，得至是，宜踐前言。」乃召衆僧東寺，施衣帽鞋千。至日詣寺，若星親掖升殿，繼仁諭宜虔誠，用稱報答至意，衆僧俯伏不敢仰視。後米壽圖、馬胤昌驗之僞，繼仁下獄，思恂以憂憤卒，年七十五。胡峵繼其任。

胤昌，字又如，太倉人。遵義副總兵。鎮全州。永曆三年降清。

峵，安居人。選貢。臨淮知縣。歷兵部主事、郎中。紹宗在高牆，深加調護。及即位，進賀表，旨以「才猷敏卓，識朕危難」，命異擢。至是推僉都御史巡撫貴州。踰三月，死難。

劉柱國，字長石，潛江人。崇禎四年進士。累官潮州知府，明斷，力去夙弊。遷廣東巡海副使，撫澳夷有功。弘光時，陞福建參政，擁戴紹宗，以僉都御史巡撫下遊鎮海。平和亂民借題報復聚衆，柱國散之。已調惠、潮。

初，潮州猺賊於崇禎十七年通閩王老數千人，欲入揭陽不克。三月，丘文德、藍霦入寇，詔安李班三，有衆三萬，用五總名號，自曰神總都元帥，隆武元年九月，反於潮陽，攻貴嶼。知縣孟應春，都督張浚，參將黄山、王鎮遠各以兵會，山首陷陣，斬班三，已命團練武興營。二年二月，莊三權掠和平峽山，知縣徐以暹告急。柱國命鎮遠及參將郭禎、諸生吴楷拒卻之。三月，三權與戴明臺陷和平。柱國入爲兵部添注右侍郎，尋命巡撫湖南。行次湘陰死難。三權、陳拔五於十月圍潮陽，以暹乞師不至，清兵至，乃解。十一月，林棟圍潮陽，爲清兵所敗。

徐煒，河西人。崇禎六年舉於鄉。十六年，以職方員外郎監黔軍，赴湖廣剿寇。隆武時，官辰沅副使。尋以僉都御史巡撫偏沅，所至有惠政。福京亡，致仕歸。後孫可望兵臨城，軍民拒守，兵大呼曰：「我非攻城，我故沅人，思徐公恩德，欲一見耳。」煒衣冠立城上，曉以大義，兵爭羅拜。煒見兵後有婦人數輩，諭曰：「汝安用此，可留之。」兵不敢違。煒徧詢里貫，給費遣歸。永曆十三年，清兵陷河西，自經卒。

同時湖廣司道：柯友桂，字侶仙，彭澤人。崇禎四年進士。授金壇知縣。强識機警，善於聽訟，以忤上臺，謫徽州知事。遷潛山知縣，寇不敢犯。累轉安廬僉事，歷湖廣屯田水利副使按察使，守正不阿。

吴徵芳，字允芬，安福人。天啟元年舉於鄉。武昌參議。

陳斌，延平人。進士。下湖南副使，遷上湖南參政。

馮坪，内江人。天啟元年舉於鄉。邳州知州。累遷下湖南參政。清兵至，不屈死。子時揚，字訥生。崇禎十二年舉於鄉。鄖陽同知。黄平知州歸，洪承疇招，不出。

黄自泰，字體白，太湖人。天啟七年舉於鄉。南京户部主事、湖廣驛傳副使。

趙羽明，江津人。進士。慈利知縣，有吏才，招兵復城，克澧州。累陞岳州知府、上湖南副使。降清。

章甲，不知何許人。荆西僉事、沅靖副使。

吴應台，字伯張。湘陰人。崇禎七年進士。授浦江知縣，斷疑獄。歸值臨藍寇作，練兵堵拒，寇不敢犯。累遷辰沅副使。

高翼辰，灤州人。尚書第子。崇禎十五年舉於鄉。辰沅僉事。

汪洋識，字茂一，富川人。選貢。羅田知縣，累遷湖北監軍僉事。兵敗歸。

黄受封，字建侯，永定衛人。選貢。永新知縣，死守拒寇，提兵復長、衡。累陞湖南監軍僉事，憂歸。

吴聞禮，字去非，錢塘人。崇禎十六年進士。授職方主事，從金聲起兵，遷兵科給事中。隆武時，以副都御史巡撫上遊，便宜行事。清諜周元章至，執致福京正法。内臣戴炤貪婪蔑法，疏劾逮問。清兵逼，疏請防分水關，命戴忠守岑陽，陳梧守桐木，施郎守谷口，黄廷守觀音隘，方機守蕉嶺，聞禮自督施天福、黄興從蔣德璟守分水關。上嘉其忠，已命嚴防嵩溪。鄭芝龍撤兵，聞禮不能獨支，仙霞陷，入永豐山寺。或有勸降者，曰：「豈有堂堂撫臣而懼死耶！」遂率鄉兵赴敵，力竭被執，不屈死，雙目炯然猶視。妻周聞變經死。

時上遊疆吏：楊三畏，順天通州人。延平通判遷建寧知府，降清。

趙璧，字連城，太湖人。萬曆四十年舉於鄉。平樂、慶元知縣，遷建寧同知，致仕。卒年八十九。

葉杲，黄巖人。天啟四年舉於鄉。建寧同知歸。

沈夢鯨，蓬萊人。沙縣知縣、汀州同知，調建寧，降清。永曆元年，與子時宜、家丁沈平等二十人爲義師所斬。

盧士信，瀘溪人。弘光元年選貢，建寧通判。

郭之藩，全州人。舉於鄉。建寧通判，入山。

高簡，膠州人。崇禎十六年進士。建寧推官。與通判程益降清。

益，字元裕，歙縣人。恩貢。

陳正道，字直之，東陽人。選貢。建安教諭，歸，潛研理學，不入城市。

曾人龍，字乘雲，平和人。崇禎六年舉於鄉。建安教諭，修明倫堂，以正學迪士。

李景鍾，海陽人。崇禎三年舉於鄉。甌寧知縣。

何可汲，南雄歲貢，甌寧訓導。

施爔，字文斗，歸安人。崇禎十六年進士。建陽知縣，以貪酷劾死。

張宿雉，字德明，峽江人。歲貢。建陽知縣。佐曾櫻著績，歸。訓導吴鼎降清。

鼎，温州平陽人。歲貢。永曆元年十月，與弟伯玉、吴宇自壽寧至温州，通義師，皆執死。

張思哲，不知何許人。崇安知縣。

張堯政，仁和人。崇禎九年舉於鄉。崇安知縣。降清。

王台明，慈谿人。崇禎十三年進士。浦城知縣，歸。

周家偉，泰順人。崇禎十二年舉於鄉。浦城知縣，貪墨，爲鄭爲虹疏劾。降清。

龔君命，字事一，瀘溪人。選貢。浦城教諭，署知縣。

伍達行，南昌人。崇禎十二年舉於鄉。嵩溪知縣。

李棟隆，字衷虛，長洲人。崇禎九年舉於鄉。光澤知縣調政和。

葉逢元，字會一，鄞縣人。歲貢。政和教諭，論措餉忤當事，不合歸。

鄧之鳳，南海人。天啟元年舉於鄉，壽寧知縣，降清。

游吉侇，河源人。舉於鄉。壽寧知縣。

孫應璣，餘姚人。恩貢。壽寧知縣，不知所終。

邢之顯，文昌人。崇禎十二年舉於鄉。延平知府。

黄一鶚，金華永康人。歲貢。威縣知縣勤王，陞延平同知歸。

李如梅，湖廣人。延平通判調。

朱灝，不知何許人。延平通判。

沈士英，字粲公，嵩江華亭人。崇禎十六年進士。南平知縣，歸。

劉宏祚，字永之，新建人。崇禎六年舉於鄉。南平知縣，請設驛遞夫馬，不許。降清。

王至彪，字文虎，永嘉人。選貢。南平知縣去。清徵不應，抑抑卒。

安連，臨桂人。崇禎十二年舉於鄉。將樂知縣，歸。

張金麗，丹陽人。將樂知縣。降清。

劉用懌，不知何許人。沙縣知縣。憂歸。

李世宇，字伯啟，寧化人。隆武恩貢。沙縣訓導。

傅孕岱，字玉策，汝陽人。尚書振商子。選貢。尤溪知縣。降清。

秦欽翼，無錫人。崇禎十二年舉於鄉。順昌知縣，歸。

李國禎，字仲將，臨川人。天啟七年舉於鄉。耒陽知縣，革陋規三千，平峒寇。調順昌，卒官。

徐起霖，字傅巖，揚州通州人。恩貢。永安知縣，以不能定盜切責，降清。

黃鳳翔，不知何許人。永安知縣。

劉暐，金谿人。萬曆三十七年舉於鄉。大田知縣。

劉維棟，興安人。大田知縣。

沈自成，仁和人。崇禎六年舉於鄉。大田知縣。

張爾鯨，桐鄉人。選貢。大田知縣。

萬度，建水人。崇禎六年舉於鄉。長汀知縣、汀州知府，後死孫可望難。

張鳳翼，字雲舉，黄巖人。恩貢。從化知縣，振興風雅，立海月聯珠社。楚寇在連州，監軍剿撫，遷汀州同知，歸。卒年七十九。

史宗彝，海寧人。汀州通判。

馬之琛，桐城人。選貢。汀州推官。

朱墀，江夏人。寧化知縣。

鄭瑞應，莆田人。歲貢。寧化訓導。

魏邦憲，福清人。歲貢。寧化訓導。

張汝括，字楚台，建陽人。舉隆武二年天興鄉試，寧化訓導。

趙碩來，不知何許人。上杭知縣。

羅文，廬陵人。上杭知縣，加職方主事。

楊惟中，金華永康人。天啟四年舉於鄉。上杭知縣，降清。

陳啟宸，進賢人。武平知縣。

潘紘，巴縣人。選貢。武平知縣。

區應期，新會人。萬曆四十年舉於鄉。清流知縣，修城置械，寇至全城，歸。

趙堯徵，字薇垣，會稽人。于華玉薦清流知縣，隱。

曾學聖，惠州長樂人。軍功。清流知縣。

吴希點，麗水人。選貢。連城知縣。降清。

曾捷第，字闇奇，程鄉人。有智畧。鎮平寇殺其二叔，捷第糾衆破巢，禽渠黄一虎。何楷薦連城知縣。爲僧。卒年八十二。

林元鑄，字劍光，羅源人。歲貢。連城訓導，歸。

馬先春，廣通人。崇禎三年舉於鄉。歸化知縣。

華廷獻，字修伯，無錫人。崇禎十三年特用。修武知縣調歸化，加職方主事。

吴炆禕，字留耕，烏程人。崇禎十三年特用。官職方員外郎，俘李青山，遷邵武知府。平七台山寇，以閩警移眷，坐死。

原體蒙，陽城人。副貢。邵武知府，以吏治稱。

陳以運，字黄石，貴池人。萬曆四十六年舉於鄉。新淦知縣，修城，平盤山寇。張獻忠至，力拒全城，遷邵武同知，歸。

余春檝，海陽人。天啟七年舉於鄉。邵武同知。

于元熼，東阿人。廩貢。邵武通判。

朱健，字子强，進賢人。天啟元年舉於鄉。邵武推官。九都寇至，獨力平之，坐閩警移眷死。健强記博聞，著作名世，時論冤之。

魏菁，字明之，建昌廣昌人。恩貢，授中書舍人。安宗立，奉敕饒州清稽藩下子孫，揭重熙薦邵武推官，隱水斗寨。永曆元年，廣昌民響應王師，清將屠寨，菁斥私財千金爲壽，保全者千餘家，家自此落，食貧終身不悔。卒年七十四。

俞有益，字六吉，福寧人。歲貢。南安訓導遷邵武教授。

孫景耀，字宸暘，瀘溪人。歲貢。邵武教授歸。

王士瑞，字五生，台州太平人。崇禎十三年特用。邵武知縣陞同知，未赴。清兵至，被執，脱。

蔡文琳，將樂人。歲貢。邵武訓導。博學。入山。

蔣胤昌，不知何許人。光澤知縣。

謝申之，鄖縣人。天啟七年舉於鄉。政和知縣調光澤。

朱子哲，南城人。光澤知縣，盡瘁死。

連經芳，字璧台，龍巖人。歲貢。遂溪教諭，署光澤知縣，歸。

余蛟翔，辰溪人。恩貢。泰寧知縣，致仕。

吳祥傑，不知何許人。泰寧知縣。

方大普，字中渡，桐城人。崇禎三年舉於鄉。建寧知縣，歸。

浦益光，膠州人。選貢。建寧知縣，從傅冠收拾建寧。

吳之屏，字邦維，崇德人。天啟二年進士。授新城知縣，清賦免夫役，民感惠愛。調南城，發奸摘伏，獄無冤囚。益王較豪猾寇掠，捕斬之。遷祠祭主事，轉儀制員外郎、郎中。崇禎改元，諸大禮疏皆出其手。出爲福建糧儲參議兼督學副使，杜苞苴請謁，夙弊一清。建先儒黄幹、陳孔碩祠，以崇理學。進廣西參政，調興泉副使，改廣東。部民乞留，許焀舊。紹宗即位，疏時事孔亟，内防宜周，上嘉納之。擢副都御史巡撫下遊，同吳聞禮各練兵四千。福京亡，歸里卒。

子爾壎，字介子。崇禎十六年進士，改庶吉士。李自成逼京師，請間使西邊土司李、魯、祁三姓，假之重職，使起兵牽制寇鋒，以待援兵。未及行而京師失，降自成，乘間南歸，謁史可法，請從軍贖罪，薦職方主事。時之屏方督學福建，爾壎斷一指，畀友祝淵曰：「君歸語我父母，悉出私財畀我餉軍，我他日不歸，以指葬可也。」又作死臣傳以見志。尋監高傑軍。至睢州，傑卒，寓開封。遇一婦自言上潛邸妃童氏，與中軍孫秀因守臣附疏以聞。詔斥爲妄，逮之，可法爲救免，分守揚州新城。城陷，赴水死。故人殮其屍佛寺，毀於火，家人函所寄指以葬。魯王監國，贈太嘗少卿，謚文愍。

弟爾箎，字虎子。爲倪元璐營葬。爾壎死後，刲股療母，爲文日萬言。

時下遊疆吏：陸維翰，不知何許人。天興府尹。

陳仲實，海康人。以人才薦舉天興府尹。

吳仕訓，字光卿，潮陽人。萬曆二十五年舉於鄉。福安教諭、柳城知縣，有撫綏功，遷福州同知，歸。卒年八十。

朱光時，不知何許人。福州北路海防同知，劾罷。

周纘祖，字光烈，新淦人。副貢。天興通判，降清。

李韡，字去筆，崇安人。選貢。天興教授，隱更衣臺。

吳夢白，字可黄，崇德人。崇禎十六年進士。吳縣知縣。南京亡，歸。起閩縣，同考天興鄉試。

翟翼，字雲若，涇縣人。崇禎十三年進士。侯官知縣，憂歸，隱萬緑墩。

朱耀先，字友銅，合州人。崇禎十六年進士。侯官知縣。福京亡，奉曹學佺起兵。兵敗，隱蘇州。

虞世祐，馬平人。崇禎六年舉於鄉。長樂知縣。

張埈，崇仁人。選貢。連江知縣。

蔡嘉復，衢州西安人。崇禎六年舉於鄉。羅源知縣。

陳正中，字田卿，晋江人。崇禎九年舉於鄉。羅源知縣。福京亡，自經獲救。子賡歌，授徒養母，卒。

周之翰，字申公，江都人。歲貢。古田知縣。降清。

李明嶅，字山顏，嘉興人。隆武二年舉天興鄉試。古田教諭。少名復社，後從孫奇逢蘇門。兄明巒，字石友。諸生。工詩古文，隱。

許國楠，不知何許人。閩清知縣。

吴瑞昇，不知何許人。閩清知縣。

易自申，建昌廣昌人。選貢。閩清知縣。

羅鴻陽，字漸之，安鄉人。歲貢。閩清知縣。

蕭正大，不知何許人。永福知縣。

黄甲，乳源人。選貢。永福知縣。

楊芳蚤，字斗北，南部人。崇禎四年進士。宿嵩、定海知縣，兵部主事、郎中，遷興化知府，歸。

薛宏序，永昌人。崇禎六年舉於鄉。大埔知縣，遷興化同知。

方兆熙，温州平陽人。歲貢。莆田知縣，遷興化通判。

舒國華，本名弘慈，全州人。天啟四年舉於鄉。雲南推官調興化，歸。

吴伯瑛，徽州人。崇禎十五年舉於鄉。興化教授。妻程經死。

孫志儒，字茂叔，吴江人。崇禎十六年進士。莆田知縣。降清，調建寧。永曆二年，爲杜承芳執去。

魏奇，字伯民，瀘溪人。諸生。揭重熙薦莆田知縣。杜門著書。卒年九十三。

趙德榮，字台侯，武進人。歲貢。仙遊知縣，平寇林隆。

吴堂，字仲升，金谿人。崇禎九年舉於鄉。仙遊知縣，平山寇吴尾。隱天陽山，清徵不出。卒年七十六。

朱朝熙，字伯敬，蘄水人。萬曆四十三年舉於鄉。泉州知府。

方詮，不知何許人。泉州同知。

張國宗，撫州東鄉人。天啟四年舉於鄉。安溪知縣遷泉州同知。

韋克濟，字孝忍，黄岡人。崇禎十年進士。南安知縣，誠格巨猾。憂歸，躬耕武昌，詩文自娱。

吴兆，建昌新城人。崇禎十二年舉於鄉。南安知縣。

朱以儀，不知何許人。南安知縣。

劉浚，鹿邑人。崇禎十六年進士。同安知縣。

祝昌，祥符人。舉於鄉。同安知縣。降清。

劉夢璀，字石波，南昌人。崇禎十五年舉於鄉。同安知縣。

陳善，字敬夫，饒州樂平人。歲貢。惠安知縣。

施酬素，鶴慶人。崇禎六年舉於鄉。安溪知縣。遷知州，未赴。

周宗璧，永嘉人。崇禎六年舉於鄉。安溪知縣。

劉士奇，嵩江華亭人。官生。永春知縣。

唐朝卿，豐城人。選貢。永春知縣。與諸生顔上觀迎清兵，後爲盧緒所誅。

王國光，淳安人。萬曆三十一年舉於鄉。龍門知縣調永春。

王元參，字叔完，安福人。崇禎十三年特用。永春知縣。
陳元清，吴縣人。德化知縣。降清。
陳所藴，瑞安人。崇禎十七年歲貢。德化訓導。
祝登元，龍遊人。崇禎十七年選貢。漳州知府。
徐子瑜，台州寧海人。萬曆四十三年舉於鄉。漳州同知遷刑部主事，未赴。
周聖瑞，不知何許人。漳州通判。
徐日昇，江陰人。崇禎十年進士。泉州推官調漳州。
劉鴻嘉，歸安人。崇禎十三年進士。龍溪知縣。
蕭元澄，字若潔，大埔人。諸生。龍溪知縣，歸。卒年七十。
葉培恕，字行可，嘉善人。崇禎七年進士。崑山知縣調龍溪。
沈兆昌，字聞大，海寧人。崇禎十三年進士。漳浦知縣。鄭芝龍使至，不爲禮，罷。清徵不應。
鈕應斗，字宿夫，嘉興人。崇禎十六年進士。漳浦知縣，隱。
董汝昌，字衡玉，臨海人。恩貢。龍巖知縣。修濬城池，署漳平。前令興大獄，多所保全。崇禎十七年八月，廣寇攻城，卻之卒。

楊選，大埔人。崇禎十七年恩貢。龍巖知縣，歸。

吴爾珽，字搢臣，大埔人。諸生。龍巖知縣，去。

畢士垣，不知何許人。南靖知縣。

楊璠，武進人。崇禎十七年恩貢。南靖知縣。

黄敬止，字聞羲，建昌廣昌人。崇禎十三年特用。南靖知縣，去。

周秉緒，不知何許人。平和知縣。

楊廷興，大埔人。崇禎十七年歲貢。平和訓導。

胡學鴻，字衎之，豐城人。天啟元年舉於鄉。詔安知縣。

洪明鍾，字萬正，歙縣人。崇禎十五年舉於鄉。海澄知縣。

季秋實，字大年，南豐人。崇禎十三年進士。涇縣知縣調海澄。隆武二年九月二十八日，清兵至走。

陳良言，石阡人。崇禎九年舉於鄉。寧洋知縣。

周希暘，鳳陽懷遠人。天啟四年舉於鄉。寧洋知縣。卒官。

張天麒，字八素，永嘉人。恩貢。寧洋知縣。有惠政。降清。

葉汝荃，紹興山陰人。天啟四年舉於鄉。寧德知縣。

王正鼎，射洪人。天啟七年舉於鄉。福安知縣。

黄弁，字允臣，建昌廣昌人。歲貢。福安教諭攝知縣。出無辜數百人。歸隱三十年，清招不出。

吴廷鯤，字躍三，仙遊人。隆武元年恩貢。通判。

林斌儼，晋江人。崇禎十二年舉於鄉。推官。

鄒夢枚，本名巖春，字碧人，莆田人。推官。

吕元儉，旌德人。諸生。知縣。入山，任地不詳。

又王廷對，字抒素，金谿人。崇禎九年舉於鄉。寧陽知縣、濮州知州，遷福建運同，歸。卒年九十。

楊定國，不知何許人。亦官福建運同。清兵至走。

李維樾，字天棟，瑞安人。萬曆四十三年舉於鄉。授江浦知縣，立象山、陽明、白沙書院，講學其中，人文大起。崇禎七年，張獻忠攻鳳陽，維樾浚城隍，練鄉勇。兵至城下，與蔣若來等堅守，殲其渠九條龍等，獻忠遁去。明年復至，破六合，望江浦卻走。遷南京户科給事中，督漕江北，蠲皖灾八萬餘金。轉禮科，力言中官之害，薦毛士龍、方震孺、倪元璐、范景文及請卹卓敬、于謙等。尋命册封潞王，中道聞北京亡，與李光春傾家起兵勤王。安宗立，改工科左。朝使款清，疏請改爲酬清，從之。張有譽内傳，力言：「中旨傳宣，今日可用一有譽，他日可用一非有譽者，漸不可長。」馬、阮當國，政治濁亂，復言：「民有七害，吏有三反。長吏貪殘酷罰，訟師劣衿搆釁呑逼，衙役需索，市棍侵漁，勢豪逼厄，遊客抽豐，此七害也。赦蠲本朝廷之德而下鮮實惠，是爲恩反；鄉勇本守土之資而募練無法，不任保障，是爲令反；事例本權宜之術，而奉行不善，祇飽私囊，是爲例反。今欲安民，必先察吏。監司者守令之表，撫按者監司之主也。請敕行各撫按釐奸剔弊，留心地方。」會詔選淑女，騷擾閭里。疏諫不聽。張縉彦起用，奏言：「縉彦闇忽失機，寸斬莫贖，逆賊入宫，青衣候點，賊敗竄歸，安能復收河北？總督何官，顧畀賊臣。乞收成命，毋爲所欺。」陞都給事中。再疏請速建太廟，謚方孝孺等。紹宗即位，擢太僕少卿，兼兵科。與温處總兵葉光謨、通判李兆星、參將王朝昇、知縣許應珖、守禦吳國杰起兵。已督忠勇營副總兵李芬迎駕，兵至衢州，加太子少保，以僉都御史巡撫福寧。福京亡，死難。

兆星，字左園，揚州通州人。選貢。勤政愛民。一意文獻著作。

應珖，字賓王，泗州人。歲貢。歷温州知府、温處台僉事。所在不靖，持以鎮靜。皆福京亡後卒。

同時魯元龍，字君世，紹興山陰人。崇禎元年進士，授徽州推官，辨雪冤獄。遷編修，忤中貴，出爲惠潮副使，轉嶺東參議，嚴緝奸宄，盜風少止。因興文教，士多向化。三年入覲歸。北京亡，欲起兵不果。紹宗擢副都御史、太僕少卿，監軍兼侍讀。國亡，爲僧雲門。

楊文薦，字又如，京山人。崇禎十六年進士。授南京武選主事。隆武初，疏陳立國規模、戰守形勢。累遷兵科都給事中、太嘗少卿。時將驕兵惰，孤危無倚，文薦日疏中外機宜，剴切指陳。執政左右多側目，以爲不利己，擠之於外，命以僉都御史監何騰蛟軍湖南。過贛，萬元吉留共城守，託家口於郴州知州曹之鑑。尋擢兵部右侍郎、副都御史巡撫南贛，以民兵五百守西門，當敵衝。日夜登陴，衷甲卧，以忠義激發士氣。每戰多奇捷。城陷，率狼兵數百巷戰。黎明，左右勸從西門突出，曰：「城亡與亡，去何之！」揮衆散去，自投園池，爲清兵所挽。得肘後印，曰：「巡撫楊公耶？」送至南昌，帥釋縛禮之。文薦曰：「奉命守贛，贛亡則死，毋多言。惟斷吾頭懸西門，以謝贛入，吾志畢矣。」絕粒數日不得死，復進酒肴，揮之，或時推案撞碎之，狂呼以首觸柱，復自投床，幾折脅死，終不死。歐血日數升，慷慨悲歌，濡血於壁上，淋灕書之。旬日形枯骨立，鬚眉脱落。明年元旦，自知不起，强扶下榻，南向再拜，整冠而死。

解立敬，字念顯，興隆人。萬曆四十三年舉於鄉。授華陰知縣，敗回兵數萬。時議於嶽廟建魏忠賢生祠，以去就爭，事遂寢。遷趙州知州，建城興學。寇猝至，濬濠設防，民賴以安。監軍討普名聲，先與裨將盟，嚴法令，同士卒甘苦，所向克捷。卻酋妻黄金巨萬，法乃得伸，民有青天之頌。寇平，轉青州同知，移廣州，平劉香亂。會府中官缺，兼綰五符，判決如流，讞畢即成爰書，老胥吏皆驚伏。丁内艱歸。服闋，起惠州，平八排土瑶。太學生姚子豫歿乏嗣，妻有遺腹，族人利其資，百計傾陷，力雪之，姚嗣得不斬。陞廣信知府。清兵入，與梅豸碎牌拒敵，尋以死守孤城。與贛縣知縣金廷韶、鉛山典史周寅生皆予優叙。立敬擢湖東副使，以僉都御史巡撫廣、饒、衢、徽，危疆鉅任，敕諭倚重，有「治郡夙著循聲，備兵復嫻將畧」之語。未幾，引病歸。永曆元年，藍二陷甕安、餘慶、黄平，攻衛城，傾家與參將武邦賢、都司曾三省、鄉人通判狄宗尹、副使周洪德募士力戰，斬獲多，寇趨平越，爲總兵張才擊敗，執戮於市。四年，孫可望據興隆衛署爲行府，改衛爲縣，設官治之。起立敬巡撫四川，不屈，絶食死。立敬公廉寬厚，有才畧，慷慨許國，每推鋒陷陣，談笑自如，人皆服其膽識。倉卒就義，世咸惜之。指揮胡其仁、陳一德，千户李仕林，亦同駡寇死。一時紳民死者多不可考。

豸，字鳳陽，普定人。萬曆四十六年舉於鄉，授完縣知縣，負幹才。歷鳳陽同知、監軍僉事，歸隱。

廷詔，字二如，紹興山陰人。崇禎十六年進士。弘光初涖任。守備許榮祖肆虐，兵譁，撫定之。清兵迫，獲招撫兩廣軍門董作梅、指揮鄒希賢梟首，軍民遂舊。時大兵屯郊者數萬，仰給於縣，預爲儲偫，與軍約無得强取，取罰無赦。陞驗封主事。張安畔兵攻城，督民守二十日，事解。曾應遴劾罷之。行至平和，聞汀州變自經，爲人救，嚙臂力持之，不得死，乃麻衣布袍爲僧。年未三十，髮盡白，國亡二十餘年卒。

三省，字養初，興隆人。諸生。便弓馬擊劍，以平九股亂，除興偏營都司。又平九門寨妖僧，致仕。二亂，三省老矣。佐立敬力拒全城。

其仁，崇禎十五年敗苗，贖民間男女。

一德，字純初。遷指揮使。破苗有功。被執，以脅上、改制、加賦三事數可望罪死，謚忠節。皆興隆人。

又吴仲才，潼川人。以黃平弁征苗，二亂，守岑山關死。

尹民興，字宣子，嘉魚人。崇禎元年進士，授寧國知縣，調涇縣，有神明稱。行取入京，爲陳啟新所託，謫福建按察簡較。尋以虜警，陳時務十四事，遷職方主事，召對稱旨，擢郎中。疏訟張居正、熊廷弼大績，請隆殊典，風厲羣臣；又請召還劉宗周、金光辰，不從。周延儒督師，民興從軍贊畫。延儒被罪，民興亦下吏除名，久之始釋。

安宗立，起故官。疏言：「熹廟時，崔、魏扇逆，士大夫喪志忘君，幾成苞蘖之固，遂至先帝末載，諸臣或扶服而拜爵，或獻策以梯榮，皆忠孝不明之流禍也。聲罪討逆，司馬職也。今抗顏堂上者，一逆案之阮大鋮，即行檄四方，何以消跋扈將軍之氣。古者破格求才，惟曰使貪使詐，不日使逆。逆案可翻，則崔、魏亦可卹，周鍾諸逆，皆可使才宥過矣。」未幾，謝病歸，流寓涇縣。南京亡，與吳漢超、趙初浣起兵城守，爲監軍。城鄉民皆蒸麥爲糧，荷鋤爲戰。民興善謀，漢超善鬬，清兵攻之迭敗，謂不亞於江陰也。會副總兵洪日升守河敗走，涇人翟珽字廷玉者，以助餉中書降清歸，爲內應。隆武元年八月十六日晨，清兵據東山發礮。是夜城陷，屠之，民存者九十餘人，清遂陷徽州。民興走福京，以僉都御史巡撫紹、嚴、杭、徽，尋加太僕少卿，守仙霞關。曾德自關調守福京，民興劾其淫縱。福京亡，抑鬱卒。

弟民昭，字翼子。中書舍人、職方主事。

周定礽，字雲奕，南昌人。崇禎十六年進士。北京之變，與楊廷麟哭臨澹臺祠，謀起兵。弘光初，授刑部主事，恤刑廣西。南京亡，入福京，遷山東道御史，疏請以一旅出湖東恢剿，命給金三千，繇崇安抵鉛山，招兵措餉。黃道周督師，遂兼監軍，傾家助餉。偕從子朝鼎、王鄘、程兆科、寇夢虬、樊永定、萬文英分兵援廣信。

隆武二年二月，擢僉都御史巡撫其地。已命自東路進，合萬元吉復九江。王得仁陷安仁、貴溪，定礽督都督總兵姜天衢、熊尚仁，參謀劉朝鼎，以赤心營往援，戰勝於連湖。已再戰小箬渡河口，敗績。天衢與都督同知吳一魁，參將謝良材、王之樞、張星，遊擊胡接輝、趙大鵬、余有佐、傅天祥、丁檀、周鵬，都司胡廷楷、陳際隆、黄國治、江弼、王定國、桂人龍、汪斌、劉芳伯，守備劉以行、白玉驄、周美、陳壽、董邦國、徐洪、陳傑、方鎮，把總陳士達、黄文貴、王勝、徐德甫、汪光復、朱文林、汪雲龍，廣信同知胡嘉賓，贊畫胡珮，監紀推官王象乾、李士奇、韓敬選，兵部員外郎戴伍儁俱死。

定礽收兵，與胡夢泰還廣信。得仁兵薄城，尚仁夜遁，詹兆恒走玉山。四月二十四日城陷，定礽危坐堂皇，理案牘，若不知者。被執不拜。得仁置酒請上座，奉硯勸草書招降，定礽以硯擲之不中，瞋目罵，南向瞑坐。得仁復俘其母妻妾，環向泣諭，終不爲動。得仁怒，命斷其膝，益踞地謾罵，遂付獄，夜自經死。僕崇爵，隨定礽不去，從死。

朝鼎，總兵，河口之敗戰死。從兄定遇，歸隱。

鄘，字孟侯，上饒人。崇禎四年進士。授刑部主事，恤刑福建，多全活。歷廣西督學僉事，金衢嚴紹參政歸，傾財募士。起職方郎中，晋太僕卿。廣信陷，入雲霞山，清大索得之，勸降不屈，經死。

子承甘，職方郎中，扈從昭宗，亦以戰敗執死。

兆科，字俊民，廣信永豐人。崇禎十六年進士。授中書舍人。北京亡，歸。隆武初，歷文選主事、員外郎。城陷，吞金死。

夢虬，字赤生，上饒人。諸生。隆武元年秋，與楊大頤、大觀起兵斬清吏，授中書舍人。守廣信，出火燒關，迭捷。後以人少不支，經死。妻子并死。

永定，字康侯，定襄人。選貢。廣信同知，遷知府。

天衢，上饒人。力戰死。

同守者：胡奇偉，一名琦，字異度，進賢人。崇禎十年進士。歷富順知縣、青州推官，力守全城。調應天，遷職方主事、郎中。清兵至，召義兵恢剿，戰羊平坡勝之。永寧王由櫍復建、撫，清將走，追擊新塘路口不利。諸生何畏戰死，謝志良攻進賢助之。志良還撫，奇偉間謁福京，陞湖東副使，從定礽分門守。城陷，執送南昌。巡撫李鳳翔問之，罵不絕口，先割耳鼻，罵益厲，且擲扇擊巡按吴元贊，再斷舌，血噀二人面。及赴市，從容拜曰：「可見先帝地下矣。」坐而受刃，觀者泣下。後數日，鳳翔暴死。從起事者，吴德威、吴京、胡紹銘、胡輔最著云。

胡甲桂，字秋卿，崑山人。副貢，南昌通判遷永州同知，道梗改廣信。至則南昌，袁、吉陷，廣信止疲卒千人，士民多竄。會道周募兵至，相與議城守。已道周歿，勢益孤，效死不去。城陷被執，誘降不從死。

子泓時，字幼淵。諸生。傾財犒士，崑山陷被執，不薙髮，與妻陸、子鋡同死。溶時，字振安。去諸生。弟季桂，字玄茂。諸生。崑山陷被執。鞭數百，不屈死。仲桂子潤時，字霖汝。諸生。天彥，字龍初。諸生。與妻羅崑山陷皆死。

饒元珙，字仲燦，進賢人。崇禎十三年特用。工部郎中，爲政勤慎，革除陋規。致仕，居鶴山峯，與子宇枬被執死。

汪碩畫，字耘石，歙縣人。碩德弟。少有詩才，從軍宣府，官參將。已隨袁繼咸，累功授都督同知總兵。繼咸死，諸部多降，獨不屈。南京亡，與碩德起兵塘棲，戰敗，以數千人入廣信，從定礽固守，加太子少保。上言：「逃兵肆掠，無官安輯，至與地方奸棍，勾通清兵，貽害匪淺。」上命行人分赴四方綏集。至是兵敗貴溪，援絶被執。金聲桓與夙盟，百計誘降，閉目不通一語。知不可奪，乃設牲醴生祭之，遇害廣儲門外。

吴一魁，懷寧人。仗義果敢。張獻忠攻安慶，以胥吏應募，載火器小艇卻之，火巨舶千餘，以功副碩畫軍。碩畫死，死守廣信。開城逆戰，單騎不敵，突圍走保懷玉山，入閩乞師，遇清兵被執，與何惟一同死。

惟一，上饒人。糧胥。膂力絶倫。清兵至，棄妻子，誓死不貳，卒成其志。

李開山，婺源人。負膂力善走。嘗一日夜往返四五百里。徽州陷，從碩畫爲軍鋒，所向克捷，後亦戰死。

畢貞士，字叔美，貴溪人。天啟元年舉於鄉。以策干盛濃、道周、張家玉，傾財佐軍，授職方主事，與城守。城陷，作絶命詞。行至五里橋，拜祖塋，投水被執。不食，賦七餓詩。縱之，至新橋，觸柱死。妻吴曰：「夫死不獨生。」置酒訣家人，投水死。

廖汝健，定南人。歲貢。授廣信訓導。道周薦監紀、貴溪知縣，委以戰守。從碩畫敗績水門鋪，執至南昌，誘降不屈死。

徐以翰，沙縣人。選貢，授玉山知縣。城陷，自經死。

又推官汪道仁，總兵陳輝，副總兵汪洋，都司錢鎮遠、汪子洪，被執貴溪死。遊擊徐兆、沈大用、程秋誠降於清。

方維新，本名弘憲，諸暨人。崇禎十二年舉於鄉，十六年會試乙榜。南京亡，依黄斌卿舟山。魯王監國，與王正五、夏葵日起兵諸暨，授職方主事。旋移開化，以正五、葵日爲將，多戰功。紹宗命以僉都御史巡撫其地。福京亡，厲衆嘗、玉間，出没林莽，每半道邀清兵，勝敗不一。永曆二年，各義師散。三月十五日，與清兵戰不利，走伏莽，顧衆盡逸去，嘆曰：「事無可爲，不如死。」乃謝左右，懷印孑身詣金華府署，大呼：「大明都御史求死至此，必輿我見爾鎮將，一言而訣。」知府錢廣居，故崇禎壬午舉人也，勸之降，維新叱曰：「足下自惟係何壬午？」廣居無以答。既見鎮將，不屈。鎮將曰：「此何時，乃聞大明二字哉？」曰：「知不可爲而爲之，爲之而不成，如今者，可含笑入地矣！」與之食不食，日飲清水數勺。送至杭州，談笑如嘗。清人咸咋舌，雜乞詩句，信口而應，須臾得百餘首。大訊，語多不屈。問其家，曰：「要爲忠臣，豈有妻子！」四月，賦絶命詞，淩遲死，年二十五。

王灃，字楚先，嘗熟人。日俞子。崇禎十六年進士。金華知府。紹宗擢僉都御史，巡撫浙西。

董振秀，字建華，平原人。功貢。起兵拒清，保鄉里，授太平通判。和州陷，盡撤江舟置守，寇不敢犯。歷温州同知、温處僉事參議，晋浙江按察使。紹宗立，以僉都御史巡撫處州。皆降於清。子允禎，崇禎十七年選貢，景寧訓導。

時浙江司道：黄夢嵩，字茂卿，南安人。天啟二年進士，授户部主事。直省解運至，與户胥夤緣爲奸，持月餘不一聞，立置之法。督計潞河，胥吏屏息。遷員外郎，出爲寧國知府，蠹猾不欺，賦以全完。歷金衢副使、金衢嚴參政。歸隱。

倪祚善，字永錫，桐城人。元善弟。選貢。授永興知縣。峒寇猖獗，厲兵固守。歷岳州通判、金華同知。平許都亂，擢處州知府。兵民安堵，陞温處僉事，晉參議。子天弼，字石臣。選貢。太平教諭。隆武二年廷試第二，授庶萃士。

吴國杰，字純祐，太倉人。崇禎十六年進士。授永嘉知縣。十七年，邑民谷子聞以蜚語黏帖死，一府激變，副使謝鼎新、通判李兆昇遁，知府文王輔散之。佃民數千人入城，殺業户，國杰敗之。杭州降，與李維樾同起兵。擢福建道御史，加太僕少卿，出爲浙江督學副使。温州陷，降於清。

楊歧華，臨川人。恩貢。金衢副使。

陸昌椵，字君寧，上海人。選貢。歷温州通判、工部員外郎。以剿黄村口盜，陞温處僉事。

蔡國禎，龍溪人。浙江監軍副使。

李藩，本名當泰，字二則，合肥人。天啟七年舉於鄉。有幹濟才，以守城功，授中書舍人。史可法薦軍前監紀，自職方主事累遷郎中，司章奏。母憂歸。紹宗即位，遽擢僉都御史，巡撫金、衢，賜尚方劍便宜行事。墨経從戎。命監紀兵部主事韋人龍向衢州，已以兵部右侍郎總督浙、直、江西。與黄道周不合，疏糾之。以蔡鼎知兵薦，上命三聘之，不至，最後以方外服見，拜御營左軍軍師兼贊軍務，而占試無驗。鄭彩敗回，請督郭熺、陳秀出永定關，一戰而退，蘧上疏引罪。蘧，故馬士英私人，密言有治兵才，宜在使過之列，特許以事官戴罪。福京亡，歸里。清召不應，卒。

人龍，字劍威，武康人。諸生。

鼎，字無能，晋江人。諸生。從孫承宗行邊，所至山川形勢記之，以白衣參軍。上疏陳魏忠賢奸，觸怒幾不測，乃歸。威宗繪像訪求，既至賜茶，稱蔡布衣。鼎見國事日非，上書言事不用，爲激論一篇，自言：「我非時所能用，亦非時所能殺，所以爲此者，明天下未嘗無人也。」夙精象緯，多奇中，預卜甲申之變，時日不爽。福京亡，隱海濱終。

又黄期銘，字躋敬，平和人。選貢。醴陵教諭、建寧教授、淮府長史。著書。

唐時，字宜之，上元人。楚府長史。

張翼軫，字辰叔，長興人。恩貢。錢塘教諭、國子學録、益府紀善。

蕭驄，字漢雄，鄞縣人。世襲百户、上雒府教授。能詩文。

李世宏，字偉伯，寧化人。隆武元年恩貢。崇陽府教授。皆隱居終。

包鳳起，字際霞，南陽人。崇禎元年進士，授户部主事。餉邊，親爲分發；事竣，餘金悉還公帑。榷崇文門所羡輸大府例，轉銓曹以不事援引，移職方。時承平久，禁兵多爲諸璫隱占，力爲清核，汰虚冒幾萬人，月省餉六萬餘。都城多盜，躬爲巡緝，隨升協職方司事，絶請託，嫌忌交作，謫重慶簡較。冢宰、司馬交留，尋復原官。任職方六年，每有大計，輒排衆議，身任之，故人材競奮。李瘦子衆數萬，謀破全楚，竄留京，鳳起以廓清自任，出爲武昌副使。至官，微服輕舟入賊穴，偵其虚實，督大兵剿之，斬萬餘級，寇平。時張獻忠降，求襄陽一郡屯軍，聲言寄家口穀城，乃入據守之，分屯衆四郊。余應桂疏請監軍，鳳起單騎入獻忠營，深與相結。九年大赦，命賫二萬金赴軍前招撫，上撫地、撫資、撫人三事，當事不從。十二年五月，獻忠復反穀城，襄陽戒嚴，改下荆南，登陴巡江，風雨不輟。因中寒濕痿痺，猶扶病視事。會土寇閻文簡乘亂嘯聚，輿疾壓以重兵，殲兇解從，地方以靖。引病歸。再起潼關參政，建斥堠，嚴守禦，朝推知兵。宣撫吕大器疏薦自代，調徽寧，值夙恙作，告歸。南陽陷，奉親之南京。紹宗即位，以潛邸舊恩，召武選郎中，黨何吾騶，擢兵部右侍郎、副都御史，巡撫應安。金堡疏爭之，不聽。福京亡，永曆五年歸里，課徒自給，又數年卒。

閻爾梅，字調鼎，沛縣人。耳長大，白過於面。崇禎三年舉於鄉。十四年，練鄉兵破寇豐縣。北京亡，知縣李正茂革崇禎年號，責之，幾見害。乃盡散家財，陰結死士。武愫檄至徐，碎之大駡。徐州知州迎降，禽送史可法斬之。可法聘參其軍。勸清君側，渡河收山東、河北，士氣激昂，濟可爲用。且清無多兵，又不齊集，如選興平鋭卒，北渡長征，所至不煩血戰，必將倒戈矣。高傑死，説可法西行鎮撫之。傑衆約束待命，爲設提督統其衆，而自駐揚州。力請開府徐州，號召河南北義勇。又請空名告身數百紙，乘時布發，視忠義爲鼓勵，俾逋寇畔帥，不得以踰時涣散，少有睥睨。可法不能用，遂留書而去。及揚州陷，走淮安，爲劉澤清、田仰畫戰守策，亦不聽。清兵入淮安，欲率河北壯士伏城外邀之，衆懼阻，道士陶萬明特庇之。巡撫趙福星招之，答書力拒，東走廟灣，主同知吴汝球。道士吕真奎勸浮海不果。澤清降，間歸。

紹宗立，擢僉都御史巡撫淮、徐、江北。陳名夏少與深交，數請會試，許以頁元，不顧。祝髮，自稱蹈東和尚。淮北、山東兵起，榆園師尤盛，乃與莊志持、梁東川、馬龍賓、魏君重、黄石曾、劉三走山東，合忠義號白馬黨者數萬人，謀大舉。又至河南。歸匿淮安吴珊家。尋詣北京，覘動静。

永曆六年返沛。以山東事發，總督沈文奎執爾梅，瞪目直上視，不拜。詰曰：「而何爲者，欲作文天祥耶？」曰：「然則天祥非乎！」翔步堂皇，高吟不輟。乃檄河督楊方興以八邑兵擁之北去，送者皆涕泣。爾梅意氣自如，下濟南獄。弟爾羹、從子御九皆被逮。八年，免歸。九年，再名捕急，妻張、妾樊同經死。爾梅乃託死，夜遁虞城，託子諸生張十六。變名翁深，字藏若，歷山西、陝西、四川、湖廣、江西、南直凡八年，獄解始還。未幾，爲仇家所連，復出亡北直、山西，龔鼎孳救之得免。北謁思陵，又東出榆關還京。會顧炎武復遊塞外，至太原，訪傅山，結歲寒盟。爾梅久奔走，艱難不少阻，後見大勢已去，知不可爲，乃還沛，寄情於酒，醉則罵座。嘗至北京，鼎孳勸之仕，不允。一日宴慈仁寺，酒酣各言所志。爾梅曰：「國亡破萬金資，爲國執仇，天下震動。事雖無成，卒未爲所殺，亂世不失足，疾風勁草，此布衣之雄，於某足已。」其自負如此。卒年七十七。爲詩蒼茫渾古，不尚華靡。嘗以聖人用史尊王，學者以詩代史，著帝統樂章，寄蠻夷華夏之痛焉。爾梅落落寡合，與淮安李慚夫善，及起兵，以子相託。豐、沛之敗，清收其家屬，捕慚夫，間以其子還爾梅，仍歸淮安曰：「子遁，願甘罪。」下獄戍。解卒感其高義，中道脱之。子㫹。後終身不應試。

爾羹，字調卿。

萬明，字震黄，大河衛人。

志持，字尚之，邳州人。號匪石道人。

東川，冠縣人。大俠。與爾梅同繫濟南獄。

三，官將軍。

與爾梅同患難者：鄔明昌、李在東、殷潤、胡從中、張道生。

明昌，字期仲，武昌人。崇禎十年進士。錢塘知縣，隱樊湖。

在東，字三五，鄒縣人。諸生。

潤，字太峯，芮城人。

從中，字師虞，紹興山陰人。崇禎十五年舉於鄉。植棟自娱。清迫試，中道遁歸。

道生，沛縣人。主事斗子。任子。告歸，破産助爾梅軍。

陳際泰，番禺人。崇禎十三年特用。授平樂知縣，平永安寇。累遷臨江知府、湖廣左參議兼僉事。唐王聿鐭建號，蘇觀生薦際泰、羅賓王、劉若鱗知兵，際泰充監軍。尋擢僉都御史，巡撫南雄。督歐陽闕諸師西上，與林佳鼎戰敗於三水。復招海上忠義數萬，命林察爲先鋒，戰河口，殺佳鼎。清兵陷廣州，不屈死。

賓王，字季作，番禺人。萬曆四十三年舉於鄉，授南昌同知。京師危，以兵勤王，至朱仙鎮，同列忌之，歸。安宗立，遷職方主事。南京亡，歸，築哭斯堂，集同志吟詩寄慨。聿鐭擢郎中。廣州陷，爲張家玉草倡義檄。事敗，被執繫獄，志氣不衰。李成棟迫自裁，作詩弔王天錫諸義士。子隨在獄，以遺書付之。後得免，爲僧，名函駱，字思唐。

若鱗，字而躍，增城人。太學生。觀生薦入儲賢館。率鄉族義士三百餘人入閩，從觀生南安，以戰功官都司。吉安陷，助萬元吉守綿津灘。元吉退贛，贛圍急，觀生命以三千人援之。值他人敗，屯南安，從觀生入廣州。廣州、肇慶搆兵，知事不可爲，歸。若鱗倜儻仗義，歲饑，傾家以振。所率三百人，鮮有還都。卒。年八十二。

同時廣東監司：沈玄錫，字仲韋，桐鄉人。崇禎十六年進士，授行人。紹宗立，遷兵科給事中，出爲廣東督糧參議。降清。

張鼎涓，字宗魯，南安人。崇禎十三年進士。自行人遷户部員外郎，清查南直糧册。歷職方武選，出爲嶺西副使，陞廣東鹽法參議。時海氛急，商旅以賦重盡逃，鼎涓釐革例耗，胥吏不敢私，商乃畢集，賦以無缺，復以倉剩變價萬餘兩上之。以勞瘁卒官。

李日煒，字咸甫，安溪人。天啟五年進士。自中書舍人累陞羅定參政。

馬如融，字漢叔，和州人。光禄丞如蛟弟。歲貢。如蛟殉，命絜其子出。弘光時，自監紀通判累擢嶺南參政歸。杜門，卒年七十四。

李含樸，字湛一，房山人。副貢。授濮州知州，革夙弊，以柔順化剛猛，改環縣知縣。歷慶陽、延安同知、知府，靖虜，僉事歸。起南韶，守梅關，陞嶺南參議，隱。

王龍震，字長甫，南安人。崇禎元年進士。授吉水知縣。遷雲南道御史，巡内城，視鹽山西，節奉餉，興修運城，不費民力，立弘運書院。剔釐鹽政，正額外溢解三萬五千八百餘兩。調温處僉事，民立卻金館，兼糧儲。陞嶺東副使，正己率屬，人不可私干。引年致仕，卒年七十。弟龍賁，事别見。

楊彝瑀，惠安人。崇禎十二年舉於鄉。嶺東副使。隆武二年，陳耀圍惠州，與知府張廷綱、推官童琳拒守。六月乃解。

曾宏，字旅庵，吉水人。嶺西副使。刊張九齡、歐陽修、文天祥文集，表章文獻。

李鉉，字淡方，漳平人。崇禎七年進士，授新安知縣，平鐵口山寇，恤竈丁，立鹽埠，免雜餉。調海豐，入爲兵部主事，遷山東道御史、嶺東僉事、嶺南副使。與監軍僉事戚楊降清。

孫轔，字伯馭，鍾祥人。崇禎四年進士。自會稽知縣累遷海北僉事。

孫文奎，字五聚，會稽人。萬曆四十六年舉於鄉。自新安知縣，累遷海南僉事。

汪之光，字白生，淮安清河人。選貢。澄邁知縣，平黎亂，築大路二十里。歷瓊州知府、嶺西僉事、海南副使。永曆四年，降清。

謝士昌，建昌廣昌人。崇禎十五年舉於鄉。南韶僉事。

王爾揚，字抑之，宣城人。崇禎十二年舉於鄉。廣東監軍、水利鹽法僉事。降清。

柯拂雲，字修伯，南海人。崇禎十二年舉於鄉。廣東監軍副使。

區覺暹，字几蘧，高明人。崇禎三年舉於鄉。廣東監軍副使。

王景亮，字武侯，吴江人。崇禎十六年進士。授中書舍人。弘光時，命與徐復儀典雲南鄉試。未行，紹宗立，遷湖廣道御史，加太僕少卿、監軍，恢復南京。已巡按金、衢，兼視學政。以不奉監國魯王令印，特命晋級。宗室議潨以巡撫聯絡直、浙，景亮督兵。徐錫禧以衢州督餉監軍與陳謙共守。衢近魯王守地，政令不一，並時魯亦置官，擢景亮擢都御史巡撫，景亮奉命通好。居久之，未有以報。隆武二年八月，清兵迫，使來招降，斬之。城陷，自經死。小史某以金與清兵，求葬景亮，不許，且留爲役，一夕經死。

錫禧，字純仲，嘗熟人。薦舉撫州通判。歸隱。

同殉者：黄金鐘，字鳴遠，威清人。天啟七年舉於鄉。自鬮五千金爲馬士英招兵，逕授金華同知，遷夔州知府。王旨改衢州，陞金衢參議。不屈死。

伍經正，字緯公，安福人。崇禎十二年舉於鄉。授西安知縣。隆武時，遷衢州知府。王擢金衢僉事，不應。上以其秉節不貳，再與加級。徽州警，命把總葉林守開化，兵不戢去。衢州陷，赴井死。

鄭奉先，邠州人。太僕卿國昌子。任衢州同知，殉城死。

韓旻，博羅人。恩貢。興安知縣，遷衢州同知，經死。

鄧巖忠，江陵人。崇禎九年舉於鄉。衢州推官。王遷御史，監張鵬翼軍。與通判謝甲經死。妻薛先經死。僕鄧壽負骨歸葬，號泣投水死。

楊明禎，偏關人。舉於鄉。藍田知縣調西安，不畏强圉，經死。

許瀚，會稽人。歲貢。衢州教授，被執不屈死。

姜志宏，字參宇，杭州昌化人。歲貢。西安教諭。同死。

沈甲桂，不知何許人。官中軍。大罵抉舌死。

徐應班，字采玉，衢州西安人。選貢。刎死。

胥自修，字二如，江寧人。萬曆四十年舉於鄉。曲陽知縣調宜黄，忠信廉明，執法不阿。忤上官，謫衢州簡較。遷光禄監事，未行，王授如故官。兵至，衣冠北拜絶粒，子弟勸不應，城陷不屈死。子庭治，字肇平。諸生。與妻任死溧水。子時逢、時迎與幼女亦死。

方召，字虎鄰，宣城人。諸生。自兵部司務遷江山知縣，戢兵無暴，牌書「不愛錢、不怕死」，行縣，負以前驅。隆武二年八月七日，聞金華屠，集父老告之曰：「虜且至，吾義不當去，然不可以一人故禍闔城。」遂封其印綬，冠帶南拜曰：「孤臣無狀，以一死報陛下。」與妻赴井死。爲縣二十九日。

方三總，不知何許人。守嘗山。清兵自徽州至，拒之北門，兵敗刎死。

魯從昌，嘗山人。崇禎十六年，率鄉兵拒寇，至是力戰死，妻毛井死。

劉逵，字叔雲，臨川人。崇禎七年進士，授户部主事。紹宗即位，曾櫻疏薦湖廣道御史，巡按廣東，加太僕少卿。請召用劉斯㺹、姚思孝、李汝璣、李青、陰潤、詹爾選、喬可聘、李右讜、成勇，而以許譽卿爲首。福京亡，歸里。妻管，豐城人，被清兵執，不屈，寸傷死。幼子年十三，從殉。逵亦旋卒。長子諸生亮同死。逵從弟鍾秀，字文伯，大罵支解死。

錫衮，字石庵，晋江人。崇禎十三年進士，授瀘溪知縣。遷建昌推官，清介多平反。弘光時，考選浙江道御史，疏劾解學龍受梁兆陽數萬金，刑用黄緻破板。張縉彦聞許定國殺高傑，單騎逃避，應提付法司，勿問。紹宗即位，巡按廣西。降於清。

吴有涯，字茂甲，吴江人。天啟七年舉於鄉，授平陽知縣，首立十禁，請折海運，止預征。南京亡，謁福京，遷廣西道御史。召對，自晡至夜，侃侃數千言，有真御史之褒。疏四十七上，皆急務。巡按嘉、湖，至處州而全浙陷，乃入鄧尉山爲僧。子實，布衣。

李燦然，字伯弢，縉雲人。萬曆四十七年進士，授同安知縣，善決獄。紅夷發，置礮臺火器立辦，夷舟遁。遷福建道御史，以逆案罷。紹宗立，起故官，加太僕少卿，監督浙東。

彭遵琦，字古臣，溧陽人。崇禎六年舉於鄉，授衢州推官，多異政。隆武時，遷浙江道御史，巡按浙東，聯絡直、浙。皆隱居卒。

韓元勳，字奕倓，平遠人。崇禎十年進士，授行人，封祁陽王。弘光元年，命加一品服，與陳燕翼宣諭琉球。詔曰：「昊穹載物，覆被極於八荒；王者宅中，炤臨周於萬國。既布無私之化，用宣有道之文。惟爾琉球，世居海島，我高帝驅胡元而定鼎，爾君臣先諸國而獻琛。符采印章，屢沐先朝寵錫；屏藩帶礪，示堅累世忠貞。維崇禎十七年三月十九日，思宗烈皇帝升遐，朕以兄弟繼立之序，臣民推戴之情，於五月十五日，祇告天地宗廟社稷，即皇帝位於南都。猥以藐躬，紹茲大統。夙興懷懼，旰食忘勞。力圖寰宇之安，俯答華夷之望。念爾屬國，代守炎藩。天下一家，聲教忍遺於殊俗；域中四大，綏懷何間乎遐方。特遣使臣宣諭爾國，其祇承新命，益懋先猷，恪修歲事之嘗。襲衣冠而奉正朔，示戴新朝之化。瞻象魏而洽仁風。惟懷遠圖，毋替朕命。」未行而南京亡，復命福京，遷浙江道御史。監天興鄉試，疏陳：「減篇卹士，推一時之恩，惟二書三經，不若三書二經爲合式。其題請仍炤七篇出，二場亦然。庶鐫之試録，傳之天下後世，皆信爲不刊之章程，興朝之盛美也。」

從之。尋巡按下遊，正己率屬，獎廉懲貪，力挽澆風，以病乞休。福京亡，隱居終。

時先後巡按下遊者：王範、高允茲。

範，字君鑑，内江人。崇禎四年進士，授丹陽知縣，復練湖以通漕，修隄徧植楊柳。遷陝西道御史，以敢言稱，已憂歸。張獻忠入蜀，崎嶇滇、黔，謁福京，改廣東道，巡按上遊，未幾罷。福京亡，隱丹陽，久之卒。

允茲，字不疑，膠州人。崇禎七年進士，授完縣知縣，有拒守功。以雲南道御史巡按蘇、嵩，不附張捷。大悲之獄，請速付市，不使弓蛇生疑。出爲湖西副使，而南京亡，與譚國禎練鄉兵自保。一夕兵變，國禎死。隆武時，巡按下遊，疏陳閩南抽税之害。上以雜税盡免，久有明詔，下遊官乃敢私抽擾民，法紀何存？命嚴緝正法，以安窮民。又請免汀州借助，允之。福京亡，降於清。海時行反正，被執死。子簡，事别見。

國禎，新建人。崇禎六年武舉。從參將康時昇軍，轉戰燕、薊、臨、濟，以都司協守開封，筏濟周王恭枵。史可法薦陞都督同知狼山總兵，屯龍潭，總領水陸軍務。時昇，弘光元年六月降清。

鄭爲虹，字天玉，江都人。父元化，錦衣都督。崇禎十六年進士。年少美風姿，授浦城知縣。紹宗入閩，道浦城，聞其爲廉吏，欲拔置左右。部民相率乞留，有十不可去之疏。乃命以湖廣道御史巡視仙霞關，仍駐浦城。鄭芝龍將陳俊、鄒泰奪商人米，爲虹繩以法。芝龍入訴，上諭曰：「干戈未靖，全賴文武和衷，爲虹用法，亦是代卿約束。」元化亦力解之，芝龍乃已。尋巡按上遊，兼領關務，紀綱肅然，將士斂跡。清兵陷衢，潰兵南奔焚掠，人士流離，爲虹閉城，發倉米銀布以犒，歡呼而去，一郡獨全。迨芝龍撤守關兵，仙霞嶺二百里間，虛無一人。清兵長驅入浦城，百姓請出降，不可。乃擁見貝勒博雒，脅之跪，不屈。勸之薙髮，爲虹曰：「負國不忠，辱先不孝，寧求速死，髮不可薙也。」責令輸餉，爲虹曰：「清白吏何處得金？」百姓欲代輸贖死，爲虹曰：「民窮財盡，烏乎可！」奪刀刺胸，噴血大罵，遂遇害，年二十五。妻梁負子投泮池死。書記陳龍從爲虹死。

黄大鵬，字文若，建陽人。少孤貧，不能從師，從旁竊聽，遂知書能文。崇禎十三年成進士，授義烏知縣，調龍遊。許都亂，土寇作，設計討捕，得其渠，地方以安。在任六年，以治行第一，將内召，爲墨吏所抑。紹宗入閩，召爲刑科給事中，兼治兵餉，縣丞何琦署知縣，扈從建寧。以仙霞重地，宜使閩人自爲守，命大鵬以兵科兼金衢副使，協鄭爲虹守仙霞。會地震建言，上曰：「此疏朕躬當書坐右，以便朝夕觀覽，大小文武臣工，尤宜勤於寸心，各自省躬，共弭災變。」浦城陷，端坐堂皇，與子被執，紅袍紗幘，挺然南向立，使拜不屈。博雒割其舌，噀血大罵，觸階死。

同時熊秉震，字九初，南昌人。崇禎十二年舉於鄉，授處州推官，遷職方主事。清招降不屈，死浦城。

張萬明，浦城人。遊擊。及其子都司翹鸞同日死。

劉景瑗，廣信永豐人。諸生。題詩。與妻經浦城明倫堂死。巡撫楊廷清、李暄芳被執死。

清兵自陷浦城，長驅入閩，一時文臣不屈死者：崇安則楊聞中、廖有則，建陽則崔攀龍，順昌則何捷，延平則金章，尤溪則薛維翰，寧化則徐日隆，閩清則陳其禮。

聞中，字尊止，上饒人。尚書時喬子。諸生。任都水主事，榷荆門，歷南寧、延平知府。

有則，將樂人。歲貢。建寧訓導。齎詔至崇安，衣冠被執。子于亡，博雒欲官之，曰：「父死之謂何？敢因爲利。」不顧而去。

攀龍，字翰如，臨潁人。崇禎六年舉於鄉。授建陽知縣，修考亭書院，愛民如子。被執。子琮從死。

捷，字忠甫，宜興人。崇禎十七年選貢。歷安吉同知、江山縣丞、順昌知縣。與兄掖、次子百禄、從子清漢、長齡同死。

章，南平人。崇禎七年進士。合浦知縣，累遷干部員外郎歸。城陷自經。從子錦衣某，皆一門死。

維翰，靖江人。太學生。尤溪縣丞，一門死。

日隆，字泊如，金谿人。歲貢。授寧化知縣，平李簡亂，修城浚隍，三年大治，黄通憚之不敢發。加職方主事留任。一門死。贈吏部主事。

其禮，字以讓，衢州西安人。崇禎十二年舉於鄉。授閩清知縣。與子龍玉、婦吴、壻徐應宜同死。

毛協恭，字端甫，武進人。崇禎十三年進士。授寧德知縣，調侯官。京師戒嚴，張肯堂命以二千人勤王。弘光初，遷陜西道御史。紹宗立，命督學福建，清介以道自任，遴選孤寒，要人干請，峻拒之。清兵入閩，協恭適試士還自興化，至洪塘聞變，痛哭躍入水，遇救不死。轉徙泉州、建寧間。將航海赴廣，土寇發，力疾趨崇安。永曆元年七月，在萬石灘爲清兵所執。渠欲降之，協恭厲聲曰：「若亦知毛督學乎，尚奚道。」遂遇害。妻周抱幼子嘉錫與二女水死。壻劉元趙與僕鄒艮、王大郎從之。

有王秀者，協恭嘗同入衛，其妻及幼子亦水死。

元趙，字鎛斯，武進人。憲章子。

錢嘉徵，字孚于，海鹽人。以副貢遊太學。威宗即位，上書「論魏忠賢十大罪：「一曰並帝。羣臣上疏，必歸功廠臣，竟以魏奄上配先帝。二曰蔑后。羅織皇親，幾危中宮。三曰弄兵。廣招無籍，興建内操。四曰無君。軍國大事，一手障天。五曰剋剥。新封三藩，不及福藩之一，魏奄封公，膏腴萬頃。六曰無聖。敢以刀鋸刑餘，擬配俎豆。七曰濫爵。公然襲上公之封，靦不知省。八曰掩邊功。武臣出死力以捍圉，魏奄居樽俎以冒賞。九曰建生祠。一祠之建，不下五萬，豈士民之樂輸。十曰通關節。義兒崔呈秀、孽子崔鐸貼出之文，復登賢書。種種畔逆，罄竹難書，萬剮不盡。」書上，上頷之。忠賢哭訴於上，上命内侍讀疏，使忠賢跪聽，忠賢震恐。方書未上，或尼之，嘉徵慨然曰：「虎狼食人，徒手亦可搏之。舉朝不言而草莽言之，以爲忠臣義士之倡，雖死何憾。」自是言者繼起，元惡就誅。後授嵩溪知縣，政有條理，閭井安之。隆武時，黄道周薦遷山東道御史，代熊華國爲天興府尹。福京亡，僕徐章服經於堂，嘉徵獲免，後卒於家。

子泮，字雍頌。崇禎九年舉於鄉。從劉宗周遊。在南雍，力攻阮大鋮，幾得禍。國亡不仕。

從兄潤徵，崇禎十二年舉於鄉。國亡，築蒿園，自爲生壙。

華國，字自含，江陵人。崇禎十三年進士。自晉江知縣累擢太僕少卿，兼天興府尹。福清、永福、古田、羅源山寇涂紹、王可恃險連結恣掠，練鄉兵平之。未幾卒。

彭期生，字觀民，海鹽人。長宜弟。萬曆四十四年進士，授徽州教授，累遷國子博士、都水主事，管節慎庫。歷員外郎、郎中，出爲長沙知府，調南昌。巡撫楊邦憲風有司建魏忠賢生祠，期生力持不可，熊明遇、樊尚燝、胡良機皆以忤忠賢流戍，保持甚力。初至，逋賦山積，不二年，積逋盡清而民不困。

崇禎初，憂歸。服闋，起濟南，坐失囚，謫湖廣按察炤磨，量移應天推官，轉南京職方員外郎、郎中。張獻忠畧江西，擢湖西僉事，單車西行，以黃縠爲巾，朱絲繩繫劍，曰：「二物所以報國而徇身者。」送者失色。及下車，督知縣嚴之偉、都司熊夢虬平丁田村亂。聞南京亡，立撫、義二營。金聲桓檄至，大怒，草檄討之，會楊廷麟、蕭士瑋、楊仁願軍。紹宗即位，李永茂命控兵吉安，固虔門户。

隆武元年九月，復萬安。粵兵進泰和，又戰吉安螺子山，小卻。滇兵出安福繞其背，直攻真君山老營。清兵走，虔、吉兵夾攻，斬都督高友諒等三千人。追復峽江，南昌大震。聲桓將東走，而滇兵不前，聲桓得小振。陞光禄少卿兼嶺北參議。十月，夢虯先登，復吉安，期生以兵徇諸邑，擢太僕少卿、江西左布政使，仍守嶺北道。廷麟偕與招撫峒蠻羅榮，單車深入其巢，承制授官。

二年二月，晉太僕卿。三月，元吉部將胡長蔭違節度，吉安陷。四月，白之裔引清兵屠萬安，期生不支，走忠誠，以章貢臺最衝，與理邕和守之。時用礮殺敵，選死士負九龍火槍縋城下燒敵營。城垂陷，或勸他去，以劍自擬，書絶命詞訣子，冠帶自經死。子麟生、孫習從殉。家人張卿、詹道、馮吉皆刎死。守備周雲、楊大器被執。故吏林桂芳、杜鳳殮期生，大器瘞之萬安百家村。後鄉人胡樞官其地，夢期生屬歸遺骸，義士萬安曾堯泉歸其骨，子女以血漬之皆沁入，哭而葬焉，說者比之温序之思歸云。子孫貽，自有傳。

夢虯，字沛霖，豐城人。守備。

邕和，字寒石，西華人。本姓李，北變改姓理。崇禎十五年舉於鄉。李自成迫官，百方不動。從張鳳翔南下，歷蘇州推官，監紀贊畫浙右，旋監楚、豫軍，和戢兵民，紀律嚴肅。南京亡，入閩，遷職方郎中，監忠誠軍，城陷死。

子習，有智畧，蘇州副總兵，調巡河。父死，奉祖母歸。溥亦從父有功，鳳翔薦都司，國亡不仕。

雲，字敬止。與大器、羅光泰同死守，後隱吉安。

大器，字德山。後與義師，聲桓反正，入南昌死。皆上元人。

桂芳、鳳，廬陵人。

時江西司道之可紀者：

姚應翀，字雲舉，慈谿人。崇禎七年進士，授都水主事，管理通惠河。遷貴州道御史，巡按應安歸。起雲南道，出爲湖東參政，撫寇以靜二郡。工八法山水。

陶文疇，字中衍，進賢人。恩貢。尤溪知縣，平三眼盜，遷兵、工二部主事。從傅冠軍，出爲湖東參政。

李種佳，晉江人。崇禎六年舉於鄉。湖東參政。

王鉉，字上玉，營山人。崇禎三年鄉試第一。歷吉水知縣，吉安推官、知府，陞湖西參議，折獄鋤强，風裁凜然。吉安陷，不屈死，同死者一百六十餘人。

夏雨金，字礪如，江陵人。崇禎七年進士。歷紹興、河間推官，泉州知府，梼杌賊亂，諭散之，陞衛輝副使，轉饒南、九江參政，隱。

林夢官，字星郎，龍溪人。崇禎七年進士。歷屯田員外郎，肇慶、寧波知府，饒南九江副使，爲僧廬江冶父山。

謝雲虬，字起東，南海人。萬曆四十七年進士。湖西副使。

楊榮，字行竹，同安人。萬曆四十六年舉於鄉，授新城知縣，政簡刑清。以守城功，調南城，拒妖周八。歷建昌知府、湖東副使。

章自炳，字美含，蘭谿人。天啟五年進士。嶺北副使。定南何氏奴密教楊細徠亂，諸生黄時振執，自炳斬細徠。

楊青，武進人。崇禎三年舉於鄉。龍南、信豐知縣，累擢廣建副使。

柯隆吉，瑞昌人。功貢。武寧知縣，累陞寧州監軍僉事。

黄元會，字昌期，平江人。萬曆四十六年舉於鄉。寧州知州，累遷監軍副使。死難。

黄藎卿，字翼明，清江人。萬曆四十年舉於鄉。自衢州推官遷宿州知州歸，舍延川將周文彬於家。熊兆行入閩，破家招兵閤皂山，以應忠誠。清兵突至走，廷麟薦監軍副使。忠誠陷，入山。

子剛中，諸生。歐血死。履中，諸生。忠誠亡，藎卿命謁肇慶，授武選主事，後隱蠻獠中。

霍蒙舉，南海人。副貢。贛南監軍僉事。

賴建和，南康人。附貢。監軍副使。

徐鵬起，字澹池，金谿人。崇禎十三年進士。貴池知縣。良玉兵東下，協程世昌城守，十七日解去，憂歸。揭重熙薦監軍副使。卒年八十四。

傅雲龍，字蒸甫，金谿人。崇禎七年進士，授中書舍人。京師戒嚴，士卒偃臥雨雪中，上疏請更番城守。又上剿寇方畧。歷都水主事、員外郎，台紹僉事。討禽海寇竺武、貝學杜等。許都亂，簡勁旅倍道進，以除夕抵城下，襲敗之。轉福建督糧參議、漳南參政。十七年春，平和寇梁良萬人攻龍巖、漳平。八月，廣寇攻龍巖。十月，山寇徐連陷漳浦，雲龍斬數千級。以劉鄭芝龍部弁之毒民者，被劾罷。士民訟冤復官，累擢廣東按察使、布政使，以才足辦賊，命加太僕卿，留久任，安地方，不赴。

隆武二年九月，聞汀州警，以兵入衛，至南靖，徧乞濟師，不應。盧恕兵敗過境，清兵向漳州招降，曰：「死則死耳，何降爲！」跡得之，挾見，大罵不屈。與龔可楷、金麗澤、張大衡、李甲俱死。屍暴三日如生，士民環哭。永曆中，贈兵部尚書，謚忠節。子廷升，任中書舍人。

可楷，字君端，武進人。崇禎四年進士，授兵部主事，浚河役夫五萬户，疏罷其役。累遷郎中，出爲杭嚴副使，杖死妖僧金臺，陞海北參政歸。南京亡，與葛麟、盧象昇起兵太湖，從盛澂西山。兵敗，與輿人雲從、諸生雲起、雲衢謁建寧行在，命以原官監軍漳州。清兵至，走謁肇慶，行至平和，死於寇，贈大理卿。雲從以身扞父，被入創，幸不死。雲起葬父畢，扶雲從謁肇慶。雲從任職方主事。雲起，字仲震，諸生。中書舍人。雲衢，廣州同知。

大衡，字子昇，金谿人。萬曆四十六年武舉。沈毅有膂力。官漳州中軍守備、右營遊擊，挂左都督印。清兵至，援絶不可支，與家人訣曰：「吾從戎十餘年，當與城共亡，汝等均宜報國。」遂奮力決戰死。妻妾子孫十餘人皆殉。

李甲，連城人。少爲盜從軍，官都指揮。隨黄道周出關，陞參將歸。漳州陷，被執不屈死。

同時福建監司：汪桂，字伯禎，崇陽人。天啟五年進士，歷行人、兵部主事、光禄正、户部主事，榷九江關、建寧知府，遷福建督糧參政。

劉士璉，字翼明，三原人。萬曆二十八年舉於鄉。刑部主事，力拒魏忠賢。累遷下川東僉事，寇圍斬渠，固守全城。歷上、下川東參議，轉福建屯田參政。

周維新，字天中，濟源人。萬曆四十七年進士。歷長子知縣、福建運副、廣東道御史、福州建寧知府僉事，守大安關，督費興、陳學鵬、鄭真破清兵，陞福寧參議、太僕少卿。

王昌時，字翼聖，沂州人。崇禎四年進士。行人，累遷贛州知府。言笑不苟，人不可干以私，營兵索餉譁。李永茂下令閉城，兵奪門圍道署，挺身諭服之。歷嶺北參議、漳南參政，嚴毅如初。歸。

萬永康，字茹余，建水人。天啟五年進士。漳南參議，降清。

李之秀，淮安山陽人。歷大冶知縣、汀州推官，與于華玉共事，遷知府。上幸汀州，請留駕，擢漳南參政。

吴起龍，字雲卿，丹徒人。崇禎元年進士。自户部主事歷應天推官、南京户部員外郎、福州知府。閩俗有挾仇者，輒服斷腸草，即死，其黨移屍仇家，家立破。起龍按屍，命反復推驗至數十次，檄有司厲禁，俗乃革。閩士程坤、陳聖泰爲仇陷，力爭得白，後均顯名。陞建南副使參議。卒年七十五。

汪指南，黄岡人。恩貢。歷寧州知州、福州同知、汀州知府，建行宮，陞汀漳參議。

朱益采，字觀以，紹興山陰人。副貢廷試。輿櫬劾權奄，威宗嘉其鯁直，欲補風憲，當事循例外補，授監紀推官。從傅潛龍起兵東鄉，累陞巡海副使。福京亡，去延平，清迭薦不出。

陳明瑛，象山人。崇禎六年舉於鄉。歷建寧僉事、福寧副使。

鄒式金，字仲愔，無錫人。崇禎十三年進士。歷户部員外郎、泉州知府、興泉副使。與芝龍忤，歸，卒年八十二。子漪，字流綺，諸生。遊黄道周、錢謙益門，國亡著述。莊史禍作，適刊吴偉業綏寇紀畧，下獄免。

朱應熊，字淑名，浮梁人。崇禎四年進士。歷海鹽知縣，興學化民。車駕主事、武選職方員外郎、濟南參議。歲荒，單騎勸諭，糧完而民不病。改建南副使。流寇至，守關勞瘁。擢洱海參政歸。清薦力辭，卒。

胡宗瑜，字待庵，荆門人。天啟四年舉於鄉。臨高知縣，累遷漳南僉事。

傅振鐸，字度山，金谿人。崇禎十年進士。蒙城知縣，遷兵科給事中。北京亡，降李自成。南歸，擢建寧僉事。

嚴御風，字廣輿，歸安人。舉賢良，授溧陽縣丞，遷池州通判，立二營。歷福州同知、汀州漳州知府、汀漳僉事，憂歸。清徵不出。古文雄高自恣。

傅天祐，字道星，海陽人。崇禎十五年舉於鄉。自武庫郎中出爲汀漳僉事，轉漳南參政，以諸生黄申龍參軍事。兵敗爲僧，名成龍，不知所終。

蔡澄，字嗣清，龍溪人。天啟五年進士。主試者方以附魏忠賢得相，澄心非之，未嘗私謁。循例觀政，應得京官，念二親年老，而奄勢日盛，願改南曹，以便假省。明制，在部觀政而南選者，前此未有也。崇禎初，入補職方主事，遷員外郎，出爲肅州僉事。時疆圉孔棘，羽檄交馳。澄謹斥堠，核戎籍，多方設備，有事攻守並用，屢以捷聞。轉湖廣參議。先楊嗣昌以奪情爲黄道周、何楷所劾，嗣昌出辦楚寇，賜尚方劍。知澄與道周同里，且爲楷姻，銜之，令人伺隙，彌年無得。陳睿謨重其才，苗夷或蠢動，輒令提兵平之。改廣西副使。巡按李仲熊，澄門下士也。聞北京危，急檄諸部入援，而澄輸餉以濟。未幾，京師破，仲熊去，勢益孤。安宗立，調嶺東，擢參政。隆武初，卒於官。

陳學孝，字子靖，平和人。天啟間入太學，祭酒林釬深重之。監生陸萬齡請爲魏忠賢建祠太學，釬力斥其悖，學孝贊之。釬放歸，禍且不測，學孝祖别周旋無所畏。其後釬嘗語人曰：「爾時不可無此良友也。」學孝有膽畧，習韜鈐。歸自京師，值寇擾其鄉，整鄉兵滅之。陸清源知其能，檄令以監紀通判練兵備禦漳州，賊聞遁去。薦職方郎中，不受。陳天定、王兆熊復薦之，授潮州僉事，指畫郡縣，使各自爲守，全境晏然。福建白土賊圍龍巖且下，守道飛檄請援，學孝倍道至，賊聞風撤圍去。黄道周北伐，與吴澍練兵備征調，遷嶺東副使。福京亡，終老於家。

黄潤中，字嗣雨，晉江人。尚書鳳翔子。崇禎十年進士，授刑部主事，多所平反。遷祠祭員外郎，撰修實録。有詔追贈皇五子慈焕悼靈王、通玄顯應真君，潤中力爭，言從來但有王號、無道號，事乃寢。出爲河南督學副使，陞嶺東參政。福京亡，巡撫程峋走，其將練克劫搢紳，將爲變。潤中力制之，乃已。又郝尚久屯潮，日誅求，潤中勸急宜剿寇，勿擾民。尚久感動，潮民以安，民尸祝之。以病致仕歸，中途遇賊，括筐得二硯，訝之，既知爲潤中，曰：「早知黄大參，何敢爾！」護歸。後著書以老。

同時吴煌甲，字愉之，永定人。崇禎十六年進士，授揭陽知縣，多惠政。歲大祲，劉公顯畔，以九軍圍城月許，煌甲日夜守，勞瘁成疾，力畫攻守數事卒。及福京亡，一門八婦同夕經死。

父懋中，字允睿。諸生。嘗以孝義薦，聞曰：「吾子死君，吾婦死節，天之玉我至矣。」乃入羅浮，隱居終。

王台彦，字明珍，蒲圻人。萬曆三十一年舉於鄉，授達州知州。白達萬人攻城，斬其渠。憂歸。服闋，補信陽。楊漣喪歸，哭恤之。遷思南同知，轉銅仁知府，撫綏苗人，陞畢節副使。苗酋爭界，直入六廣河、水西、大方，獻金珠不受，卒獻印歸。擢蒼梧參政，乞休。

永曆元年卒。

弟鼎彥，字隨庵。萬曆四十年舉於鄉，授内鄉知縣，調藤縣，歷西城兵馬司、刑部郎中、榆林副使。張自得反，紿斬之。招降賀洪宏，定邊悉平。邊餉絀，兵幾變，百計撫之無事。崇禎十六年，陞桂平參議歸。卒年七十七。

梁佳植，字南有，宜春人。崇禎四年進士。歷餘姚、建寧知縣，洗糧弊，民多樂輸，遷儀制主事，出爲廣西督學副使，轉蒼梧參議、廣西督糧參政。

錢允鯨，桐鄉人。天啟二年進士。官南京兵科給事中。崇禎二年，上歲解、木運、布價、織造、板枋、占役、冗蠹七事。上召周延儒文華殿獨對，疏言：「延儒、馮銓密契，延儒仿政，必爲逆黨翻局。」温體仁以錢千秋事傾錢謙益，又言：「體仁熱中會推，劫言者以黨。」出爲桂平參政。

陳軾，字同文，侯官人。崇禎十三年進士。授陽春知縣，調番禺，遷吏科給事中，轉户科右，出爲蒼梧參政兼督學僉事。歸葺道山故居，著書卒。

王繼廉，字矜古，長興人。天啟二年進士。授嵩江推官，除巨盗。遷刑科給事中，忤權貴罷。起儀制主事，歷廣東鹽法僉事、漳南副使。平山寇，陞興泉參政，調蒼梧，乞休。卒年七十。

謝宗，字伯彝，龍溪人。崇禎元年進士。府江參議。有剿撫功，調海右，陞左江參政。

林龍采，字景雲，同安人。天啟元年舉於鄉，授溆浦知縣。張獻忠至，守城得全，進復安化、新化。又平臨藍寇，遷辰州知府，調寶慶，撫綏多勞。北京亡，持以鎮靜，歷左江僉事參議。入山卒。

楊兆雷，昆明人。崇禎三年舉於鄉。桃源知縣，累遷嘗德同知、知府，右江僉事參議。清召不出。

吴澧，字孟濬，南安人。崇禎元年進士，授户部主事，監兑江西，指揮侵蠹，繩之以法。謫歸。起禮部主事、員外郎，歷出爲廣西督學副使。憂歸，杜門卒。

蕭中，江陵人。崇禎十年進士。歷建昌、雷州推官，刑部主事，廣東鹽法僉事，廣西督學副使。奉天陷，降於清。江廣反正求用，爲金堡所劾。妻張死沙市難。

程世培，字因之，休寧人。崇禎元年進士。歷安陸知縣、户部主事、鄖陽知府。因守爲戰，六邑安堵，調德安。累轉下湖南、下荆南、廣西驛傳副使。

伍承載，字象坤，安福人。天啟二年進士。車駕員外郎，陳軍運之苦。累擢府江副使，歸。卒年八十二。

李允禎，德州人。崇禎六年舉於鄉。桂林僉事。

譚文佑，蓬溪人。崇禎六年舉於鄉。武岡知州。力戢宗人，與吏目王之道平袁有志亂，累陞辰沅僉事，調蒼梧。

之道，徽州人。終武岡判官。

陸懋元，字生甫，桐鄉人。天啟五年進士。官貴寧僉事，監理軍務。平峒、瑶，遷上江防參政，謫左江僉事歸。家無餘財。

朱典，不知何許人。右江僉事。

周二南，字汝爲，蒙化人。繇選貢爲長沙通判。當張獻忠兵後，招綏多勞，奏免派銀二十八萬，剔衙蠹五百六十人，擢岳州知府。士民固留，乃改長沙，晋僉事。隆武元年九月，李自成部劉體仁、郝永忠將歸何騰蛟，率衆四五萬突入湘陰，距長沙才百里。城中人不知其來歸，大恐。二南以千人往偵，抵瀏陽，自成部以爲襲己，叢射之。二南與參謀吴愉、吉府指揮千户俞一鱗俱力戰死。事聞，贈二南大理卿。

愉，字去怫，善化人。歲貢。與弟愀俱以文行顯。從二南戰官渡，被縶不屈。子寧訥，字正言。諸生。痛父死徒，泣烈日中，覓遺骸歸，哀毁不食死，人稱孝子。

一鱗，字養泉，善化人。

蔡肱明，字子起，晋江人。崇禎十三年進士，授職方主事。歷員外郎郎中，出爲威茂僉事。未幾，北京變聞，人心解體，有擁衆逼肱明解印納款者。肱明以頭觸柱，血注地，瞋目駡曰：「死則死耳，豈爲不義屈。」衆驚愕解散。張獻忠據全蜀，樊一蘅檄諸郡舊將會師大舉，朱化龍、詹天顔復龍安、茂州。尋一蘅退屯古藺州，獻忠截化龍、肱明於羊子嶺，化龍率番騎數百衝獻忠，獻忠驚潰，死者滿山谷。化龍以軍孤還守舊地。後獻忠歿，餘衆走川南。化龍與肱明有隙，遇害。父國烒、兄啟明、妻莊並二女，一門三十二人，同日俱死。事聞，謚忠愍。

時雲南監司之可紀者：汪宗文，字絅先，蘄州人。萬曆二十五年舉於鄉，授上高知縣，惠綏不倚法。歷户部主事、員外郎，榷河西務，屏去羡餘。出爲南康知府，講學白鹿洞。轉金滄副使，原死獄八十三人。改雲南驛傳副使，擢督糧參政。以老乞休，加右布政使致仕。爲室鳳凰山，卒年八十三。

毌忠，劍州人。萬曆二十八年舉於鄉。歷國子學録、桂府審理、曲靖僉事、雲南督糧參議。

丁永礽，字爾錫，新建人。萬曆三十七年舉於鄉，授德化知縣。去鹽税，抑豪强。調福清，歷太倉、禹州知州，刑部員外郎，寶慶知府副使，轉雲南鹽法參政。

洪啟胤，字爾哲，南安人。萬曆三十七年舉於鄉。自棗陽教諭歷國子學正、户部郎中、大理知府、洱海副使、瀾滄參議。修濠堞，汰冗卒，寇亂以平。署雲南布政使，調臨安參政，歸。族子承疇，貴於清。博雜召開府兩廣，力拒免。

曾瑞來，撫州東鄉人。崇禎十三年特用。自刑部主事歷順寧知府、副使，騰衝參議。

萬嗣達，九江德化人。萬曆十九年舉於鄉。剛直有威德。自副使遷瀾滄參議。

瞿鳴歧，墊江人。選貢。授嵩陽知縣，催科不箠楚，而徵盈萬。歷嘗德知府、浙西僉事、湖北副使，調雲南驛傳。

陳開泰，廣州三水人。舉於鄉。自廣寧教諭累陞安普僉事。

張廣，字弘伯，金壇人。崇禎十三年特用。安吉知州，謫雲南按察經歷。起知府，陞臨沅副使。

羅孟斗，應山人。選貢。歷思恩知縣、平涼同知，累擢洱海僉事。

周洪德，字克懋，興隆人。崇禎三年舉於鄉。歷新樂教諭、封川知縣，建子城爲民衛，并濬泉城中，民曰惠泉。轉茶陵知州，兵後撫綏多勞。累遷户部員外郎、永州知府、辰沅副使，改洱海，隱。藍二攻城，召壯士出擊，二卻城全。可望兵掠婦女棄之，招集一樓，親爲守護，日食以粥，榜里居姓氏，傳親領歸，人咸德之。子企濂，事別見。

高繼元，黎平人。萬曆三十七年舉於鄉，河南道御史，出爲金滄副使。

陳昌明，海鹽人。恩貢。金滄僉事。

周漢傑，字房仲，安福人。崇禎十三年特用。繁峙知縣、易州知州、金衢僉事，遷曲靖副使。降清。

張履石，營山人。諸生。張獻忠入蜀，守城得全。崇禎十七年七月再至，守備王緗與弟繡、子諸生璜印及諸生羅心素敗之。李自成將馬科來招，不應，士民泣走寨峒。弘光元年，履石斬令向用賓，與諸生王開禧起兵拒守。通江向衷亮、達州太學生唐日俞兵至，開禧李應梓、千總朱朝佐與之盟。七月，市民任可發、徐延壽等戰死。隆武二年正月，履石、開禧會師西充。時總兵李選德援剿至西充，檄履石以職方主事兼參將，開禧、李沁傾財助餉，璜印與選貢李運修，諸生于伯奮、李旻、黄之佩各招兵。七月，履石戰龍泉、靈鷲二寨，陷陣死。師熸，寇攻城。十一月，參將毌義軒自達州來援。初城圍急，諸生王光先率義勇戰北關，執死。武生王極戰死，妻張經死。沁與弟晟守東關，重傷死。城中食盡，斗米銀三兩有奇。壯士文現等縋城出，置運糧火器。李占春乞師袁韜，義軒至，復書院山。十二月，諸軍合破寇，寇走蓬州。永曆元年十二月，馬朝興至，士民出城歸靈鷲寨。

開禧，營山人。職方主事兼參將。

沁，字明著。與晟皆諸生。多奇略。率衆拒姚、黄。弘光元年正月，殷士敏都司羅甲爲暴，誅之。隆武二年，白帶青至，力拒二月，大破之。沁中礮死。韜至，圍乃解。

又諸生泉應得、泉應化、冉良富、李尚聰，亦起兵死。同時協守者：寧國知府陳周政，南部教諭羅爲縉，輿人羅爲緗，諸生李登高、李心一、文友明、陳文南、羅爲綽、李旻、王錦、王鈁、黄之佩、羅爲鋐、羅心醇、于紀龍、于紀鳳、于紀雲、于伯奮、于仲奮、于簡心、于在心、于蕃、于宣、王眉、王繼善，武生陳燦偉，義民王三友、劉祥、駕應魁、廖世貴、趙禄、傅爛瑋、羅心渾、王興、朱朝右、胡勝龍、方啟明、張鵬鳴、黄文盛、李應祥、李特等。爲緗，字可純，斬使不應招。皆營山人。

贊曰：世蔭、思恂、柱國、之屏、民興、蘧、鳳起、爾梅、逵、元勳、嘉徵、澄、學孝、潤中、台彦皆撫按監司之賢者。聞禮、維樾、文薦、立敬、定礽、維新、際泰、景亮、爲虹、大鵬、協恭、期生、雲龍、二南、朧明等盡瘁危疆，欲以螳臂當車，丸泥塞險，事雖無成，義烈著已。昭不無晚節，然死非其所，論者譏之。古人所謂處死者難，非耶！

南明史卷四十九

列傳第二十五

無錫錢海岳撰

周之藩 洪日昇 王基昌 劉翼 陳天榜 陳文廉 巢拱極 蔡瑞 王國安 黃光輝 閔時 謝國煊 童維超 張致遠 鄭甲 鄭節 陳招禄 師福 江振曦等 陳有功 俞懋勳 郭超 陳上義 黃農 葉爵 丘衍箕 丘鵬如 劉有標 楊以旦等 胡上琛 張兆鳳 李國英 朱家臣 李玉美 汪應相等 汝應元 盛國政 李績 陳顯達 莊士隆 韓應琦 王昌禹 華斌 許德等 洪祖烈 楊光弼等 吴馨興 吴起龍 黃漢良 張世昌等 沈殿一 于元凱 劉國璋 蘇聚庶 徐元秋 蕭震虜 錢中選 李輔等 徐瑛 徐玉枝 韓鳳翀 范一坊 楊瑞鳳 莊志傳 許廷玉 吴之蘭 陳大全 謝王慶 沈琦 程本中 高日華 謝祥昌 黃元勳 陳翀等 元體中 楊武烈 周之禎 張恩選 王振遠 陳炤 朱潮遠 林文梓 郭舜卿 張乾福 何偉 傅道 陳之驤 張黃捷 蕭啟龍 杜肇勳 羅光烈 歐陽爌 馮柏 聞人運昌 譚涓 甘自琦 劉開泰 林鳳 龔啟祥 文鳴鳳 黃克忠

吴啟爵　張弼友　湯洪先　崔德新　李兆煜等　鄒晋一　宋延宗　馮大年　劉福　**羅榮**　蕭陞等　李
蕙春　祝錫胤　陳丹　謝志良　子上達等　傅復　丘士嶠　文都　葉之春等　**劉天駟**　從子尚乾等
李成龍　范一瑗　姜公調　胡宗聖　王家承　姜應蛟　帥萬全　歐陽亮　吴文豹等　賈東才　董大勝
馬觀鵬　江一鴻等　金吉卿　吴國珙　楊定邦　程其功　黄甫　陳烈等　曾世忠　孫經世等　袁自新
朱永盛　**滿大壯**　子其炅　其興　覃裕春等　周道新　蕭驥彦　杜朝用　胡維道　雷智通　雷思泰
郭淩雲　周孟積　左文斌　黄大賓　郭世英　梁安邦　田昌相　梁秉偉　蕭鳴霄　傅天賚　黄禎　劉
一晋　汪觀　孔興振　鄧忠宇等　鄒國能　隱波　一念　**孫守法**　李啟陽　胡向宸　魏天明等　劉文
炳　賀弘器　李明義　郭天星　黄金餘等　王心一　郭雄麗　焦之雅等　王壯猷等　王色俊　姚翀霄等
王知禮等　曹三俊等　胡敬德　齊陞　王元等　馬德等　高勳　折自明等　**黄蜚**　胡學海　包玉
黄光志　從子銑　余頌　徐時望　葉天生等　徐君正　趙從龍等　王允綸　顧清宴　沈芳彦　何大海
薛去疾等　葛永恩　李甲　任源邃　徐安遠等　**吴志葵**　子永思　王世焯　徐觀海等　謝漢等　鄭國
忠　張昌後　楊茂之　蔡喬　徐傅等　傅凝之　施聖烈等　陳邦俊等　**侯承祖**　子世禄　世麐　弟承
祚等　姚天鏈　顧鎮國　蕭懋功等　廖應世等　張時傑等　孫世藩等　姜超　陳國賢等　朱家臣　張乾
周玉如等　黄甲　濮寅等　莫道張　王侯等　金瓊階　袁天麟　**顧容**　黄日章　張鳳翥　李中孚
端茂杞　王璣　俞仲麟　**錢國華**　謝球等　彭旭　周在公　周重　陳硎等　張普　史太乙等　戴維昌

史大生　任培元　楊青鎖等　史順震　**常爾韶**　朱君兆　郭世彦等　潘愫　何成吾等　陳增美　吳翰生等　**吳任之**　劉調蘇等　金漸皋　**方明**　陳君才　喜正　潘文煥　倪于耀　袁鍾　陳用卿等

張景瀅等　**酆報國**　王翹林　王哲士等　司石磐　王完五　吳彭　孫光烈等　繆鼎吉等　張明聖等

張裔緯　陳君悦　蘇如轍　明萬里　熊允明　戴之藩　陳逢　馮應昌　陳天拔　陸樹穀　魏應泰　徐有德　李瀾　黎增　王化龍　**黄賡**　羅炌　福星等　查篤生　張玄等　洪本泰等　程宗熹等　楊時旦

陳珊　洪士忠等　鄧啟疇等　陶宗極等　黄吉等　金文光　唐三捷　**黄斌卿**　陳宗道　陳仲達　賀君堯

周之藩，字長屏，井研人。崇禎中，官福建參將。弘光初，張肯堂命率洪日昇、張琮、馮其原、宋胤晟、黄國鼎及司餉主事吳瑞昇以三千人入衛助防江。紹宗即位，以一千五百人自汀州龕武平寇。清兵攻江西，與吳之蕃、吳玉簡、吳章、王基昌屯贛州、吉安，敗於皂口，召歸。過瑞金，定何志源、沈士昌之變。

先是志源與瑞金謝、閻餘衆張皂人及捕張勝、庫吏徐幾合廣東亡命徐自成、潘宗賜，瑞金范文貞，攻寧化、石城。志源、士昌鳩集八鄉之衆，立百總、千總號，名曰田兵，旗號名八鄉均田。均之云者，欲三分田主之田，而以一分爲佃人耕田之本，其所耕之田，田主有易姓，而佃主無易人，永爲世業。凡畚鍤之家，苟有齟齬，立火其屋，殺其人，率衆入城。知縣劉翼利其賂，主之，爲印均田帖。贛州推官湯應龍來攝篆，與漳南道李之秀、職方主事呂甲招田兵，勝斫甲七刀，奪道印，環城三匝，不許城人出樵采。會郭維經至，勝、士昌入汀州，泣愬田主取激變，維經大恚。勝、士昌再謁之藩，請招撫八鄉可得八萬人，自裹糧援贛。已楊元斌統兵至，斬志源，士昌走，與勝攻城，殺諸生謝甲等數百人，掘劉氏墓，兵集至數萬人，城門晝閉。之藩不得已徇其請，力言之維經，責糧户出招撫花紅七百，并勒糧户出城盟勝、士昌，捐減額租，除年節諸項故例，而田兵掠如故。

行在御營十標建，以之藩、郭熺、陳天榜、熊和、王秀奇、陳文廉、方登天、巢拱極、蔡瑞、王國安等領之。駕將幸贛，又設親征三御營，以陳秀領威武營，熺領鎮武營，黄光輝領勇武營。晉之藩都督總兵，命以所部繇汀州趨南昌，授御營右先鋒，封福清伯。未行，而貝勒博雒統領阿濟格、尼堪、圖賴、努山、杜爾德兵逼。上繇延平倉卒出幸，御營皆散。之藩與熊緯率兵五百隨扈，中途皇后鞭墜地，之藩下馬奉獻，上不命其官，惟呼我兒。上口渴覓飲，之藩以小箭汲水，曰：「願陛下一統。」上喜飲之，袍袖俱濕。

隆武二年八月二十七日，抵汀州，命閔時守麗春門。驛報清兵迫，之藩謂爲惑衆，斬之。明日五鼓，之藩朝行在，加總督御營；謝國煊爲前軍都督。俄有十餘騎稱扈蹕者踵入，則努山冒明旗幟馳七日夜而至者也。呼問天子安在？之藩挺身出曰：「吾乃大明皇帝也。」羣射之，身中七十矢。之藩拔矢，手斬數十人。已腦後中二矢，墮馬被殺。童維超、張致遠與太學生鄭甲、百總鄭節、市人陳招禄及從駕兵同死。天方溽暑，之藩死五日，而肌色瑩然，汀人葬之羅漢嶺。汀州陷後，總兵師福以兵攻分水關，總兵江振曦以兵二萬於九月三日自白楊、黄竹二隘至汀州護駕，乘夜登陴，皆爲統領韓岱所敗。

日昇，宜黄人。以參將鎮康山。累官都督福建總兵。

基昌，汀州衛人。世襲千户，官守備。

翼，字元勳，惠安人。歲貢。授禄豐知縣，鑿山通水，灌田數萬畝。憂歸，起瑞金。

天榜，莆田人。崇禎十二年武舉。浙江副總兵。

文廉，莆田人。御營捧衛左將軍，都督同知。漳州陷，降於清。

拱極，涇陽人。萬曆四十七年武進士。鎮邊參將。

瑞，漳浦人。右都督總兵。

國安，本名世賢，東莞人。總兵。

光輝，漳浦人。右都督、總兵。隨鄭鴻逵出馬金嶺，敗還。漳州陷，與興化總兵茅一經降於清。

時，字聖之，汀州衛人。諸生。世襲百户。清兵入，挺身疾呼，騎矢發洞胸死。總兵包象乾走。

國煊，字進寶，汀州歸化人。偉軀幹，有膂力，領御營。汀州變後，抑抑死。

維超，會稽人。崇禎十六年武進士。武平守備，遷汀漳都司。

致遠，閩縣人。錦衣衛指揮使。力戰死。

甲，汀州陷，清兵以爲上潛遯民間，將屠城，甲出曰：「身是隆武皇帝，毋害百姓。」被執至福京死。

節，上元人。從扈入閩。

招禄，長汀人。聞駕陷敵，奮戈通衢，格鬭死。

福，江西人。都督。

振曦，上杭人。把總。以拒寇遷守備，後與弟日曦以數千人入援。日曦戰死七里橋，振曦入山。永曆二年六月，再起兵，以楊聯芳爲瑞金知縣，斬巡簡陳宏先、教諭龔一鵬，復其城。無何棄去。瑞金民爲清拒守，弟三死，振曦怒，合閻王總、鍾四、總物天及各邑兵攻城不克散，後依鄭成功海上，終事不詳。

當紹宗入閩，扈從武臣之可紀者：陳有功、俞懋勳、郭超、陳上義、黄農、葉爵。

有功，麻城人。統勇衛。行至浦城，疏請勤儉愛民，上嘆爲中興名疏，榜示之，並賜旌直銀五兩，累擢都督水師總兵。是冬，與葉爵戰許灣死。

懋勳，字繩武，蕪湖人。崇禎十五年武舉。平白蓮寇，官守備。後拒左夢庚全城，陞都督隨征，與迎駕副總兵元斌屯將樂。疏薦文臣，上以武臣不許薦舉，斥之。後事失傳。

超，同安人。從黄道周勤王，官都督總兵。

上義，同安人。貌魁偉，力絶人。應募，官總兵。福京亡，鄭成功命守同安。清兵大至，固守無援，被執，欲降之，曰：「羯胡，我子孫誓不爲汝官，豈但我哉！」卒不屈死。

農，字逢年，古田人，諸生。好言兵，官副總兵。道周命赴浙，召還鎮建寧，降於清。

爵，字尊侯，同安人。崇禎十五年武舉。南京參將。

又丘衍箕，字克九；丘鵬如，字而上，皆上杭人，隆武二年選貢，御營參謀推官。隱居終。

劉有標，字三可，瑞金人。諸生。桃陽守備，擊敗田兵。終事不詳。

楊以旦，字非疇，瑞金人。天啟元年舉於鄉，保障一方，邑人依之。入清，中以危法，幾不免，乃出仕。

同時守分小關都督蔡昇、守上遊都督謝應聯、恢剿湖東都督同知熊尚仁、總統義師副總兵傅九鼎、恢復南京御營中軍陸士達，事皆不詳。

胡上琛，字席公，侯官人。祖巴兒，以功授福州右衛指揮使。上琛能詩，通經史韜畧。年十六，赴京襲職，復舉武鄉試。隆武時，命往江西聯絡義勇。返命，授都督僉事、錦衣衛指揮、御營總兵。與御營司佐、御武副中軍左都督周麟、御營旗鼓都司趙之徵從幸汀州，命召援兵忠誠，中道而所部皆散。聞汀州變，回福京，齊巽、張份圖起兵，悉家所藏甲以資軍。已見事不可爲，謂家人曰：「世受國恩，豈有北面虜理，縱赧顏偷生，他日何面目見先人地下哉！」密令入山覓毒草。其妻劉蕙年甫二十，聞而笑曰：「君豈以我婦人不知節義事，不與聞耶？吾有志久矣。」上琛喜曰：「爾婦人亦能之耶！」遂題詩壁上，湯沐煮鉤吻酒以待。少間，上琛冠帶拜天地祖宗中堂，蕙西向坐，先飲引滿死，上琛舉三觴而死。

同時張兆鳳，長汀人。長身偉貌，使鐵刀重六十觔。崇禎十年武進士。授遊擊。章京趙布泰陷福京，聞其勇，欲官之，兆鳳杜門不出。强之再三，辭曰：「吾大明進士，不能樹尺寸，何可靦顏見敵乎！」束髮整冠投井死。

李國英，汀州衛人。崇禎中，以功授永定守備，亦死於難。

朱家臣，延平人。官參將。福京亡，自盡死。

當紹宗在福京，武臣死事者：

李玉美，永州東安人。崇禎十二年武舉。自把總累官南贛遊擊，奉命招撫梧、桂山寇，被執不屈死。

汪應相，休寧人。崇禎十三年武進士。南湖守備。與宋大彪、季存仁拒清兵死，贈指揮。王體和贈百户，推官邵之榮亦贈卹。

汝應元，字善長，嵩江華亭人。少通文筆，魁碩有勇幹，爲張肯堂役，肯堂奇之。及撫福建，往來海上，以捕盜積功，官都司僉書。肯堂孫茂滋家居，命應元歸視之。嵩江兵起，遽以肯堂命，盡發張氏家丁，出家財，爲支軍一隊。於是夏允彝、陳子龍納袍笏列拜營前曰：「斯四十年領袖東林之錢尚書所不肯爲，而君爲之。」應元名遂大震。未幾師敗，護茂滋入閩。上聞之，大喜，即授都督同知、御旗牌總兵。已從肯堂舟山。黄斌卿不納監國魯王，應元請使死士刺之，奪其軍迎王。肯堂曰：「此危道也，汝姑止。」張名振應吴勝兆，應元亦踴躍欲赴，肯堂曰：「事未可知，吾今不可一日離汝。」嘗撫茂滋謂之曰：「我大臣宜死國，一綫之寄，其在君乎！他日幸無忘。」曰：「謹受命。」忽一日大風雨，呼之，則已空閣不知所往。已而自普陀茶山書來，曰：「公完髮所以報國，應元削髮所以報公。息壤之約，非敢忘也。」舟山陷，肯堂闔門死，獨茂滋出亡。應元入城，則已失茂滋所在，乃詣清將金礪求葬故主。礪曰：「不畏死耶！」應元曰：「固戴頭來，願葬而死，雖死不恨。」乃殮肯堂并諸骨爲大冢，密遣人四出詗茂滋，聞其羈鄞獄，乃請以身代，不得。會陸宇燝等以一門保之，乃得出。杜兆芝送歸嵩江，應元終身守肯堂墓下，老死普陀。

盛國政，字寰宇，紹興山陰人。虎項駢脅，身長八尺。少走宣、大，通兵法，精騎射。崇禎十三年武進士第三，授閩撫後營守備。張肯堂能之，遷延平參將。十七年，移杉關。汀州大帽山簾子洞閻王、豬婆亂，于華玉倡撫，益横。肯堂命討之，射殺豬婆，賊散，縛閻王以獻，乃平簾子洞，籍其金帛充賦，罷二省兵，擢福寧總兵。安宗立，以兵至南京，馬士英沮之。紹宗入閩，國政謂當稱監國，俟出關正號。紹宗卒建號而官不進。及議戰守，請出衢、信，以號召三吴、江右。如畫地而守，自仙霞分水、杉關二渡關外，不啻百處，非一丸泥可封，備多力分，一處疏虞，各屯均潰。無事則無諸、王潮偏安之策，有變即硇洲、厓山之覆矣。衆不聽。又議曰：「計見兵義團召募約二十萬人，月餉一兩，待明春進取。今年秋冬，更須餉百萬，尚不足，此爲坐而自盡，况虜乘勝遠鬭。其來不緩，豈容姑待。」不聽。見鄭芝龍無心戰守，乃退而嘆曰：「時事不可爲矣。」即鑄釜爲業。博雒入閩，重其名，招之不應。金礪諷以利害，曰：「所欠一死，必相迫，豈以爲真不能死哉！」後三十年乃卒。

同時李績，銅山所人。都督總兵。

陳顯達，字仲修，泰和人。太學生。授齊東典史歸。弘光時，湯蘭將兵過境，與泰和蔣士隆犒師，尋以將才薦總兵。辟士隆爲參謀，從楊廷麟守忠誠，戰迭捷，提督福京沿海。清兵迫，謀於蘭，募死士千人勤王。聞汀州變，轉戰力竭，歐血死。

士隆，泰和人。從顯達軍，後入楊廷麟軍，守忠誠，爲贊畫。忠誠陷，土室隱終。

韓應琦，海澄人。以鄉兵平武平亂。自守備陞御營參將。

王昌禹，天興長樂人。隆武二年選貢，對策稱旨，授都司。福京亡，不知所終。

華斌，字伯芳，無錫人。崇禎四年武進士。以守備從郭都賢江西，行軍有紀。安宗立，遷廣東都指揮使。平峒蠻有功。福京亡，歸。永曆元年，逮至南京，獲免。

許德、朱燦，銅山所人。參將。方瑛，海澄人。銅山營守備。

洪祖烈，字定遠，吴江人。萬曆四十四年武進士。自金山把總遷汀州守備。天啟二年，以安邦彦反貴州赴援，至則克金刀坑，平塘卧墉及樂壩、石骨三十餘寨，下畢節寨，追入七山箐，直搗大方賊巢。巡撫王三善命赴省報捷，總督楊述中令護餉，仍進大方。往來數百里，兵不過千人，出入，賊不敢挫其鋒，以功陞副總兵。尋調兵瀫江，留鎮偏橋。會墨脚苗焚劫糧舟，以二百人敗苗千餘，苗復以生力三千人來，祖烈扼險以待，終不敢犯。督撫交薦，兵部尚書崔呈秀知祖烈從周順昌、文震孟遊，格不行。

崇禎初，京師戒嚴，守西直門，時中貴肆横，諸將爭屈膝，祖烈投劾求去，不許。調神樞營參將，改守黎靖。忌者中以考功法，降調歸。已以南京兵部尚書李邦華薦，起龍江水師遊擊，累晋副總兵、後軍右都督。安宗立，屢上書言事，不報。與馬、阮不合歸。南京亡，錢棅起兵嘉善，延主其事。棅死入閩，同鄭爲虹、黄大鵬守仙霞嶺。

隆武二年八月，清兵至，力屈被執，擁見博雒，屹立不動。博雒壯欲降之，祖烈曰：「負國不忠，辱先不孝。不忠不孝，何以生爲！」明日復見，命輸餉曰：「有餉則能戰，何至此！」嚼舌噴血大駡，奮起奪刀，刺胸死。子明楨，高才生。削髮入山終。

同時楊光弼，字次公，上元人。崇禎十三年武進士，授三江營都司。從史可法守淮揚。揚州亡，總兵賀大成招同去，不應。謁福京，命都督徽、嚴、衢軍務，駐江郎山。清兵至，與季父副總兵賓王、從弟遊擊光宙力拒死。

吴馨興，同安人。總兵，城陷死。謚武烈。

吴起龍，字渥鱗，宜興人。崇禎六年武舉。倜儻不羈，任俠傲世。中年備極挫折，家無擔石，而意氣自如。南京不守，去家建義，糾勇士，從楚宗盛澂長興，轉戰小湄不利。聞紹宗即位閩中，同盛澂以衆赴。隆武二年正月至衢州，適有開化之警，黄鳴俊留保三衢，即恢復開化。二月，又逆戰遂安白水鎮，以一百八人拒敵千餘人，自辰至酉，追五十餘里，手刃一帥，兩年來各義旗以此爲奇捷云。擢都督同知御營總兵，挂將軍印。三月，破威嶺。五月，復營山。七月，收玉山。自春至秋，大小十三戰，咸身先士卒，以少擊衆，未嘗少衄，方議進規。廣信爲閩中屏翰，而清兵下衢州，盛澂死難。未幾閩中亦陷，乘輿無消息，起龍前後左右皆敵，孤軍援絶，欲進不得。九月，退懷玉山，四面鄰敵，同事有降意，引兵下山。起龍諭以忠義，朝夕泣誓勉將卒。日久粟盡，躬掘薇爲粉度日。雖遊説日再三至，秉志不渝，有犯者以死拒之。十二月中，大破敵德興十三都。永曆元年二月朔，起龍集衆告曰：「嶺山師老糧盡，駐蹕無聞，終當以一死報國耳。」衆皆泣。八日未刻，清兵犯山，各營將未集，起龍飛騎突陣，山高道峻，自上而下，馬氣勃勢重，遇坎而仆，爲清兵所殺，年四十八。副總兵歙縣吕甲從死。昭宗再幸肇慶，故將方澄如上起龍死事狀，贈左都督。壻周肇基負骨歸，并作行畧。

黄漢良，字翰伯，閩縣人。崇禎末，世事日非，朝夕奮發思報國。時妻父陳廷對官總兵，因通韜畧，傾心交結健兒。及北京亡，仗劍謁張肯堂，請勤王，受命招勇，未浹旬，領三千人佐總兵洪日新、謝登雲北上勤王。中道安宗立，詔駐鎮江，尋守圌山。及清兵南下，日新奉命拔壘進援，薄清河口，兵敗走嘗州。右足中矢，退夏港，戍兵以舟載之嘗州，途收散兵千人，號福義營。日新敗，漢良不支，獨與漳州李翼明五千人達杭州。紹宗即位，因服泥首詣闕致軍政，部議留金吾衛。又調副鄭彩出杉關，箭瘡裂死。臨危語子曰：「束髮受書，志報朝廷，壯丁國難。當南京時，思乘一障圖恢復，今已矣。」乃卒。

漢良友張世昌，字懋捷，睢寧人。崇禎末，襲錦衣衛。謁紹宗，加都指揮使。仙霞關不守，從容赴難，自刎死，軍人殯之山寺。子兆星，字天衢，襲。奔尋歸葬長箕嶺前洋，廬墓以終。

又沈殿一，程鄉人。大埔城守。紹宗立，統兵勤王，授副總兵。國亡不出。

于元凱，字賓之，金壇人。太學生。精射擊。弘光時，勇衛營副總兵。南京亡，走赭山、嵩江、舟山，謁福京。事敗，浮海歸，被執，以勇免。

劉國彰，番禺人。廩生。捐資製九龍大箭五百筒，爲援虔復楚之用，授都司。

蘇聚庶，安溪人。崇禎中，廖君應、君禮、陳爾峯、潘昔、張六角、王開、鄭元亂，從征禽之。保里有功，授把總。

徐元秋，甌寧人。疏招義兵數千，後事失傳。

蕭震虜，字兆祥，邵武人。萬曆四十七年武進士。天啟中，官鎮撫。崇禎三年，以遼事急，出關赴援。總兵毛文龍知其勇，署前部參將，尋守備榆林，累功擢嵩江參將。安宗立，調閩安副總兵。紹宗即位，陞護駕征西總兵。清兵至，戰死廣東。弟應鳳，布衣，隱。

同時錢中選，字瀛洲，餘姚人。萬曆三十五年武進士。自臨山把總累陞福建南路總兵。福京亡，歸。哭不數月，死。

李輔，字爾默，海寧人。崇禎七年武進士。官温州守備。史可法薦後軍都督，忤馬士英罷。紹宗起副總兵，以言事陞總兵。福京亡，不入城市，爲圃蒔梅。弟玟，字佩士。諸生。從周宗彝軍，兵敗亡命。子驌，字又日。躬耕。

徐瑛，字嘗修，上元人。總兵。

徐玉枝，武進人。與弟玉相，皆崇禎四年武進士。玉枝，建寧都司，以守禦功，累陞總兵歸。玉相，廣東守備，死難。

韓鳳翀，字淩若，會稽人。崇禎十年武進士。自上杭參將陞總兵，卒官。

范一坊，龍遊人。巡海總兵。

楊瑞鳳，字和仲，仙遊人。崇禎十六年武進士。弘光時，署本邑練總，陞遊擊，以懷遠將軍署新興營事。福京亡，居暘谷山，作蜂氏譜，寓故國之志。郭爾隆掠境，親冒矢石，凡十一戰始解，鄉里得全，竟不出仕。

莊志傳，字可贊，晉江人。萬曆二十年武進士，授廣西指揮僉事。值柳寇警，有戰功，擢都督僉事，鎮薊州歸。隆武時，毁家紓難，保守鄉里，陞總兵。卒，年七十四。

許廷玉，宜興人。崇禎十六年武進士第二。自烽火營都司陞副總兵。

吴之蘭，字九畹，邵武人。崇禎六年武舉，以將才累官督標參將。倣戚繼光法，爲戰船火器。破劉香於廣東。又剿江西天井賊，單騎入寨，招降葉定國二萬人。其後湖湘燕子窩賊熾，奉檄征之，禽渠浙王等數人以歸。用兵躬冒鋒鏑，設奇制勝，所向有功。福京亡，隱九龍山不出。

陳大全，字少明，安溪人。武生，參將。清起不赴。

謝王慶，龍巖人。南京亡起兵，歷守備、遊擊。

沈琦，字爾韓，宣城人。崇禎十六年武進士，雲霄守備。

程本中，字君嘗，南陵人。守備歸。

高日華，字登衢，瀘溪人。武生，湖東中軍。益王重之，薦鷹潭千總。

謝祥昌，字盛甫，寧化人。以任俠名。北京變聞，邑長關起。于華玉延使禦之，事以定。

隆武初，授漳州把總。粵寇犯清流，祥昌往援，寇聞風走入歸化，復躡之。寇遁，以功遷守備。已而華玉入貳兵部，紹宗方議出忠誠，華玉偕謁延平，祥昌軀幹雄偉，動左右，賜銀牌一，擢御營都司。適忠誠急，既調往，而郭維經復請還。祥昌已感風痺，不能治軍。無何，汀州變聞，清令納劄軍前效用。祥昌曰：「吾武人，識大義，詎能更事二姓乎！」卒不出。居恒嘆：「郭宰誤我，如當日聽往，與楊、萬諸公同畢事，吾今在碧霄笑齷齪奴矣。」抑抑卒。

同時黄元勳，字肇紀，南安人。幼嘗讀書。崇禎中，海上兵興，從軍。以資官參將，南搗黎、峒，北援登州，屢立戰功。扈紹宗入閩，加右都督，守安平。見時事日非，乞歸。始學詩，與劉若作方外遊，道士衣冠，卒。

又都司僉書安國賢，龍勝前軍都府都督同知陳翀，總兵朱國勳，副總兵袁維屏，參將王尚忠、陳文煬、林宏水、彭標，遊擊李朝煒，撫標遊擊王家柱，遊擊曾世策、水福標，守備洪琦、陳一策，守備許德，鷗鵠守備李國輔，福標左營守備黄士璋，永春守備李時發、洪勛，德化守備楊當春，漳州守備繆震，海澄守備韋古生，浯嶼守備王明惠，永定守備李國楨，守備許勝、王鵬、張耀武，烽火僉書陳順，平海指揮丘大年、徐如來，汀州指揮張御禄，汀道中軍劉時任、王建侯、吴孔芳，哨官蔡綸、謝悟、朱樾、楊韜、高新、謝榮、林貴、李宏、鄭清、李瑞、張俊、曾士英、鄭廷選，把總龐兆魁、陳思蘭、張一俊、朱永年、魏仁濟，千總郭耀、鄭明，德化備總黄璘，安溪備總胡文亮、文榜，仙遊備總陳三策、陳五，中軍備總劉大經、周之祥、方世祥、朱彩、韓鳳沖、戴沖。

翀，閩縣人。餘皆失考。

元體中，字孩若，邵武人。諸生。豪邁不羈，家有九節鐵鎖鞭，重百觔，體中操之如木梃。四方力士聞其勇，爭來角技，稱爲元三相公。崇禎中，以將才薦，假後營守備，練兵海上，擊破海寇舟數十。十三年，分汛杉關。時邵武七臺諸山谷中，羣盜四出爲患，光澤李東球尤黠，體中設方畧，以次討平之。十六年，張獻忠入袁、吉，江、閩震動，體中據要扼險，磬家築櫑石木栅數十所，部署井然。張肯堂薦之，累功陞總兵。紹宗立，委以恢復之任，體中益感激圖報，與副總兵楊武烈、黎琯定新城，以周之禎守黄花關。武烈斬南城知縣徐大仁。會傅冠督師至，盡調其所部精兵，而體中新募三千人未足用。蔡鼎與冠隙，使體中間襲建昌，立奇功。體中知其危，不欲行，鼎趣之，一日符三下，計洩遇伏，偕李茂德等八人力戰黄土隘死。體中起書生，總戎政，忠勇有大畧，屢平巨寇，地方倚以爲重，卒爲鼎所誤，聞者惜之。

武烈，文安人。崇禎十二年武舉，歷廟灣副總兵、江西總兵。

之禎，字靈巖，臨海人。閩撫舉將才，授遊擊，後自闗進兵邵武，死於陣。

張恩選，上杭人。少强梁鄉里，人稱豬婆龍，又呼朱麻庯。崇禎十七年四月，與黨鄭滿子、遊細子攻上墩，殺威遠守備李國楨、上杭副中軍許紹美。七月，攻黄坑，陸清源命許勝、葛登標剿之，斬滿子、楊和尚。十月，合瑞金、會昌、安遠、長寧數千人及粤寇趨寧化者，蕭陞、陳丹數千人欲合不果，返攻武邑巖前。守備程章中、林道寬力戰死。李世熊上撫策於于華玉。十二月，張肯堂命張一俊、陳天榜敗恩選。弘光元年，恩選乃就參將包象乾乞撫，華玉命合寧文龍爲一軍，疏授副總兵。恩選自受撫，所部肆掠如故。五月，鄉兵賴漢廷劫來蘇寨被禽，其黨練勝龍襲上杭，恩選部狼頭星内應皆執死。隆武元年十月，寇攻歸化，華玉命恩選援之五里橋，初勝後敗。二年，上將幸贛，命止歸化。七月，與登標、黄九萬、何新登、張秤錘、賴其肖圍上杭，爲傅天祐所敗。李魯諭撫之，安插定而汀州變聞。恩選聲奉紹宗太子屯來蘇大帽山、王壽山，左閩右粤，登標屯溪南三圖裏，華國蘊屯白砂華家亭，恩選兵勢尤盛，時汀屬多降，惟恩選不屈。武平所民王道一、徐文淧以衆萬人於是冬會攻武平戰死。永曆二年二月，恩選再攻武平。四月，赤岡民朱良覺以數千人攻城死。恩選入上杭城，不能守。八月，自永定、上杭攻歸化，有僧人稱紹宗者攻永定死。恩選後從天祐屯大埔，與其肖、登標、江龍合。十月，龍攻永定不克。五年，恩選走平和烏石洋，中礮死。登標、國蘊降清。

王振遠，字爾猷，晉江人。崇禎七年武進士。官潮州參將。弘光元年六月，黃海如攻潮州，振遠出奇走之。隆武元年九月，李班三圍貴嶼，與張浚、黃山破之。二年二月，莊三權攻潮陽、和平、峽山諸鄉，劉國柱命振遠、郭禎及諸生吴楷斬其渠。時羣盜劉公顯、江龍、張禮鼇起劫掠，振遠提兵四出，寇少遏。先柱國巡撫惠、潮，置將增兵，號曰四部。柱國去，程峋繼之，益爲八部，以土弁練克等八人任之。至是三月，克倡亂圍城，揚言奉振遠爲帥。振遠曰：「此寇用間也。」戰益力，寇遁，城得全。福建下遊守備李明率水師會攻海如，中道棄械走，尋以百餘人抵潮州，伏開元寺外，與寇應，將謀襲城。振遠從峋、辜朝薦設計斬之。清兵至，以原官召，不起，隱弓洲。二年，卒。

同時陳炤，廣海衛人。新安參將，累官總兵，鎮廣海，修海塘，奉命援滇。歸斬劉香，恩威甚著。隆武二年卒官。

朱潮遠，曲靖南寧人，布政使家民子。有文武才。以漳、潮總兵晉右都督，威名著閩、粵。福京亡，歸卒。

林文梓，字震生，温州平陽人。自惠州參將陞廣州副總兵，爲僧。

郭舜卿，安遠人。惠州遊擊。

張乾福，字洪塘，程鄉人。隆武二年，黄瓚亂兵入境，會陳燕翼巡閩、粤至，乾福散財巨萬，招兵數千自效，以六品都鄉長僉軍事，乃立城寨於建橋鄉，備戰守，累擢武德將軍。從官兵協剿深入，禽瓚、楊魁、吴安山、張欽、鍾鳳，斬數百級。寇平，國亡隱，卒。

何偉，字豈凡，紹興山陰人。諸生。通兵法。從軍北京。清兵攻城力守，尋佐陳洪範關門，累功官遊擊。熊文燦撫張獻忠，偉毅然請行。獻忠夙知偉，禮甚恭。偉謂曰：「將軍以過人之才，數十萬之衆，稱雄天下，非一日矣。然卒不保旦夕之安者，以違朝命耳。天下莫不欲甘心於將軍，而天子寬仁，不即加斧鉞，此正智士變計日也。爲將軍計，莫如洗心歸命，悔罪圖功，膺裂土封，受通侯賞，垂竹帛而永河山，其孰敢與將軍爭哉！」往復數四，獻忠瞤眙良久曰：「非將軍不及此，謹惟命。」折箭爲誓，撫局乃定。繼文燦以餉不支，欲散其衆，復使偉行。獻忠兵多怒，偉不爲動，委曲開示帖然。洪範引退，併其軍。左良玉薦副總兵，乞歸。安宗立，擢都督同知總兵，鎮廉州。福京亡，布衣避地，久之卒。

傅道，會稽人。羅定參將。

陳之驤，字逵伯，蕭山人。少北遊，蘇觀生重之。入范志完幕，以副總兵爲參軍，兼領左軍都督同知中軍旗鼓。志完死歸，後從觀生廣州。唐王聿𨮁建號，命總督五軍。方巡城，清兵迫，倉卒礮拒，火反擊，誤焚藥局，兵民死者無數。之驤半體焦黑，右手糜爛，扶服東歸杜門。清將欲降之，不屈。魏裔介招，亦不起。卒於家。

同時張黄捷，漳浦人。崇禎十六年武進士。南雄副總兵。

蕭啟龍，黄陂人。崇禎十三年武進士。雲甸遊擊。

杜肇勳，字功王，會稽人。萬曆三十七年武舉。世襲指揮。以運漕功，授白沙守備。

羅光烈，如皋人。崇禎元年武進士。廣東海道中軍守備。

剿劉香，陞廣東都司。親老歸，卒，年八十四。

歐陽熿，字弢夫，潛江人。歲貢。授簡州同知，調廣東都司參軍歸。野服卒，年八十二。

馮柏，字蘇生，建昌新城人。身長八尺，讀書明大義，通兵法，膂力武藝絶倫，以諸生授把總。聞南京亡，慨然曰：「此吾致身時也。」會舉人黄士奇、諸生王思謀起兵勤王，而軍無糧，勒餉富人。貢生鄧玉以爲倡亂，盡殺之。柏走建昌，從永寧王由㮂軍。建昌陷，益王慈炲走閩，遂與羅人儁奉由槵招羅榮、蕭陞、謝志良數萬人，火攻建昌復之，授副總兵，進復撫州，撫、建諸邑皆下。將攻南昌，鋭甚，紹宗晋由槵昌王，餘加官有差。柏每戰身先士卒，出奇制勝，功最偉，又首事，擢都督總兵，提督江西義師前軍。隆武元年十月，清攻撫州，天寒日戰，互有殺傷，柏、榮陞、志良矢死力鬭，糧盡，鄭彩在新城不應。除夕，撫州陷，由槵被執，兵散，柏、人儁走，建昌亦陷。彩去新城，李翔、涂國鼎守城，柏與閩人運昌集兵數千，屯鄉圖後舉。清使勸降，柏曰：「毋多饒舌，事不濟，死耳。」二年五月，涂伯昌復新城。九月十五日，譚涓起兵，柏與甘自琦、劉開泰數千人攻新城，敗於楓林。柏與子文炅馬蹶陷淖死，面奕奕如生，鬚戟張。

林鳳、龔啟祥、支鳴鳳、黄克忠先從羅川王由棪起兵，於八月攻金谿，先登中礮死。吴啟爵、張弼友從副總兵陳輝戰，先登陷陣，大呼中矢死。

運昌，字天祥，南城人。肥白長髯。少慕文天祥之爲人，因以爲字。寇起，上策干當事，授雲夢知縣。由槵起兵，以衆從之，與語大悦，呼曰聞髯。遷監軍僉事，清圍撫州，謀間取建昌，絶其歸路。由槵命守界山關，兵止數百，由槵執，彩走，運昌獨不去。二年元旦，被執，會外兄朱甲爲清將得免，間行入閩。涓戰死，運昌亦被執至撫州，賦絶命詞不食，作歌别母妻，駡不絶口死。

　　涓，字惟元，南豐人。光禄卿鍇子。歲貢。授中書舍人、翰林侍書。南京亡，大哭歸。紹宗命鄭千秋招兵，涓欲斬降清典史謝夢麟不得。傾家起兵南豐，妻甘縫衣佐軍。遷職方主事，戰死熊村。

　　自琦，字美中，南豐人。廩生。以勇稱，佐涓日夜練兵，皆戰死，無一降者。

　　開泰，新城人。武舉。復新城，從涓戰死。

　　鳳，盧溪人。南京亡，傾財助餉招兵，每戰持百二十觔銅叉如飛，蹻捷日行二百里。黄道周薦遊擊，道周歿，獨送其孥歸漳州，孑身返盧溪。

　　啟祥，金谿人。薙髮令下，冒雪入閩，官行在前鋒都司，戰金谿，獨與六七人鬭數十騎，不敵，登馬祖巖，被圍食盡死。

　　鳴鳳，臨川人。謁福京，授遊擊，斬數百人。恢撫之役，戰祝家港，阬敵十六人。又戰千金隄，斬數人，還至五里橋。大兵至，殿諸軍力戰死。

　　克忠，金谿人。助餉招鄉兵，屯許灣。清騎數千渡水，衆走，獨冒矢進，中十餘矢，免冑死。

　　啟爵、弼友，南豐人。由樵復撫州，上謁。啟爵鬻產，負革囊，深入敵大營偵事。後請當一隊，戰先登，迭破清兵。既死，輝屍瘞之，一軍皆哭。弼友，輝留充書記。

又湯洪先，字若恥。萬曆三十一年舉於鄉。柏鄉知縣，不徇中貴，案無留牘，卒以忤去。城陷，悲憤卒。

崔德新，字貞伯。歲貢。弋陽訓導致仕，感愴卒。

李兆煜，字嶼京。諸生。居二十一都湖邊，執死。黄世燁，與學行相砥礪，不食死。皆南豐人。

鄒晉一，撫州樂安人。起兵，清兵至，出戰死。

宋延宗，南城人。新城王長史，完髮死。

馮大年，字春齡。諸生。負勇畧，爲由檍監軍。兵敗，不知所終。

又劉福，不知何許人。總兵。隆武元年十二月二十二日，與副總兵林引率五千人援撫州，戰鍾家店死。

羅榮，長汀人。少爲盜，驍勇善戰。崇禎十七年，與蕭陞據撫、建、汀、贛交簾子峒。秋，屯保昌，陳大智屯和平。時寇南贛，人稱閻羅宋或曰閻王總。張肯堂、李永茂剿撫之，未定。十月，榮屯會昌、信豐界，李蕙春以鄉兵堵之馬嶺唐村，力戰死。再攻定南太平營，把總董甲戰死。隆武元年七月，攻雩都屯車頭，守將金世任，副總兵徐必達，領營將林宗、吳玉簡招撫之。宗被殺。八月，榮自廣昌抵建昌。九月，退南豐。祝錫胤説以大義，遇害。十一月，攻雩都，爲張魯傳所敗。已自分四營，以鍾、馮、范、林四人將，衆四萬，號稱十萬，結寨二十餘，其前左營張安最强。永寧王由榲起兵，命副總兵羅纓招之，賜名靖虜營，以李春率之，推官危應翀、兵部司務尹民昭皆晋職方主事。榮遂與陞、謝志良合兵出湖南，復建昌，乘勝拔撫州、進賢、廣信、南康、信豐、龍南，别將羅漢七以萬人復崇仁，斬知縣，軍聲大振，授都督總兵。春尋以劉應駟間，爲下所殺。二年正月，榮出屯廣昌，復石城，斬知縣郭自攸。新城急，張家玉噛指血書請援，因至南豐。清兵敗退，而兵無見糧，不能守，走撫州。監國魯王將劉福援之，敗走。王得仁圍榮匝月，榮糧盡，將還建昌，志良先驅，榮斷後，且戰且卻，由榲被執。六月，張克臣、姚將軍屯永新，攻永寧。七月，定南佘萬吉以萬人攻龍南境。榮返山寨，後被執不屈死。

陞，大埔人。崇弘間，與安攻汀州。就撫後，與曹兑光、黄旭昇、林鼎，皆授都督僉事副總兵。

蕙春，雩都人。諸生。工騎射。寇亂，以鄉兵自保。馬嶺塘村之戰，斬獲多，力不支死。巡撫林一柱、巡道于鉉爲建祠。

錫胤，字貞元，南豐人。諸生。

安，會昌人。故峒蠻。由檍兵敗，散屯建寧，知縣浦益光拒之。已以衆歸楊廷麟，賜其軍名龍武新軍，授都督僉事副總兵，而所部皆山寇，淫掠自如。命援湖西，所過殘破。曹志建劾其無紀，詔止入關。及戰潰於吉安，遂合都督挂先鋒將軍印張琮、李源符至贛，疏請復姓名爲陳丹，與副總兵傅復引兵迎駕。上嘉其忠，擢領御營，命與志建從蘇觀生出贛。

志良，字希夷，平遠人。崇禎元年受撫，授石正營把總，勇烈超羣，背鐫「盡忠報國」四字，以復永州、道州功，萬元吉累薦栢林守備、中營遊擊。徐人龍在贛拔之，與參將董大勝平寇，又拒閻羅宋南康。家玉捷許灣，志良、安亦勝千金城，轉參將，屯雩都。旋擢都督同知總兵，挂鎮虜將軍印，衆萬五千人。忠誠急，觀望不進。隆武二年，圍長寧，爲知縣錢奇嗣所拒。十月，合陞、安屯新田平地山。永曆元年，以衆六萬自平遠應家玉。冬，攻長寧，月餘，有一子陣亡，遂與陞、安還山寨。尋陞、安被執死。久之，陳武起兵瓊州，志良與汀州張興龍，廣東吳六吉、劉良機、揭結、江龍應於山寨，志良兵尤銳，程鄉、大埔、平遠震動。已知不敵，盡家火死，以部入海卒。

子上達，都督僉事副總兵。上逵，職方主事。弟鴻位，職方主事。志良入海，上達等聲奉紹宗屯饒平五指山。永曆六年，與沐寅亮、黃統四、陳鳳祥及四營陳忠、張應龍復平遠，斬千總劉仁。八年，遊擊陳儲、守備陳奠以清兵至，寅亮被執，上達回五子石。十年五月，自海上歸，與武平何沖霄、賴國康，鎮平羅一鑑、徐黃毛，程鄉古洪，長寧曹子元起兵，斬諸屯平遠，害丘士嶠一家，尋走。封平遠侯。十四年正月，夜攻城敗歸。十五年正月，復武平横坑，圍鎮平。二月，斬千總顧名泰。已屯仙人床，攻大埔，羅滿子執死。清三省兵會攻。七月，謝汝捷、陳其義執死。上達、上逵、沖霄、國康走鎮平紅畬筆，亦被執死。

復，字舒奇，盧溪人。武生。康山守備。隆武中，累功陞總兵，封威武伯。福京亡，歸里，械南昌，不屈死。士嶠，平遠人。崇禎十七年歲貢。南海訓導致仕。

自榮死後，餘衆多潛伏山中。隆武二年冬，文都合四頭營屯信豐伯石保戰死。總兵蒲甲自龍川復崇義。

葉之春，弘光元年三月至上猶，至是起兵龍南南埠，號南營，奉調剿蘇溪畔僕，不受命。憤楊坊民兵誤殺葉賡廷，攻彈子寨，民兵乞和，乃解。尋爲清招降，又反正，以衆萬人繇南安向黃荆高樓，敗死。及李成棟反正出師，命閻可義聯絡空刀總、燕王、安恪王及番天王、王真榮餘衆數萬屯大庾雩山，北攻廣信、崇義、南康、信豐、龍南。永曆二年九月，復龍南，斬知縣吕應夏。三年三月去。五年四月，攻忠誠，兵敗走保昌，乃散。

劉天駟，字季騆，新建人。崇禎十三年武進士第一。吕大器、袁繼咸先後薦才可大用。

會袁州天井窩盜郭雲鳳亂，率兵平之。北京亡，與楊廷麟倡義，授中軍，從李永茂贛州。紹宗立，命總統前軍都督府事，守龍泉黄土關，轉戰螺水，陞太子少保、右軍都督同知、左都督總兵。吉安陷，命前所招賴恩、羅榮等二十萬人號進賢社者往援，又命兄子贊畫尚乾及職方主事黄尚賓、王基固，副總兵李源符，分赴楚、粤乞師，而自入忠誠。先族人劉靖、劉天柱、劉良瑚、良讜圖復瑞州不克，至是亦來會，共登陴力守。守備楊應龍戰死。尚乾召張先璧、劉承胤兵未至，歸而城陷，以家丁巷戰赴水同殉。天駟斬清兵數十人，爲下所持，致南昌，誘降不屈，與副總兵汪起龍死。總兵范汝彝、胡茂勳、黄志忠，副總兵黄振寰、董大勝，南安同知劉清容降清。永曆時，謚天駟忠烈。

時與天駟保江右者，有李成龍、范一瑗、姜公調、胡宗聖、王家承、姜應蛟、帥萬全、歐陽亮、吴文豹、賈東才。

成龍，廬陵人，精騎射。清江守備。崇禎十六年，追寇吉安，團練湖西，歷都司、遊擊參將、副總兵，以老致仕。

一瑗，龍遊人。贛州副總兵。

公調，紹興山陰人。贛州副總兵。

宗聖，會稽人。贛州北路遊擊。

家承，瑞昌人。遊擊。

應蛟，字玉寰，紹興山陰人。江西都司，戰死。

萬全，字益寰，奉新人。李肅十亂，用間斬其首，授銅鼓守備。

亮，字孔昭，分宜人。白沙守備，結寨自衞。卒年九十四。

文豹，字九歌，吉安永豐人。儒生。負奇力，持三十斤矛。多戰功，官守備。國亡卒。

族人登俊，崇禎十七年死難長沙。

東才，字林泉，曲沃人。行伍。在長沙標下，餉辰州。以拒守功，授守備。崇禎十七年，戰歿吳城。子嵩先執死。

大勝，瑞昌人。

馬觀鵬，字扶泰，順德人。以剿寇功，授江西參將，守忠誠，加副總兵，陞龍虎將軍。年二十四，方乞假歸娶，聞清兵圍城，有勸暫留觀望者。觀鵬曰：「食其祿者終其事，隱忍偷生，臣節安在？」遂突圍入城。城陷，力戰死。

同殉武臣可紀者：

江一鴻，歙縣人，客忠誠。勤王，官總兵，力守一門死。子斌，字全子，去諸生，走燕、齊、楚、粵終。

金吉卿，字克修，全椒人。崇禎十三年武進士。自萬安守備累遷都指揮都督。城陷，一門死。

吴國珙，字大玉，桐城人。忠誠副總兵。一門死。

楊定邦，清江人。行四，負拳勇。南京亡，團練拒寇，入廷麟軍，累功陞副總兵。巷戰被執，誘降罵不絶口，致南昌，寸磔死。

程其功，贛縣人。武進士。忠誠坐營參將。戰南門弔橋下死。

黄甫，字仲甫，會昌人。崇禎九年武舉。以參將守城，一門死。

陳烈，字起南，撫州樂安人。參將。有弟先降，衆疑之。烈誓死疾鬭，與參將月中桂被執。弟勸降，不聽。臨命，顧謂忠誠人曰：「今日方知我無貳心也。」

曾世忠，泰和人。忠誠後營守備。城陷，中五矢，死不仆。

孫經世，字九雲，贛縣人。歲貢。世襲衛千户。戰死。

弟緯世，字光甫。諸生。與弟紘世火死。緯世妻蔡、紘世妻王率家人水死。

袁自新，字先修，臨川人。崇禎十年武進士。長寧都司。高邁偉儀表，嗜學經史。守嚴，與士卒同甘苦，屢敗山寇，陞閩粵要路參將。弘光中，留鎮長寧。忠誠陷，練兵拒守浹旬，憂憤死，城亦潰。四子一女死於兵。

朱永盛，長汀人。自千户遷長寧參將。忠誠陷，同官皆降，永盛獨不可，延頸受刃，顏色自若。忠誠人哀之，以沈香塑其像，歸葬之。

滿大壯，沅陵人。猛鷙有武略。隆武二年，何騰蛟在長沙，授參將，檄招辰陽峒兵三千人爲親軍。已爲章曠標將，從副總兵萬大鵬、何一乾守平江，子都司其炅亦招麻陽兵二千助之，隨曠戍湘陰二載。拒清兵新牆，大小數十戰，清兵不敢南。時副總兵覃裕春與子土舍鳴珂募柳州交銃手狼兵五千人，守潼溪。五月三十日，清兵攻新牆，總兵滿大江、裘觀明戰敗至關王橋，被執死。六月，大壯敗，裕春感奮，禦清兵潼溪。清騎數千突至，裕春軍鳥銃六千，伏草舍中，穴牆爲孔三排，交發擊之。天明，清合圍之數十匝，發銃一排，仆屍數百，潰去。少頃又合圍，發銃一排，仆屍數百。自辰至酉，殺人馬各千餘，清恇懼退，裕春出躡之。大壯、陳有功爲左右翼夾迫，清兵殺傷瀕盡。自後清兵益怯火攻，見銃即潰。論功，晋大壯都督僉事副總兵。

永曆元年，陞總兵。二月，孔有德合兵陷新牆、潼溪，犯湘陰。方戰酣，王進才兵先潰，糧道周道新、嘗德道崔光前、岳州知府毛宗鼎跳，大壯戰且走，與裕春扼橋頭。趨長沙，騰蛟已走，遂奉曠屯湘潭。清兵悉鋭鬭，大壯大敗。三月，向衡山，清兵奄至，麾下死士殆殲，大壯謂曠曰：「公且先行，爲捲土重來計。大壯爲公力拒，後終不再見公矣。」曠去，大壯北馳逆敵，清縱騎乘之，馬尾相銜，走二十里，短兵接，格殺十數人，馬中矢踣，乃遇害。參將龍見明亦死。

子其炅，隆武二年六月，以參將戰排栅被執死。其興，官副總兵，長沙陷，衛騰蛟衡山，城陷戰死。

裕春，象州僮人。與羅城梁國材、國棟、韋文朝、韋天直、張勝隆、覃福朝，融縣覃文鼎，翁源林萬全等，從騰蛟湖南。遷太子太保、總兵。湘陰敗，至永州，自稱兩粤侯，執知縣陳逢源，拷掠紳民。已回柳州，以萬餘人據柳、羅、融、懷。嗚珂據狗頭目堡，索餉桂林歸。柳州守道龍文明命吴志元會慶遠戚指揮，計執送桂林，伏誅。嗚珂累擢總兵。昭宗自奉天幸象州，爲父訟冤，與文明閧，矢及御舟。還羅城，自鑄大將軍印，掠慶遠，攻陳邦傅柳州不下，後爲陳曾禹所殺。

道新，通道人。選貢。巴陵知縣，累擢。

同時蕭曠彥，字千里，漢陽人。布政使泰子。選貢。授判官。朱燮元偉其將畧，命以遊擊從都督范廷弼討苗阿秀等禽之。歷參將、副總兵，守六廣河。張獻忠入川南，率精兵三戰，寇不敢犯。擢都督僉事、貴州總兵，卒。

杜朝用，字國柱，臨武人。京衛指揮使。從劉綖轉戰有功，陞兩廣總兵。

胡維道，嘉禾人。總兵。

雷智通，嘉禾人。雲南總兵。

雷思泰，嘉禾人。韶州總兵。

郭淩雲，黔陽人。總兵。降清。

周孟積，嘉禾人。勦寇，總兵，荆州留守。轉戰廣西，卒。

左文斌，字懷麟，上高人。衡州副總兵。

黄大賓，字有玉，臨川人。通天文壬遁。弘光時，上書言事，授寧州銅鼓遊擊。歷參將，節制湖南，歸隱。

郭世英，麻陽人。鳳陽參將。

梁安邦，會同人。團練守備。榮王薦參將。

田昌相，會同人。崇禎十五年武舉。柳州參將。

梁秉偉，會同人。榮王薦參將。後死王事。

蕭鳴霄，字鳴寰，漢川人。崇禎十二年武舉，宋一鶴參謀。寇數十萬來攻，隨機守拒，時出奇破之，承天得全，陞辰州參將。

傅天賚，安陸人。遊擊。

黄禎，黔陽人。長沙衛都司。

劉一晋，漢陽人。負奇力，援剿守備。

汪觀，字集珍。萬載人。府吏。安福守備，拒寇。母老不出。

孔興振，保定新城人。崇禎十六年武進士。永州守備。

鄧忠宇，字宙寧，嘗德桃源人。崇禎末，與向日昇、黎民望起兵，授守備。隆武元年冬，清兵至，力戰死。日昇、民望痛哭死。

鄒國能，字弼臣，公安人。世襲千户。國亡瀕死，建淡園，徜徉以老。弟國英，偕隱。

隱波，故將軍，爲僧長沙安化天螺山寺。

一念，上元人。世襲京衛指揮使。能詩。湖南陷，爲僧南嶽，晚主新寧獅蹲閣。卒年七十五。

孫守法，字繩武，臨潼人。家貧力田，然多智畧，膂力絶人，性復任俠。醉輒奮嘆曰：「不掃妖氛死不休。」衆皆以爲狂，李自成兵起，仗劍從洪承疇軍，授守備，每戰當先，嘗以單騎禽趙勝、張存孟，多斬獲。崇禎四五年間，敗自成石樓、富平，坐保安陷罷。尋以捷宜君、雒川復職。八年，敗於耀州。

初，高傑爲寇，廉其可用，至是單騎慰降之。傑感守法恩泣下，傑妻邢以母事其妻，歲時必西向拜，誓死報國。

九年，破張一川、黑煞神、一丈青於慶陽回回墓，混天星走蒲城。遷遊擊，追斬四百級。時高迎祥入陝，勢大張。守法從曹變蛟迎戰鳳翔官亭，斬七百級。迎祥棄馬入溝中，守法亦棄馬逐之。迎祥故壯悍，守法與之手搏，卒生禽以歸，收其軍，餘寇奪氣，累轉參將、護藩練營副總兵、都督同知、奠番總兵。十年，從承疇自徽州、畧陽救漢中。

十一年，至陽平關。孫傳庭斬賀人龍，其部將周國卿、魏大亨、賀國賢、高進庫將走涇陽，取孥爲亂。守法先入涇陽，護其妻子。大亨遂斬國卿，函首歸命，傑等俱仍故官，一軍乃定。自成入北京，數使招降，守法斬其使。一夕，以家丁六十人至興安，自成繫其妻子招之，不顧，入終南山，聚衆起兵。或曰：「君亡國破，何所效功？」守法曰：「是何言歟？我受先帝恩，見寇不討，何面目立於天下。」會自成圍鄖陽。高斗樞來乞師，命苗時化助王光恩力守得全。未幾，興安不守，守法走四川，聞斗樞撫秦，訪之，招兵竹谿平利山寨。胡向化、施德澤復洋縣。張奇率數百人起兵雒川執死。

弘光元年正月，引光恩、光興、光泰兄弟，時化、李開泰，及遊擊余啟元、穆明開，合兵大破寇，復興安、平利、白河、上津。五月，吴三桂以清兵畧秦，西安胡守龍自稱聖公，年號清光，起兵數萬死。咸寧劉天亮假佛聚衆死。兵道石鳳臺，副總兵任珍、張士元、柯虎、賈漢復、陳德、惠應詔、張應祥、曹虎、王新、楊文啟，參將馬寧、趙啟祥、曹志安、楝枝、汪守雲，鄜州知州黄應祥，伏羌知縣王儒，鳳翔知縣趙錫胤，藍田知縣李日芳降清。英王阿濟格至襄陽，守法棄興安復入山，奉秦王四子開府五郎山，檄召西安、漢中、鳳翔、平涼、延安、慶陽忠義會攻西安，别遣賀珍復鳳翔，李啟陽、李養氣、胡向宸屯麟遊清涼寺。郃陽魏天明、康姬命復澄城，斬知縣靳榜，康姬衛、王孫雷、劉義興戰死。劉文炳復白水，斬知縣索應運。德澤攻西鄉。李鷂子、王攀桂復同州，斬知州李遇知，攀桂陣亡。延安兵起，斬同知張有茂。張破臉攻鄜州，喬自俊起兵陜州死。於是盩厔、鄠鄠、涇陽、三原、臨潼、渭南、武功、華州、邠州、鄜州、扶風、岐山、黄龍山寨及固原諸州縣次第來歸，秦、晉震動。總督孟喬芳以書來招降，守法以妻子可殺，君父仇不戴天復之。當守法初起，武大定、賀弘器、李明義、郭天星、黄金餘、焦容、仇璜、孫可法、康存忠及蒲城、王心一、王交、張留，中部丁崇福、李老才等俱響應。

隆武元年七月，郭雄麗、焦之雅、黄張飛、劉祥起兵耀州張果寨，大破清兵富平、郃陽。

尋攻淳化、耀州、三原敗績，死者數萬人。王壯猷與總兵王色俊起兵園林驛應之，兩戰失利。清使人招降，曰：「吾榆林王氏，祖父昆弟世爲天朝將帥，吾亦受國厚恩，不可辱。」投城下死。一子從殉。十二月，守法合騎七千步兵六萬五千人，會攻西安，斬佐領哈爾漢、俄班。姚翀霄、王知禮、李世仁等各斬郃陽、朝邑守令以應。時清兵之守西安者止七百人，喬芳詾懼，亟調山西兵五百爲援，甫渡河，知禮命朝邑百姓陽持羊酒犒於道，醉而殲之。喬芳益懼，更召榆林兵二千及阿濟格兵三萬入援。二十八日，守法率衆傅城，曹三俊、曹三英、師可宗謀内應，事洩死。胡敬德起兵三水。

二年正月五日，都統何雒渾援西安，守法、珍與向宸謀曰：「我兵少，攻之猝未易拔，安能復戰！」乃解圍去。雄麗、文炳、弘器、李拱垣、黄奇虎、齊陞、文潘、赶山虎合營寧州巴就坡九龍川，慶陽以城應，朝邑復陷。胡結子起兵盩厔執死。二月，文炳敗績蒲城。王攀桂復白水、同州死。三月十九日，王元、洪大誥斬巡撫焦安民，議立慶王孫，以神木、靖邊反正。郃陽陷，鷂子敗於同州。張傑攻商州，降清。唐之英執死雒南。王希榮起兵鎮安，執知縣劉甲。四月，王嘉祚復紫陽。紹宗美守法功，遣使間晋行在軍前都督，封秺虜伯；文炳、天星、弘器等授總兵、副總兵有差。然是時肅王豪格、尚書星訥及吴三桂、李國翰兵集三秦者衆，守法所復郡邑旋復陷，聲勢浸衰。五月，清攻寧夏，元、大誥、焦浴、楊名、白友泰被執半個城死。姬蛟、王總管以鎮原降清。六月，守法回五郎山，攻興安，斬都司姚永壽。七月，張五、王小溪起兵垣曲死。八月，大定入興安，姬命、天星、張應元力守張果寨。清圍長濠，寨陷皆死。九月，光興等敗歸鄖、房。十月，守法、大定奉王子自三台山走通江水洋坪。西鄉小水池山寨鄉民守寨，大定索米不應，怒欲攻之。守法曰：「業保王子起義，志在恢復，今殘民以逞，將何以服人心？」大定不聽。守法知大定貪而好刦，不足共事，乃辭王子去。十一月十四日，興安陷，副總兵鄭永福，參將馬進禮、王奇、張智等降清。向宸保盩厔黑水峪，斬都司張偉。十二月，雄麗復真寧，遊擊李大敖執知州以寧州反正。

永曆元年正月，弘器以數萬人攻慶陽大敗，守法守石子城。二月，走長安石鼈谷。向宸將胡瑾畔，走三郎山，兵敗孔家彎，飛狼星、小秦王戰死。向宸妻妾被執，向宸入南山峪死。德澤降清。文炳、雄麗、丁仲甫、雲裏飛敗延慶，以千人保中部、宜君。三月，戰耀州，清兵大至，雄麗自三水敗走真寧，姚科、耿三桂屯漢陰椒溝。九條龍、上山虎被執，乃降清。無何，金餘、拱垣死。文炳、仲甫被執宜君死。雄麗走三水中矢死。馬德聞元死懼，至是起兵花馬池，入山合弘器。自紅古城出口，復安定，王一林斬靈州參將張紀，守備李繼祖螺山應之，横行寧、固、平、慶間。尋劉東安死鎮原。環縣梁四被執，引清兵。弘器、明義、宋守相、石二敗績東川鐵脚城，守相降清。弘器等走西川，至固原安家川北山堡，爲都統圖類執死。從子成玉亦死。副總兵宋大杰，參將齊勳、張國楝降於清。守法復與高勳復寧州，屯興安蕎麥山蘂箭寨。寨在萬山中，峭壁急湍，喬芳大軍至，勳勁兵萬人迎戰，與軍師王命軫、參將龍啟霖等陣死。四月八日，圖類伏甲深林，以輕騎誘守法出，執之。守法以鐵鞭格殺數百十人，乃死，傳首四方。翀霄等亦先後死。七月，一林戰死預望城。八月，德屯郭家寨，周三被執，德與李國豪走慶陽，德妻妾三人、子二人執於吴家崖。德執於河兒坪，清寸磔之。同時，洵陽天峯寨主張貴仁戰死。鎮安青熋寨主折自明，三十六寨主希榮，洵陽轆轤寨主高一祥、楊錦降清，西北之義師盡矣。守法嚴重雄威，而和平坦易，性孝篤友誼，好與儒者遊。及臨陣殺敵，則猛如虎兕，見者以其面黑，稱曰孫竈君云。

啟陽，麟遊人。

向宸，盩厔人。元帥。

天明、姬命，郃陽人。千總。

文炳，一名鐵棍，鄠縣人。

弘器，武功人。崇禎四年，以參將從承疇討神一魁寧塞。五年，夔蛟追寇靜樂，命上唐毛山殲敵，追敗之華亭。七年至隴州，追寇五丈原、七盤坡，斬五百人。寇走商州，中伏藍田大敗。八年，屯臨洮、鞏昌。

明義，邠州人。

天星，臨潼人。

金餘，西安三水人。奇虎從子。

心一，蒲城人。諸生。城陷，死者千餘人。

雄麗，字君鎮，涇陽人。行軍有紀，不入民家，不殺掠，所至迎附。

之雅，字大雅，三原人。巡撫源溥子。善騎射。源溥死，與弟之夏，冒死求屍歸葬。起兵屢捷，事敗得脱。

之夏，字次虞，糾死士起義不果，同隱谷山。

壯猷，榆林人。都督威孫。崇禎末，從傳庭辦寇關中，有威名。累官都督。

色俊，榆林人。精騎射，力任千斤，善攻戰，所向克捷，口外部落震其名。從自成破榆林，榆人敬之如神。後與張金榜、張虎山戰死。

翀霄，郃陽人。崇禎六年舉於鄉。

知禮、世仁，朝邑人。諸生。

三俊、三英、可宗，平陽人。

敬德，邠州人。

陛，慶陽人。後與王明德、李世勳自漢中降清。

元、大誥、德，寧夏人。元，參將。德，天啟中，自保定寧山遊擊歷神樞營參將、副總兵。

勳，榆林人。崇禎初，歷南京左府僉書，提督池河浦口營，都督同知總兵，鎮湖廣。

自明，保安人。

黄蜚，字文麓，南昌人。本姓涂。少隨舅總兵黄龍鎮遼東，龍無子，蜚襲蔭，遂冒母姓。自守備累遷都督同知，援勦東北水師總兵、提督關遼通津淮海江鎮水師便宜行事。崇禎十五年，清攻天津韓家渡，列礮墅中，伺敵半渡擊之，調守寧遠。十六年，議復皮島，命挂征虜將軍印，開鎮其地。十七年二月，清攻寧遠，潰回登、萊。

安宗立，命都司崔任諭撤軍廟灣。都司徐標，守備龍略和、萬里、徐弘道、徐弘業自長山島降清。蜚遂與中軍遊擊沈邦清，旗鼓周應選、牛英、李永年，副總兵黄虎、池鳳高，參將周方蘇，福建將官林察，撫順將官郭惠明，標營將張大礮，都司沈高簡自廟島南行，覺華島副總兵向明時，遊擊黄光祉、張成功，都司池鳳鳴自小平島從之，有衆四萬人。尋移鎮江，進屯蕪湖采石。

弘光元年，左夢庚兵東下，於板子磯兩岸立石城石樓，架千門礮左右擊，與黄得功大破之於銅陵，加太子太保左都督。清兵東至，得功死，所部皆降，蜚獨率明時、朱贊元、胡學海十六鎮二萬人全師東下。六月一日，與曹友義及總兵包玉、朱輔擊清兵蕪湖，監紀姚弘佐被執。尋大破清兵燕子磯、龍潭，火舟百餘。會鄭芝龍約復南直，蜚大喜，按兵江口，而芝龍不出，乃奉義陽王朝墠號令，以師自孟河入太湖，屯西山。蜚材武，通兵法，禮賢下士，所至士大夫歸之，一時東南義師推爲盟主。嘗攻嘗州失利，入無錫不能守。黃光志復湖州，與徐文進、何成吾相應。余頌力戰死太湖。魯之璵攻蘇州，命徐時望、葉天生、徐君正應之。紹宗即位，命挂震虜將軍印，聯絡三吳，賜尚方劍便宜行事。

隆武元年七月十一日，蜚兵潰木瀆，吳志葵招合結水寨泖湖，遂率趙從龍、王允綸、顧清宴、沈芳彥、張時傑以千舟自無錫來會。志葵倚以爲重，將移黃浦，陳子龍告以水歧不利旋轉，自古未有舟師單行數十里首尾不相應而取勝者。不從。出師二月，竟無濟，蜚卒以此敗。嵩江陷，八月六日，與志葵將赴舟山。未行，兵敗得勝港，何大海力戰死，蜚中三矢，先以妻子一門三十餘人沈水而自沈，爲清兵鉤致，復禮之不答，勸降不可，斷其左手。致南京，見洪承疇，指而大駡曰：「昔日師生，今爲仇敵，世將終不降也。」又斷右手，駡益烈，剮舌含血噴之，呢啞不絕。九月五日，與鎮將薛去疾、唐世榮皆腰斬水西門，一門從死者百許人。參將涂旭初先三日死，葛永恩歸隱，餘兵李甲、卞勝等入太湖、天目。吳福之、任源邃、徐安遠起兵合甲青山柵，後皆敗歿。二年，清兵搜蜚衆至馬山，攻雁門，諸生劉炳、錢康先不屈死。掠耿灣，諸生許之濬及妻吴死。宜興山中陳度山、吴順入太湖，度山死。李成龍復起，皆稱黄兵云。事聞，贈蜚震虜伯；監國魯王晉侯，謚武愍。

學海，南昌人。總兵。敗歸南康，隆武二年執死。

玉，字君攻，上蔡人。天啟元年武舉，以好學稱。後從黄毓祺通州謀起兵，事洩執下獄。清吏故脱之，不可，曰：「義不忍獨生，無何幸脱？」

光志，字渤海，餘姚人。都督僉事總兵。弘光元年六月，與副總兵沈廣生以重兵屯太湖，出没武康山中，復湖州、臨安，斬知府馮汝縉、教諭包宸遴。湖州陷，將向嘉興。兵潰，以妻子入太湖，蟒玉沈死。

從子銑，字沖寰，光志命僞爲銀工，往來波濤通關節。時奉敕書還至海口，爲清人所跡急，口嚼書吞之。訊者責名，不吐其實，掠體糜爛死，終無一言。

頌，休寧人。有勇畧。崇禎末，從父君復獻策江楚，不用。隨蜚官守備。

時望，字允堅，吴縣人。嘉興標官。從去疾起兵攻蘇州執死。

天生，吴縣人。諸生。監紀推官。與甥薛紹聲力戰盤門下死。

君正，吴縣人。

從龍，字孟騰，上海人。父珍，字伯玉。崇禎九年武舉。參將。從龍同年武舉，隨李建泰西征，授遊擊歸。得勝港之戰，與都司丁有光、董明弼持刀大呼，斬百餘人，自刎死。

允綸，字瑞卿，上海人。崇禎三年武舉。指揮使。戰得勝港，一門死。

清宴，字爾符，崑山人。崇禎十三年武進士。寶山守備，戰黄浦，中礮死。

芳彦，字君愷，嘉定人。守備。戰得勝港死。

大海，不知何許人。都督僉事總兵。死事最烈。

去疾，字元祐，嘉興人。從宗室盛澂太湖，官副總兵。被執，與沈雲生從蜚赴市，笑曰：「我去疾亦是好男兒，今死甚奇事，煩許大做作。」延頸當刃無難色。參謀史君求與上元鄒夢麟皆死。

永恩，蓬萊人。諸生，龍記室。多智計，蜚薦守備。

李甲，不知何許人。從蜚累功官總兵。蜚敗入太湖，歸盛澂，驃騎血戰，斬數十人。時宜興南山及東之長興，西之廣德、建平。廣德大姓吴氏、沈氏，建平韋氏，皆破家起兵，敗績。其中有新集者六七部，各處一谷，吴氏等不相下，或數十人，或百人，最大者四五百人，皆自號曰營。有傅子虎者調停之，因號前立者曰東營，新來者曰西營，而甲栅青山，稱敢戰。源邃爲定賞罰，一號令，立部伍。未定而清兵大至。隆武元年七月，源邃揮旗當敵不支，甲自刎，一軍皆歿。

源邃，字涵生，宜興人。諸生。深沈有大畧，屢戰清兵，三月始潰，與二十人執至溧陽。清吏强之跪，曰：「若豈非大明臣子耶？見我不愧死而欲屈我乎！」或曰：「子年少，姑待之。」曰：「汝惟有待，故至此，我何待，速死耳。」乃斷首死，年二十五。

安遠，字世修，武進人。父瑶，字叔美。皆諸生。執不屈死。安遠妻楊、妾蕙香從殉。福之，事見吳鍾巒傳。

吳志葵，字聖嘉，嵩江華亭人。崇禎六年武舉。嘗謁正陽門關廟，舞大刀通衢，觀者如堵，遂名動京師。張國維薦授金山定波營把總。八年，安慶告警，以五千人救宿嵩，爲前鋒。包文達戰死，志葵重創中四矢，潰圍力鬬，斬四十餘人，奪馬歸。遷撫標守備，歷應天坐營遊擊。十六年，以中軍參將隨鄭瑄鎮鎮江，悉力守禦，江上以安。安宗立，擢都督同知總兵，鎮吳淞。所部有川兵百人，皆選鋒，親將夏虎臣、王明稱萬人敵。

弘光元年，清兵南下，與采石黄蜚、鎮江鄭鴻逵、定海王之仁、温州賀君堯、揚州高進忠及蔣若來、孔思誠七總兵歃血謀拒敵。南京亡，嘗州以東皆望風降。志葵與譚振舉巡福山，李成棟以清兵攻吳淞，余雄飛等死，志葵命吳之蕃守城，而自與荆本澈保崇明。會義陽王朝墠至，羣推監國，拜志葵爲大帥。清安撫洪恩炳入嵩江，侍郎董羽宸上謁，命作書招志葵。志葵答以「七尺可捐，富貴非慕」。上海教諭盧志璉及王世焯降，以清兵入上海，志葵大怒。時嵩江義師起，夏允彝招志葵。閏六月朔，志葵傳檄四方，二日入黄浦，駐米市塘，上海人犒師嵩江。六日，志葵入嵩江，逐恩炳，委常壽寧城守。聞吴易、陸世鑰兵起，衆議出兵鎮江，扼上流，然後一旅克南京，一旅取蘇州。志葵以蘇弱可先取，以兵威南京，使從風下。本澈推志葵爲前軍，而己合後，書檄諸軍以進。志葵乃偕總兵徐觀海及魯之璵、若來、謝漢、張昌後、楊茂之率舟師三千自吴淞趨泖澱，命俞飛熊通嘉定。志葵爲人傾哲負奇氣，故允彝門人，屈節事賢公卿，以故蘇、嵩士大夫皆重之，剋期大舉。顧長紈袴，不習兵事，以南人爲南將，未嘗當大敵，故無成功。十二日，侯承祖、王璣已斬府縣官屯黄天蕩，夜半大礮攻蘇州，火婁門，之璵、林大台合戰於浦城灣，别軍亦入上海，斬清兵官。民火清營，而本澈兵不至。十三日，之璵入蘇州戰死，志葵所率海上軍素怯，在城外聞之，爭赴船走，沸聲若雷。十四日，志葵自守黄天蕩大營。命長子昂督陣，斬清黄飛虎等。昂、大台、季采等中伏戰死。又移兵白蜆港，進吴江同里，漢又陣死。

隆武元年七月朔，命蔡喬率兵援嘉定不利。清將遺書勸降，志葵戚劉甲以書至，立斬以徇，遂移師泖中。時吴中民兵十餘萬，賈客僧道咸來助力。及嘉興、平湖、嘉善、青浦、上海、崑山、嘗熟、江陰、溧陽、句容、通州、鹽城、興化所在起義者，聞之氣沮，先後敗歿。已蜚率舟師至，議進一戰，然後繇海大舉，聯營黃浦張涇。會嵩江陷。八月六日，謀赴舟山，吳勝兆以蘇州、南京軍五千人夾攻上海，輕舟突港，火器齊發，烟燄漲天。志葵舟高大，清兵攀舷登，虎臣力戰斫之，舟中之指可掬也。明升樓櫓射敵，敵應弦倒，志葵前鋒破浪衝突，奪路並出，且至海矣。戰方亟，風止潮落，志葵舟重膠淖，獨不得脫。先志葵軍中有僧二人，劇盜也，懼禍來投，多不法，志葵杖之，走清兵。至是爲清導，先伏志葵舟舵下，乘隙入羅萬卷艙，逕搏志葵。志葵避，左右川兵以刀斫二僧甲，不能傷。舟亂，清兵塏附，志葵被執。虎臣、明與副總兵徐傳，贊畫傅凝之，諸生施聖烈、戴泓、胡名基，參將王如，遊擊聶豹蔚，兵營參將孔虎師，都司黃用倫，守備柏用、宗鐸、顧之蘭，把總陸進、張寧之等百餘人戰死。參將陳邦俊、羅英，遊擊姚邦礪，都司張汝桂、王鳳印，守備王大龍、馬希援皆降清。志葵陷清營，自殺不殊，不食，致南京誘降不屈。九月四日，遇害笪橋。妻范先自刎死，妾丁抱幼子瑚入水死，從子之受亦死。事聞，贈志葵左都督、威虜伯，謚桓愍；范義烈夫人。子永思，後九年被執死。

世焯，字建平，上海人。恩貢。歷中書舍人、大理寺副、鴻臚少卿。

觀海，江陰人。劉孔昭將，官太平營副總兵。江陰兵起，以兵迎夏起龍，衆欲推爲將，病不任事，命弟五代之。已從孔昭復福山。蘇州敗歸，不知所終。五守江陰，劉良佐自君山再攻北門，礮子大如斗，碎堞爲平地，兵傅城上。五大呼力拒，斬其先登者，首重數十斤，敵慟哭退。再攻再卻，清兵不敢近北城。城陷，走海上，謀再起兵，會病卒。

漢，字元若，金山衛人。千户。材武有膽決。家饒於財，喜招奇才劍客，習戰陣擊刺。謁史可法揚州，以策干高傑，不用。隸朱國弼麾下，爲遊擊守江，極言兩淮當守。忤馬士英削職。志葵兵起，傾財招兵五百人爲軍鋒，轉戰有功。六月二十八日，與鄭國忠戰同里，無援深入，力竭同死，部曲多殉。其妻子環哭其家，弟沆再破家分給之，萬金一朝俱盡，出遊爲童子師自給，終不言貧。

國忠，嵩江華亭人。繇台州百户升參將。

昌後，金山衛人。世襲千户。得勝港之敗，被三創。聞金山陷，慟哭死。

茂之，武進人。武舉。副總兵，水師營主。勇敢絶人，脅下發百子銃，無不中，一軍稱無敵，每戰被重鎧。一日戰罷，過志葵計事，俄傳兵至，躍舟水死。

喬，一名祥，字喬枝，溧水人。故染工，負膽力。累功歷嘉定參將、吴淞遊擊。成棟圍嘉定，城中乞救，志葵命率七百人赴之。喬鐵鐗重八十斤，登岸步戰，斬數百人，被圍數匝。東關徐福往援，中矢如蝟毛，喬突圍回嵩江。城陷，巷戰出，依黄斌卿舟山，擢總兵。從破清兵海上，救海寧，後守舟山，挂征南將軍印。城陷，巷戰小南門死。

傳，嵩江華亭人。大學士階曾孫，投水死。弟佑，上書監國魯王，死南京。從子克高，起兵湖州死。

凝之，字令融，嘉定人。崇禎六年武舉，以才畧參軍。

聖烈，崇明人。諸生。

邦俊，吳縣人。

英，長洲人。崇禎十二年武舉。

邦礪，旌德人。武進士。

汝桂，滋陽人。

鳳印，廣寧衛人。

士龍，江陰人。

希援，浙江人。

侯承祖，字懷玉，金山衛人。世襲指揮同知，用功加參將。弘光元年夏，杜文煥亡至金山，承祖欲斬之以示衆，文煥逃。嵩江兵起，以兵往願襄事，吳志葵忌之，沮其謀。承祖恚曰：「然則府城聽之總戎。承祖以金山爲存亡耳。」拂袖歸，與子世禄及掌指揮印劉夢麒盡散家財，簡械料糧。

隆武元年八月二日，志葵以諸生楊寅東爲中軍守備，指揮劉羽聖掌衛事。三日，嵩江陷，黄蜚、志葵兵潰，承祖拜疏繇海道上福京，并遣使至崇明、舟山乞師。十七日，清兵至金山，未刻攻城，城上矢石如雨，教師祝二元發大礮，殪十餘人。承祖坐睥睨間，所將藤牌兵二千人皆驍健。清乘隙布雲梯攀堞，然隨登隨斫，屢進屢卻，戰三日夜不能克。已而李成棟自江陰回軍來助，以書招降，承祖焚書，指揮馬象乾色微動，即爲衆所殺。二十日，清礮攻北水關，水兵夙弱，關破。清兵叠小舟蟻附登，奸人内應，城遂陷。承祖率世禄親兵巷戰，凡七遇敵，手刃餘騎五百，清兵大震。成棟欲走，而寅東、羽聖降。承祖戰逾時，衆且盡，身中四十餘矢，馬蹶被執，大罵，成棟以刃脅之降，曰：「吾家自始祖以開國勳，子孫不替，食禄二百八十年，今日不當一死報國哉！」慷慨請死。至嵩江文廟前，曰：「此吾死所也。」望先師再拜，飲刃死。妻周及女後二年以謝堯文通表事逮南京，自刎死。

子世禄，字公藩。善騎射，兼通經史。同承祖被執，駡不絶口，叢射死。妻吴捐衣飾犒軍，坐堯文事死。

世廕，一名其偉，字美漢，别治軍柘林。聞父兄殉，自詣清兵，請死父屍旁，義釋之。監國魯王授參將，後與妻亦以堯文事死。

弟承祚，字仲錫，及子世鼎從死。

同時姚天鏈，字子特，紹興山陰人。崇禎十三年武進士。前金山參將。

顧鎮國，金山衛人。天啟五年武進士。金山遊擊。與子皆戰死。

指揮僉事蕭懋功與子鳴球，陳之笏指揮僉事，與妻鄭，守城一門死。施恩、西天默、徐可大、西胄皆指揮使，與胄子宿戰死。指揮僉事陳大綬及子元爵，字首階，與妻經死。竇邦翰、朱秉正皆鎮撫，戰死。

廖應世，字敬梅，慶國公永忠裔。千户。兵登城，手斬數人，與妻子自刎。次子自火其家，二十人死，自刎父屍旁。皆金山衛人。

張時傑，字海斗，上海人。千户。與子起宿、僕曹忠巷戰，殺四五人。衆騎至，矢洞脅死，鬚眉張。次子起鵬，字湯問。諸生。殮父兄，隱。孫世藩、馮舜卿、竇世勳，千户。

姜超，千户。身長八尺，負奇力。清兵南牧，欲奮自效，造刀重四十斤，每春秋以米二斗造飯及魚肉等物，植刀跪祝，曰：「吾得用汝，死無憾。」祭畢，盡啖之，自謂：「家貧未嘗飽餐，惟祭刀得果腹耳。」北水關陷，持刀力戰，血滿隍池，不支退。與陳國賢會十字街，手刃清兵二百人，力竭自刎死。

國賢，人呼二十八官，賣竹爲生，膂力過人，舞百斤刀如風。巷戰，獨斬數百人，寅東從後反掣其肘，清間投以二矛，乃不支，猶手刃三人，被執死，首斷植立，踰時始仆。寅東後亦爲清支解。

董維勳、姚銑、丘應元、阮國柱、江可騰、徐君啟、徐君寵、陳君球、徐雙槐、郭宗盤、張明道，皆百户，戰死。明道一門十八人從死。

艾奇、朱貴，皆裨將。巷戰，斬白馬將，衆披靡，入重圍死。兵姜君羽戰死。子七官守屍不去，與妻毛等一門十七人井死。

郭元吉、長吉兄弟，皆諸生，經死。

朱家臣，字藎卿。諸生。衣冠坐死。

張乾，字元起。諸生。金山中軍副總兵幕客，與母竇、妻魏、子六及僕婢十九人水死。

周玉如，字磐石。衛經歷。與妻子水死。子端揆，指揮，亡命爲道士。

黃甲，浦東鹽大使致仕，自經死。

濮寅，前所千户，與承祖定計固守，敢戰登陴，爲仇刺死。弟臨，奔赴亦死。從弟小宇，武舉，經死。寅妻常經死；妾張匿其從弟諸生靖修家，一門火死。寅僕婦陸埋主，清兵犯之不從，縊死。士卒朱辛二、孫立、秦章、艾璠、周文域等四百餘人，斷役陳振素、徐管班，門役周係等，力戰死。鄉約朱俊卿聞承祖執，刃妻子，刎死。二元木梃擊敵死。鄉勇鳳氏父子兄弟開門納承祖，城破殺敵多，一門十九人死。皆金山衛人。清兵屠城，城中死者過萬人，一門殉者，姓名多失傳，可考者：少梅、可賢、可才、可能四人，與陳君秀妻楊及嫗水死；蔣敬文妻顏刃死；張、徐二姓女子十人同水死而已。

又莫道張，字君大。諸生。聞嵩江陷，經家祠死。

王侯，字公簡。諸生。工古文。憤死。張秉淳，諸生。完髮不食死。

金瓊階，字德弘。千户。隱俞塘鼓琴，日拜太祖像。清守欲其盆樹，使人持金買之，盡毁之。年八十餘卒。

袁天麟，字振公。與城守，兵敗灌園終。皆金山衛人。國賢，餘姚人。

承祖，魯王贈右都督，謚忠烈；紹宗贈都督同知，謚武毅。

顧容，一名榮，崇明人。本名三麻子。與黄四尖、三沙、王大同以海盗就撫，授把總。弘光時，四尖奉史可法約束維謹，稱伏波營，容統舟師鎮江。南京亡，張鵬翼、張士儀合總兵孔道興駐崇明。四尖害大，刺容未殊。施相麻招荆本澈兵至，殺四尖，容遂爲主將，有舟百餘，以習海道，江北舟師均爲所有。已貳於本澈。義陽王朝墠權擢大將軍，命援閻應元江陰。舟至江口，寧其愚以僧兵應之砂山，偵不可守，走，容敗退劉河。隆武元年九月，黄日章、張鳳翥、李中孚戰死，士儀降清，容遂屯崇明。沈廷揚入浙，衆推教諭端茂玘爲知縣。時紹宗及監國魯王詔旨至，陞容總兵，挂伏波將軍印。十月，朝墠去浙，容氣沮。十一日，欲以百舟入舟山，貢五嘗、王佳不協，伏力士害容。總兵高捷以舟百兵千人至崇明，殺相麻降清。

日章，字叔闇。崇禎十六年武進士第三，以忠義自許。自劉河守備遷嵩江遊擊，守禦劉河。兵皆敢戰。妻王能軍佐之。

鳳翥，字聖如。天啟二年武進士。

中孚，字自修，皆劉河遊擊，上海人。

茂玘，當塗人。崇禎三年舉於鄉。後降於清。

同時王璣，字璿伯。崇禎十三年武進士。自柘林守備累遷淮南副總兵，守劉河。清兵至，與日章力拒，身中數矢，兵敗歸隱。深以死牖下爲憾。未幾，悲憤卒。妹完先經死，妻許水死。

俞仲麟，字昭彦。武生。世襲衛官，防守有功。國亡不出。皆太倉人。

錢國華，字鳳彩，溧陽人。崇禎七年武進士，授太倉守備，以禦夷功，陞遊擊。十五年，張獻忠連破英、霍、巢、潛、六、安，南京大震。上書當事，心期移置西陲，防護陵寢，討寇立功。書中有「獨當一面」語，當事斥其激切，被劾歸家。安宗立，張國維協理京營戎政，親選將才第二，累擢參將、副總兵。

弘光元年二月，母憂歸。無何，南京亡，宗室議瀝適自九江至廣德，召之，乃率從子鑾四郎、道鍘團練鄉兵千餘人，與宜興盧象觀、戴埠賈國本及浪洋、戈旗諸義旅並受議瀝命，移知謝球同日起兵。餉匱，諭父老以興復大義，無不踴躍爭輸。領兵疾趨廣德，攻建平，與清兵戰鳳凰墩。四郎、道鍘力竭死，卒復城斬令，秋毫不犯，軍威大振。先是清兵渡江，溧陽知縣李思模以彭氏僕潘茂爲守城甲長，思模去，茂四出鈔掠，以助餉名，畧諸生彭元方。彭旭、周在公募兵南山，各捐資爲餉。茂與弟珍創削鼻黨，悉招僕隸入黨，執富人史忠杲撻之，罄其家財。弘光元年五月，茂以溧陽降清，隸降將副總兵沈邦親，授參將。六月，戈旗義民周重兵起，陳鍘、張普倡義於渡濟橋，以衆來附，遠連浪洋義兵。史澤、史太乙、史顯嶽、史錦會衆斬削鼻黨繆端熙等，浪洋民二千人斬茂隊長馬三，乘夜攻城不克，死者六十餘人。旭、重、在公、澤、太乙、硎及浪洋人共圍城，事急，諸生華峯爲茂乞援於清。時清襲宜興王期昇家，百騎自溧抵京，道出戈旗。重聞之，解溧陽圍，分兵三百襲清兵於渡濟橋，而自引衆於南城下觀望。清兵皆厚甲，刀矢不入，重兵遂潰。清兵入城，合茂攻旭、重，旭、重兵不能支，潰去。重戰死。太乙鼓衆前，中矢，至崑崙橋，與史順祉、史文聲、史文完、史仲方皆死。旭僅身免。茂遂火彭氏宅，遇彭氏故主盡殺之，並焚劫戈旗里，浪洋、戴埠屠之，水爲不流。珍復大掠各鄉，凡睚眦之怨，劫掠殆徧。閏六月，清知縣朱正色至，福寧經歷史濟元率諸生迎之，下薙髮令。國華聞變，於二十四日分兵圍城不克。二十八日，去南山妙如寺，斷竹伐木，大修攻具。

隆武元年七月四日，復圍城。茂大恐，賄國華戚任允之乘國華巡營於費家墳，匿其所用大桿刀，隱招甲内人出襲，衆潰。國華獨持短刀力戰，斬數百人，甲長史德升並兵十餘人皆死。茂乃遁，國華復回南山。茂偵國華兵疲力絀，星夜引清兵數百騎至戴埠截殺。六日，國華戰敗墮溪，大呼先帝而死，屍植立不仆，猶作格鬭狀。子九如聞父死，先殺妻任，率衆斬允之一門，函其首祭父，聞者快之。

國華少讀書，以忠義自許，兼有神力，能挽三石弓，中二百步外，尤善用大桿刀，精槍法。既死，義軍爲之奪氣。西鄉萬塔橋義師首袁復之、琅玕義師首陳紹良執死。珍、史老住、陸秀、曹華率衆大掠鄉邑，茂合清千餘騎屠南山一帶，百里中積屍如山。城中以濟元首倡，居民盡薙髮，而鄉間無應者。正色復下薙髮令，屠胡橋路，安福吏目戴維昌與從子元泰不屈死。屠吴家塘，節婦史罵寇死。茂復大掠塹口而歸。八月，清較科舉，諸生史忠琇、費達、楊垂菁、彭忱等五百餘人應試，遂髡其髮。磬山義師誅應試諸生鍾山。後清廉茂罪惡，執茂、珍並其黨皆伏誅。

球，字石玫，溧陽人。鼎新子。諸生。士卒欲取餉民間，毀家應之。隆武元年九月，戰官墩，餉不繼而潰，沈水被執。清將令輸資，曰：「我天朝秀才，豈以貨活哉！」乃飲刃死。妻陳與子知球死，樓居火，人勸不下，赴火死。僕劉家兆格兵，斵死。事聞，贈球訓導。

旭，字旦公，溧陽人。崇禎十五年舉於鄉。哭臨，正色叱陳名夏。兵敗遁浙江，後仕於清。

在公，字雅復，溧陽人。諸生。北變，率諸生哭於庠。

重，字元質。集同姓百餘人起兵。

硎，字劍穎。父演，字繽如。硎諸生。皆篤學。入山著述。

普，字錫卿；澤，字天沐；太乙，字陳夏，皆諸生。維昌，字永金。皆溧陽人。

先南京亡，邑人史大生，字允吉。水師左軍都司，守孟河，傾財助廩生史望起兵。

任培元，字聃年。道士。以起兵不克，絶粒死。

楊青瑣，字漪雲。諸生。不食六日死。

陶昌祚，諸生。以父被執將殺，求代死。

王予諴，諸生。刲股療母，負母死。

史順震，字爾長。任錦衣指揮。降於清。

常爾韜，廣德人。世襲京衛指揮。隆武二年正月十二日，瑞昌王議瀝、宗室議漇命爾韜約南京城内朱君兆、萬德華、郭世彦、尤居等爲内應，事洩，德華、世彦、居等八十餘人皆執死。十八日，議瀝、議漇、潘愫攻神策門，清舉火給之，兵分出朝陽、太平二門截其後，愫陣亡。清騎突出神策門，戰西溝池，議瀝、議漇退棲霞山。清屠朝陽、神策、太平門外居民。八月初，與君兆進屯朝陽、滄波門、孝陵衛。十一日，戰華山龍潭。九月六日，爾韜再以衆二萬餘應議瀝、議漇，起兵華山龍潭，合朝陽、滄波門、孝陵衛兵，與何成吾、吴起龍相犄角。事聞，授經畧，約南京城内陳增美、吴翰生爲内應，縱火爲號。十一月，事又洩，爾韜率總兵楊三貴、夏含章、王明生、謝弘之、姜雲甫二路攻朝陽、太平二門，寂無應者，知事敗，乃退。郭世威等三百餘人陣歿。爾韜等走華山龍潭，再戰死者四百餘人。十二月，爾韜被執死眉嶺。將死，謂刑者曰：「既斬我頭，慎勿毁我髮。」刑者嘻曰：「異哉！若之髮重於頭，而若之頭輕於髮乎！」三貴、含章、岑枝秀等皆見執死。

君兆，上元人。負奇氣。孝陵衛指揮，遷總兵。弘光元年閏六月，議瀝、盧象觀謀復南京，爲之計曰：「京城雄深，未易克，況清兵四面粹於我，敗道也。盍謀内應者乎？願爲公先入結其豪，定期告我，我從中火神策門爲應。」已遣僧詣君兆約期，僧乃密叩清營告變，事乃敗。後以七十二衛官數百、兵數千應爾韜，兵敗被執，族死者三十餘人。

世彦、居，孝陵衛人。世襲百户。

愫，句容人。

成吾，句容人。弘光元年六月，與弟敏吾、張仲區、項仲甫、胡亦恕、吴德孚奉議漇起兵茅山，聯合七十二村，衆至八千人。事聞，授成吾總兵，敏吾副總兵。後戰敗入太湖。

增美，字子禮，上元人。武舉。京營旗鼓中軍。内應事洩被執。將死，挺立大罵，以刀裂頤，血流至踵，色不改。

翰生，桐城人。尚書阿衡子。官生。

又孝陵太監馬甲，亦以事連死。弟二多方護陵木，殺一人，被執死。

吴任之，字無近，蕭縣人。諸生。與弟信之、滸，皆任俠有氣，任之貌尤魁偉。瑞昌王議瀝起兵攻南京不利，潛至蕭，任之迎説曰：「明德甚隆，百姓思之異甚。殿下體近，南面稱孤，徒往來亡匿，求須臾無死，不自奮起圖大事。且高皇帝之陵，草木皆剪敗，時享不至，殿下時登高望遠，獨不痛於心乎？」議瀝大感其言，權授總兵。任之薦陝西李士春及劉調蘇善計畫，乃授士春參將，調蘇參謀。任之遂於隆武二年六月，與兩人及信之、澥、季虛之、歐又甫，同里葛應元，合虞山衆張萬紫等，起兵復碭山。任之友人孔國華降清，守蕭西門，詐言獻城，須兵至而發。任之即遣澥、調蘇、應元、吴經等至縣，伏起皆死。議瀝與任之亡。任之去髮爲僧，改名普存。士春走清江浦，被執死。議瀝先別授酆報國、司石磐爲官，起兵淮安不克死。議瀝與任之、信之至宜興，士民奉之者尤衆，議瀝拜李闇宇、蔣章甫、徐夢岳、蔣曦、蔣蘭芳、陸乙、張純璧、陳行公、陸元望、儲振彩爲官，蔣七、康三省爲總兵，季明之爲副總兵，闇宇與弟從厚起兵敗，被執不屈死。蔣儲浦、章浦謀起兵洩被執。夢岳等皆先後戰歿。宜、溧間許洪升、周甫二十餘營皆降清。任之將奉議瀝渡江至鎮江，匿蔣沖甫家，章甫兄也。清偵知，兵吏到門，議瀝爲僧，衣敝補衣，而任之狀貌魁偉，以爲議瀝，縛之。任之欲脱議瀝，即謬曰：「我王也。事至是已矣，當爲若等功，然君等須善待我，否者即自殺。」衆喜，皆視守之。而議瀝、信之得脱去。任之將詣清帥，南面坐地上，呵之跪，不肯，曰：「我大明王也。若等皆我家赤子，奈何反令我跪。」送南京殺之。臨刑顔色自若，終不言己姓名。及議瀝執致南京，洪承疇驗問，於是知所執者真議瀝，而前所殺者任之也。議瀝竟死於市。金漸皋降清。議灋自蕭、淮安、宜興凡三四舉事皆敗，豪傑士民附之死者甚多，姓名多不傳。

調蘇，碭山人。

漸皋，字夢蜚，仁和人。崇禎九年舉於鄉，列名留都防亂公揭。議灋參軍。

方明，字開之，廣德人。官岱山屯田都司，夙與湖州豪傑相結。弘光元年閏六月二十八日，起兵復廣德，斬同知任佐君，陳君才起兵建平應之。清兵至，屠建平，死者數千人。瑞昌王議灋敗溧陽，明迎入其軍，號召義旅，連復孝豐、臨安、寧國，聲勢頗振。會朱大定朝紹興，附啟以聞，并乞師監國魯王，授明都督僉事總兵，遣兵援之，不得達。紹宗聞之，亦晋右都督，挂將軍印。無何，張天禄自嚴州出攻，明不能禦，棄營走浙東，王加右都督，命招兵浙西。隆武二年六月，潛往長興，衆疑爲諜，執付郭虎所。一小卒指曰：「此方明也。」遂遇害。

初明之敗，議灋至鎮江，匿喜正家。值清名捕急，議灋改依潘文煥、蔣沖甫茅山。邏者至，吴任之挺身出代，議灋等得脱。已而知其僞，會正赴鎮江置弓矢事覺，有司雜治之。正不勝掠，言議灋所在。議灋、正、倪于耀、袁鍾、陳用卿、周伯載、張景瀅、景瀚兄弟同死。事連文煥。文煥見正，切齒駡曰：「吾死何足惜，王能一日在，則人心一日不散，鼠子乃壞吾大計。」奮起批其頰，其子哭。文煥曰：「我死忠，汝死孝，傳之後世，有頌述焉。不然，一老泯也，誰復知？」械至南京，洪承疇欲屈之，大罵不可，乃遇害。一女亦不食死。

君才，建平人。兵敗不知所終。

正，丹徒人。諸生。大理評事。

文焕，丹徒人。諸生。中書舍人。

于耀，江寧人。監軍僉事。

鍾，丹徒人。諸生。

用卿、伯載，宜興人。用卿，壺工，與時大彬齊名。負力尚氣。

景瀅，金壇人。皆通朱君兆，血戰神策門，僅以身免。

酆報國，鹽城人。官屯田都司，駐廟灣。南京亡，田仰仍屯淮上，王翹林、高進忠、王哲士及從子纘、績、續奉新昌王載璋起兵雲臺山，復海州。報國與魏用通、高陞、司石磐、王完五、吴彭、孫光烈起兵鹽城應之，斬總兵王天寵。於是繆鼎吉、鼎言兄弟起李堡，復鹽城，斬知縣。張明聖、陳至言起興化，郭明寰起泰興，張爾明起石莊，徐健吾起栟茶，萬振寰起坌河，張裔緯起泰州，王耀以無生教號召鹽徒，起掘港、馬塘，陳君悦起如皋，衆多者萬人，少者千人，兩淮一時震動。仰命君悦復如皋，逐降清知縣李丹衷。

弘光元年六月，靳知縣馬御輦、典史王家瓚，推表海營總兵許大成爲帥。閏月，蘇如轍、明萬里、李我彭招灘民、竈丁二萬餘人復通州，靳知州李喬，復海門，靳知縣李邦彦。總兵方允琦、秦良憲以川兵萬人來助。事聞，瑞昌王議瀝擢報國招討巡撫。

隆武元年七月，陞戰死，用通走白駒場死。報國、石磐、哲士、熊允明奉載璋攻興化，戴之藩登陴，縛知縣迎師。次日，清兵大至，不能支，載璋去，報國、纘、續、石磐、光烈、明聖等十四人戰敗，續與都司陳秀甫及陳逢、馮應昌、陳天拔、陸樹穀、魏應泰、徐有德、李瀾、黎增被執死。報國、纘與哲士、允明復以載璋攻城大敗，哲士、纘、允明殁於陣，績死於海，之藩亦死。翹林、鼎吉陷陣，不可當，尋中叢矢，被執海安死。鼎言復糾竈丁數千，立寨十三里港，攻城屢有斬獲。清衝其營，不爲動。轉戰不息，飢不得食，亦被執支解死。如臯陷，君悦等死。冒起勳中矢死，妻李經死。清兵環攻通州陷之，如轍、萬里死，我彭痛哭不食死。義兵王取戰死，妻楊罵寇死。漆傭陳酉與妻沓水死，仰遂入海。泰州徐士誠不屈死。黄甲力拒死，母及妻姑水死。有諸生數人不忍亡國，相率自經靖海樓，皆不知姓名。八月十三日，海州陷，總兵孔道興與進忠自海道趨崇明，後降於清。海師再自東，竈兵自北，泰興灘民自西攻如臯敗績。九月，健吾、耀數萬人白巾攻通州大敗。十月晦，奸民執健吾降清。總兵于錫藩與劉文清、劉一雄再起如臯岔河。十一月，錫藩戰于家莊死。文清、一雄戰劉家莊死。爾明走。其後趙奎、李七於永曆元年正月再起兵如皋，稱都督，謀奉李之椿攻通泰，事敗皆死。都督王化龍、僉事王錫周及徐榮、李弘懋、吴初、李一泉、費兆芳、楊成、唐茂於二年正月在通州觀音堂立「大明中興」旗，被執皆死。蘇成於二年五月，張檄起義，被執通州死。陸成之於四年冬，以千人攻泰州東臺場死。袁天保、蔡三保於五年起兵鹽城執免。周應魁、王鼎於七年七月，再起通州北鄉。二十日，自任港抵鹽倉，義兵首徐文、周顯死。毛沁泉、金宇以江家蕩兵三千再攻通州，未幾敗死。

翹林，字君選，泰州人。崇禎十年武進士。

哲士，字霍山，江都人。纘，字伯綿；績，字亞綿；續，字叔綿，皆諸生。哲士倜儻能文。纘修偉尚氣，重然諾。績負奇力，有武畧，通劍術。高傑監紀，仰參軍。續工書畫，黄蜚贊畫，妻童經死。

石磐，字邦基，鹽城人。諸生。兵部司務。議涎擢職方郎中。與報國爲馬西禄、王大功執至淮安，見清將挺立不跪。報國欲脱石磐於死，曰：「此儒生，吾劫之爲書記耳。」石磐大呼曰：「吾實首事，奈何諱之。」下獄六十餘日，狂歌痛飲，詈不輟，皆見殺。

完五，鹽城人。

彭，字春寰，鹽城人。完五妻父，勇冠一軍。妻湯亦援桴從之。大戰東郊兵敗，完五奉彭入山卒。妻吴爲尼。

光烈，字德求，鹽城人。諸生。弟耀生從起兵，爲僧名元志。父爲清害，誅仇祭父。

鼎吉，字萬臺，一字景先。鼎言一作鼎臺，字景皋，鹽城人。東塲鹽丁，爲史可法將，絶有力，中矢猶斬數十人。被執後，清將欽其勇，向之下拜，欲釋之，二人奮力一决。縛寸斷，奪刀斬數人，磔之駡不已，抉舌塞口，瞋目啞啞大駡乃絶。監國魯王俱贈參將。

明聖、至言，如皋人。諸生。

裔緯，字仲猷，泰州人。完髮古衣冠，妻掠不從，與女死。妻兄薛從鼎吉戰死。

君悦，如皋人。

如轍、萬里，揚州通州人。如轍總兵，萬里副總兵。萬里兵敗，自認首事，一城免屠。

允明，字應明，鹽城人。

之藩，江都人。武生。

逢，字西朋。應昌，字魁梧。天拔，字錫甫，都司。樹穀，字立梧。應泰，字泰來。有德，字耀吾。瀾，字學海，大學士春芳曾孫。增，字用修。皆江都人。化龍，靖江人。

黄賡，字仲叙，歙縣人。崇禎十六年武進士第一，授都司。負膂力，能運二十四觔鐵鞭。南京亡，與汪三傑、劉禄從金聲起兵，羅炌、姚宗衡、游有倫、吴聞禮推爲帥，遷都督僉事、總兵，與監紀知縣胡鳴復以兵二千攻宣城，總兵福星、游麟、吴雙以千人守寧國爲援。港口之敗，鳴復與都司方應期、方德胤，守備孫英、程應通、汪良輔力戰死。星潰，賡十九戰皆捷。後自宣城水東出港河，鞭忽折，易鞭重三十四觔者，賡馬見清騎即跽，怒而殺之，舉鞭步戰。清將以刀捍之，連三鞭，捍之如前，乃取箭，射中清將左目，趨前鞭殺之。然清兵益集，衆寡不敵，乃退，鄉兵死者盈野。調鎮守金、衢、饒、廣。隆武二年正月五日，復開化。嚴州陷，爲僧山中。清招之，不赴。未幾被執，事連查篤生。篤生故不識也，恥不與，爭識賡。賡不識篤生，欲活之，不從。篤生遇害，賡得免，間走閩。永曆十年，卒於中左所。弟號烏將軍，運槊如飛。兵敗，不知所終。

炌，字然明，歙縣人。崇禎七年進士，授嘉興知縣，爲政明允，痛絶苞苴。遷禮部主事。

星，閩縣人。皆隱居卒。

篤生，涇縣人。諸生。招兵九華山被執。

當聲敗歿，皖南義師守山中不屈者：

徽州黄源則張玄、孫林。隆武二年正月，起兵執死。

旌德則總兵洪本泰，副總兵汪寅及汪仁厚、程甲，延津王部參將趙廷琦、朱國才、陶玄吉、常甲、魯成舉、施晋、王三、胡紀、任華、梅柏、程濟、姚甲、祁和、陳田、陳二。隆武元年冬，與項遠復績溪，二年二月戰死。

池州則程宗熹，字贊孔，貴池人。崇禎十三年武進士。都司，爲史可法管軍器，歷參將、應天副總兵。解餉揚州，城陷歸。董蒸祥，字一生，貴池人。武生，守備。隆武二年三月皆戰死。

宣城則總兵楊時旦。

寧國則鄭芝龍將陳珊、姚甲，守備俞都。

涇縣則瑞昌王部總兵洪士忠、士壽兄弟，副總兵鄭璧、胡甲，監軍僉事朱葵。隆武二年正月六日復城，斬知縣熊烈。

南陵則鄧啟疇。弘光元年閏六月攻城，王一衢執死。八月，梅遵中敗黄渡鋪執死。任彩戰馬頭執死。太平則總兵陶宗極，軍師陶邦憲、陶起南、起鵬兄弟及王統、王正志、陳一明、梅起、王浩、徐鳳、徐閔、王元、吴混一、陶太宇、陶崇信、王俊、陶起嵩、陶思周、張守良、王誠幹、王承武、周吉辰。隆武二年三月皆戰死。又二年九月，義師攻繁昌、廣德，主兵者姓名不可考。

太平則黄吉，合青陽徐武克、曹章保，桐城全非錫。永曆二年閏四月，攻涇縣失利死。

同時金文光，字朴只，石埭人。萬曆三十二年武進士。南贛參將，平九連峒，陞總兵。國亡，結廬古一山。卒年七十二。唐三捷，當塗人。崇禎十二年武舉。副總兵。兵敗，不知所終。義兵首吳煥、魯國賢、孫富、章斌、侯國召、岑際德、潘炳宗、柱、岑期康、麻睿齡、劉耀、吳啟、濮泰、陳元、吳應坤、陳良富、梅之魁、梅應元、梅應魁、何大興、陳大、董繼章、劉寧世、唐應福、唐國正、王尚賢、劉光梅、王三言、王家相、周啟鸞自宣城；瑞昌王副總兵葉俊、鄭守德、汪孟學、耿龍、裘任、程瑞，參將李甲、李成彥，遊擊王方、王興、汪益，都司王繼益、徐寵，守備包國鼎、王應化、方文明、王元吉、蔣文國、汪泗、李國祥、汪君任，參謀管一翰，鄭彩將童斌、徐復暘、沈烈、章得勝、徐得勝、唐大士、王會海、張順泰、虞啟明、吕吴、沐斗選、王國炤自寧國；梅起龍、朱之龍自旌德；汪之灝、王用、趙光群、吳彪、施玉中、夏士輔自太平，先後降於清。

黄斌卿，字明輔，莆田人。父起鳴，重慶通判，死奢崇明難。斌卿闊口豐頤，雙眸炯射，下筆千言，好三式及天官、風角、鳥占、陰符、韜鈐、圖讖，日談王霸大畧，人多笑之。以恩例補興化衛百户。安邦彥反，構東川各峒苗爲害。斌卿偵黑白峒苗得其情，保境無虞。尋從軍復赤水衛，遷銅山把總，累功歷宣府都司、福建撫標遊擊，殲紅夷，討劉香，禽渠陳遺哥查華。張普薇亂江西，特調平之。崇禎十年，進寧台紹參將，統水師鎮舟山，加副總兵。招撫海賊舟百餘，降渠陳虎等，威名益著，擢總兵。北京凶問，張肯堂命率舟師五千舟百艘福寧至鎮江，晋右都督，挂安海將軍印，命屯九江。以左良玉難制，改移皖池、安慶，屯板子磯，馬阮當國，以條陳時弊，忤其意。弘光元年，挂鎮蠻將軍印，調守廣西。未行，左夢庚東下，命與陳輝、蔡欽逆戰銅陵，敗之灰河。自四月朔至五日，戰二十餘陣皆捷，火舟百許，夢庚兵溺死者九千人，獲輜重無算。時與黄得功稱水陸二飛將。安宗蒙塵，以舟六十兵三千走福京。紹宗立，進千金助餉。黄道周、肯堂疏薦，召見詢方畧，激昂指陳，言與淚俱。上言舟山爲海外巨鎮。攻之仁，盡有其舟，之仁猝不得已，輕舟走，就義南京。其後賀君堯收玉環山漁税，挾重資入舟山，殺之而攫其資，又取胡來貢輜重。七月，國柱引清兵三萬、沙唬六百自定海來攻，有弓箭手五百人，號虓悍。斌卿知陸戰不能取勝，令百姓乘城，而身率水船五十出横水洋拒之，碎五十餘舟，次日列舟上風。兵甫交，風轉，反火自焚，易小舟脱，折兵千五百人、舟二十八，窘甚。贊畫楊璣請求救於名振，名振將阮進精水戰，以四舟衝國柱營，乘潮發礮，所當輒糜碎，國柱僅以身免。斌卿得其樓船百號，於是有兵八千、水艍百、沙唬二百，聲勢始盛。又忌名振有進，間之使背去。王朝先故鬬將，擁兵蛟關，斌卿三書招之，朝先率二艦度横水洋。斌卿遣副總兵林龍、朱玖、陸瑋陽迎劫之，朝先跳水免，朝先既失勢，斌卿摘其印，令爲標將。名振憐之，贈千金，請還其印，朝先自是歸心名振。

昭宗即位，斌卿間疏肇慶。永曆元年四月，吴勝兆謀以嵩江反正，以血書結舟山爲應，斌卿猶豫。名振自以其兵就約，颶風盡喪其軍，玖勸斌卿殺之，名振乃避之南田。斌卿有女二，解文義嫻禮，彩自興化送歸舟山，歷南田。名振妻聞二女賢，且至戚，欲一望見，二女不許，曰：「不得父命，且未字，安得走入軍中。」名振固請之不得，强使人牽其舟。至相見，極愛重。玖揚言二女爲名振刦，斌卿怒。時名振母在舟山，斌卿致母軍中爲質，且鼓衆掠名振及標屬將士家。無何，二女至，備道名振盛意，斌卿大慚，遂朔望候其母起居。而名振銜斌卿番舶往來，饒魚鹽之利，西連越郡，北繞長江，此進取之地，請以偏師出温、台，開鎮其地。上喜，立除水陸官義兵馬招討大將軍，連絡浙、直、江、廣、閩、楚，封肅虜伯，加太子太師，賜尚方劍便宜行事。二子賜名世爵、世勳。陛辭，疏乞周鶴芝自副。上御門親餞，賦詩及銀幣贈之，文武勳戚郊餞，軍容甚盛，并使鄭鴻逵手玉帶以賜，命自福寧出寧、紹、金、衢復南京。敕曰：「一統未全，即朕不孝，三吴未復，即卿不忠。」斌卿遂率所部朱國泰、朱壽、劉世勳、顧大定七千人遄發趨舟山，聯絡瀕海諸郡邑，命人至太湖會黄蜚、吴易攻嘉、湖，馳書徽州，遥約金聲同大舉。鶴芝慷慨下士，嘗欲徵兵日本，斌卿阻之，繇是不合而歸。斌卿出師崇明戰敗，遇周瑞得還軍。

隆武二年正月，國泰敗歿於青村，道周殉難，斌卿爲文遥祭，疏請卹謚。四月，上以斌卿久扼舟山，未有寸功，虚糜廩餉，爵除。五月，復封威虜侯。監國魯王命張國維西征，欲調斌卿三千人守江，不應。六月，浙東事敗，清黄熙胤使來招降，斬之，焚其書。張名振扈王至舟山，斌卿請曰：「主誠即次則可，恐久居接壤寧波，與清兵近，恐不安。」王乃駐普陀。鄭彩適至，奉入閩。名振以女許斌卿子，交密，因留舟山，海上遂疑斌卿不與魯。斌卿爲人猜忌多沈謀。荆本澈屯小沙嶴，其將士善射，斌卿殺之，沈其家百口於海。宗室常湰以家口數百人至，殺而收其兵八百人。王之仁自江上敗，以舟數百資仗火械數百萬計來歸，約共事更起。斌卿僞許之，且曰：「頃張國柱劫宫眷不義，請合聲其罪。」乃甫出洋，忽礮反刺骨矣。是年十二月，寧波華夏等約舟山師攻城，己翻城應之。斌卿固不願，冀内應成功，泊舟桃花渡。已而謀洩事敗，既返，甚悔其一出。斌卿久鎮舟山，修理城郭倉庫，招集商賈，率民墾荒廢田地，刻意保聚。有兵萬二千人、舟五百。當時東南義師，推爲盟主云。

二年正月，清將田雄等攻舟山，命朝先、龍以兵五千、舟百，合世勳、玖、大定、蔡喬兵，調後海義師總兵宣戉攻餘姚，王翊攻上虞，姚志卓攻餘杭；命遊擊褚滿合陳宗道等起兵上海青村，副總兵李讓、俞國統攻寧波執死。雄等於二月七日向旗頭洋，朝先於中路逆雄，世勳於左路逆張杰，大定於右路逆張天禄，斌卿以萬人後應，命副總兵六各以千人伏海山深港，候清兵至，前後夾擊，沈其大舟四十餘，奪大小舟六十餘，斬獲多，降二千人。雄、張存仁使來厚禮，附書以時勢所迫，請保境息民。斌卿答曰：「時勢二字，君子以之立名節，小人以之苟富貴。倘借口於時移勢去，而怕死貪生，則君父綱嘗，社稷存亡，豈竟無人擔荷，而聽其消歇於古今哉。獨是保境息民，則彼民原吾民也。若云生聚教訓，則吾將勇兵強，精兵十萬，糗糧足支數年，以視一成一旅光復中興，古難而今易。古人有待而我無待也。渠畏懼禍悔心，不妄起兵端，自安鼠穴，則吾與富平尚可緩天討於須臾。」云云。五月，進以舟師至舟山，斌卿欲名振止之，不及。名振軍復振，斌卿叵忌之。次日，名振遊山，斌卿慮内變，傳令城門嚴禁，調兵二千守街道，至曉乃撤。頃之，斌卿至名振家，握手登堂，歡笑如故。名振、朝先既以失歡去，而妻孥在舟山，未敢爲難。進在健跳，恃其有保全舟山功，以軍飢告糴，斌卿不之應，進亦怨之。

三年九月，標將黄大振刦獲番船數萬金，以餽斌卿，不厭，大振計窮，逃入朝先營，危言動之。朝先遂與名振、進議曰：「海上諸島，舟山爲大，斌卿負固，不若共殺之，則魯王可駐軍。」遂傳檄進兵。進兵萬人夜自普陀襲斌卿營，斌卿遣瑋、玖禦之戰敗，兵降過半，求援於安昌王恭櫆、肯堂，上章待罪，請迎王自贖。王許之，手敕名振、朝先、進令毋内自殘，語極温，名振亦陽許之。而朝先等憾斌卿甚，會瑋、玖背約出洋，進疑斌卿逃，逕登其坐船。斌卿奉敕感泣，設香案，方朝服西向跽聽，聞變，捧諭曰：「主上有旨，誰敢爾！」言未畢，朝先旗鼓尹明突斫傷斌卿，進數其罪殺之。王心傷之不言。後名振殺朝先，哭祭厚葬斌卿，命兵將送其家口歸閩。斌卿五子：世爵，遼王儀賓。世勳，娶總兵盧甲女。少子聘名振女，舟山亡火死。其他二子不知所終。長女年十七，當名振搆隙，預治布囊二，實金其中，令至重，斌卿死，女與妹繫身自沈死。將壽、世勳、顧乃德、余國泰歸王，乃德挂武原將軍印；瑋、玖入閩降清。斌卿好經史諸子百氏，夜張燈讀書，漏深乃就寢，雞鳴起治軍，以爲嘗。馭下有恩惠，能得士心。其死也，人皆惜之。永曆時，故將楊茂遠疏訟冤，卒於安龍，斌卿得贈肅國公，謚忠襄。

宗道，字藎卿；弟宗倫，字丙生，嵩江華亭人。與邑人狄舍郎自舟山歸青村，奉都督同知陸士瑋假史可法示，諭吴江、孝豐、餘姚、蘇、嵩、湖兵協力會南京。事洩，參將蕭華亡，宗道、宗倫、舍郎、士瑋、滿及參遊守宋香、裴二、李寶、陳禄、鍾慶、顧四、犬大、陸三、何壽、張寶、張觀、沈長、張玉、沈玄、徐瑞、裴禄、蔣龍、閔邇造、朱雲、張譽、連忠、金以聲、楊俸、史白原、田一章、李廣進、張奉皆執死。

同時陳仲達，字升之，崑山人。扈從紹宗，以參贊分守瞿山，上陳數事。福京亡，歸隱滿南。卒年八十三。

賀君堯，字淳宇，丹陽人。安宗立，以温州副總兵勤王，至鎮江歸。隆武時，遷都督同知總兵，鎮守浙東屯田，挂忠威將軍印，加太子太傅，封忠威伯，命鎮守潮、漳，總制閩、廣。未行，與劉孔昭、胡來貢、姚永昌留温州。會部下毆諸生，顧錫疇欲疏之，君堯殺錫疇。福京亡，鄭芝龍劫衆欲降清。君堯與張肯堂力諫，涕泗交頤，芝龍不聽。温州陷，與盧若騰屯鎮下關。清兵至，兵散，故標將周鶴芝迎至海壇，沙埕人歐興爲招洋船五十餘。永曆元年，從肯堂至玉環，興收海稅萬金。君堯怒，籍興舟，挾重資至舟山。興潛告黄斌卿，遣王大用、陸瑋、林龍僞迎之，於六月二日，殺之中途。二子光禧、光祚，勇而文，皆歿，全家死者百口。

贊曰：人主聞鼙鼓之響，則思將帥之臣。何則？夷難平暴，折衝禦侮，爲國之所仗也。之藩、上琛、國政、祖烈、起龍、漢良、震虜、祥昌、體中、振遠、偉、天駟、觀鵬、大壯、蜚、志葵、承祖、容，皆紹宗能羆之士，不貳心之臣也。應元、恩選、之驤、柏、榮、國華、爾韶、任之、明、報國、賡，雖起倉卒，其功有可録者焉。守法等建義關右，擬之魏勝、李寶，亦復何愧。惟記載佚而不言，言而不詳，不得如東南浙、閩詳哉乎言之，文獻無徵，終歸泯滅。惜哉！斌卿受命福京，開鎮海外，妄冀自保，志實無他，顧魯臣以爲畔逆，過矣。君堯斗筲，何足齒也。

南明史卷五十

列傳第二十六

無錫錢海岳撰

瞿式耜　子玄錫　玄錥等　孫昌文等　劉大壯　林應昌　黄太玄　邵之騂　藍亭　顧成　李樹琪　倪秉秀　徐高　戚良勳　汪皡　吴景曾　林銓　楊藝　姚端　陳璧　莊應琚等　魏光庭　程錦里　謝邦任　譚雅　何雲　劉人相　趙延年等　曾士揚　王之梅　方光璇

嚴起恒　劉堯珍　吴霖　張載述等　吴晋　杭思齊

瞿式耜，字起田，常熟人。禮部尚書景淳孫。父汝説，湖西參議，嘗抗内竪，知名當世。式耜，萬曆四十四年進士，授永豐知縣，有政績。調江陵，永豐民乞留，命再任，以憂歸。崇禎元年，遷户科給事中，陳七事，言：「起廢宜覈，升遷宜漸，會推宜慎，謚典宜嚴，刑章宜飭，論人宜審，附璫者宜區别。」又論：「館選奔競之弊，乞臨軒親試。比定逆案，請發紅本，準其情罪輕重。」又疏頌楊漣、魏大中、周順昌之精忠，請賜謚。上皆嘉納。已以會推閣臣，坐錢謙益黨貶謫。又嘗頌胡平表破寇功，平表以不謹敗，坐薦舉不實，廢於家。未幾，謙益爲奸民張漢儒所訐，併逮式耜下獄。謙益削籍，式耜得贖徒，久之復官。

安宗立，起應天府丞，尋以僉都御史代方震孺巡撫廣西。明年夏，行抵梧州，而南京已陷。隆武初，靖江王亨嘉不拜登極詔，自稱監國，授式耜刑部尚書，舉兵將東。式耜移書責之曰：「兩京繼覆，大統懸於一髮，豪傑睥睨逐鹿，閩詔既頒，何可興難，爲漁人利。」又移書丁魁楚爲之備，而陰檄陳邦傅防梧，止狼兵勿應亨嘉調。亨嘉再遣井濟促式耜入桂林，弗應。亨嘉至梧，謁者促式耜入朝。式耜曰：「王也而朝，禮也。」謁者曰：「易朝服。」式耜曰：「王烏用朝服，以嘗服，禮也。」一日，迓式耜語，挾登小舟，指揮曹升持刀加頸，索敕印，曳過數舟，數仆數起。坐稍定，曰：「敕印可刀求耶？我開府重臣，若欲爲帝，曾盧陸之漁户不若矣。」亨嘉既不獲敕印，而魁楚兵且至，乃挾式耜上桂林，塞其艙竇，不令見人，至則閉之王邸。式耜日凝坐不語，進之食，亦不食。

初，式耜以紹宗之立非叙，未勸進。妻邵在幽所，日夜哭，因遣家人周文齎疏間詣福京，賀登極并乞師，且陳亨嘉有必敗狀，上大喜。會邦傅進討，亨嘉與戰而敗，返桂林，餽式耜衣食，瞑目不應，乃送式耜劉仙巖，而以王符調狼兵，不赴。邦傅攻之急，復迓式耜入，返其敕印。焦璉爲亨嘉黨楊國威旗鼓，密輸款於式耜，夜縋城入邦傅營，合謀禽亨嘉并黨從，檻致福京。論功，擢兵部左侍郎、副都御史，協理戎政。式耜曰：「國家禍變，搆難同室，臣子奚以功爲？」固辭不許，尋命晏日曙來代，乃僦居肇慶。汀州變聞，與魁楚、吕大器、王化澄、李永茂奉昭宗監國，拜吏部右侍郎、東閣大學士，掌銓事。首疏言：「草昧之初，宜養聖德，修紀綱，慎號令，挽人心，布威武，起用人望，招徠賢俊，爲急務。」頃之，忠誠報至，魁楚、王坤將奉上幸梧州。式耜謂：「今日之立，爲祖宗雪仇恥，宜奮勇以號召遠近，外棄門户，内釁蕭牆，國何以立。」不聽，已聞唐王聿鐭建號廣州，魁楚謂不定大位，無以厭人心，乃從式耜議，奉上還肇慶即位，晋禮部尚書、文淵閣。

時東粵爭撓，國勢日蹙，朝列孤另，式耜請召用清望舊臣，趣赴行在。坤弄權恣肆，林佳鼎敗歿，中旨以化澄代督師。式耜奏中旨非興朝舉動。永茂疏薦兩京十三省人望，坤乙之，永茂怫然去位。式耜言：「大臣論薦固其職，司禮輒去取其間，何以服御史，何以安大臣！」坤又疏薦兩朝人望數十人。式耜言司禮抑人固不可，薦人更不可。劉鼒亦疏論内臣薦人之非。上怒，奪鼒官，式耜力爭之。言雖不盡聽納，然上叵重之。十二月，與監軍副使柴汝楨督師峽口，李成棟以清兵陷廣州，上幸梧州。式耜夜掉小舟跪曳上袖，涕泣留駕曰：「我兵水陸鳧至，三水可上下搤也。」上不能用，請留守肇慶，亦不許。部署五日，始追扈抵梧，而駕西行又五日矣。至平樂，魁楚、化澄皆棄上去，左右惟式耜一人。會張家玉、陳邦彥合師攻廣州，成棟還救，乘輿得安抵桂林。式耜諭諸鎮曰：「粵西居山川上遊，敵不得仰面攻明矣。兵士雲屯湖南北，南寧、太平出滇，柳州、慶遠通黔，左、右江四十五峒土狼標勇，讋國家威惠，三百年悉受銜縻，足資內備。又特薦王錫衮、文安之參大政，周堪賡、郭都賢堪六卿，何騰蛟應重其事權，總制七省。時朝廷新創，式耜肅殿陛，敕守禦，抑權奄，招豪傑，倉卒布畫，皆有體要，兵氣再振，行朝始尊。

永曆元年二月，梧、潯、平樂相繼陷，坤勸上入楚，式耜見上泣曰：「半年之內，三四播遷，兵民無不惶惑，上留則粵留，上去則粵亦去。今日之勢，我進一步，虜亦進一步；我退速一日，虜來亦速一日。故楚不可遽往，粵不可輕棄。今日勿遽往，則往也易；輕棄，則入也難。且海內幅員，止此一隅。以全盛視粵西，則一隅似小；就西粵恢中原，則一隅甚大。若棄而不守，愚者亦知拱手送矣。」不聽，則請留蹕全州，以扼楚、粵之中，內外兼顧。已而警報狎至，上趣式耜治任，謝曰：「君以仁，臣以義。臣奉命守土，當與此土共存亡。」於是從官皆行，加式耜吏兵二部、武英殿，賜尚方劍便宜行事，留守桂林，一切兵馬錢糧悉聽調度。乃與職方主事劉大壯，通判鄭國藩，縣丞李世榮、都司林應昌、李當瑞、沈煌、朱邦芑入城。三月十一日，清兵從平樂長驅，式耜檄召瑭黃沙鎮。方遣人運糧太墟，而清兵合陽朔之衆，與舉人黎獻號召之瑶土人數萬猝至。一卒倉皇奔報，氣急舌結，手東西指。式耜笑曰：「虜至耶，何張皇若是！」俄數十騎乘虚突文昌門，登樓瞰留守署，矢集綸巾。式耜叱曰：「何敢爾。」呼璉。璉引騎兵開門出，直貫清營，追奔二十里，誅通敵參將王天爵。四月，清巡撫耿獻忠書來誘降，焚書斬使。上在奉天，命中書舍人劉肇昌、王毅之迭敕召，再疏辭。先劉承胤扈駕全州，聞桂林急，亦遣兵三千來援，兵譁索餉，式耜搜庫藏、捐橐金與之；不足，妻邵則又捐簪珥數百金與之，譁如故。素與璉兵主客不和，乃交鬨，掠市而去。式耜檄誅二十餘人，劾承胤馭兵無狀。五月二十五日，清兵偵城中兵變，猝薄城。式耜、璉分門嬰守，身立矢石中，用西洋大礮擊斃騎兵數百。大雨，清兵稍卻。璉開城出戰，自辰至午，不及飯，式耜括署中米蒸飯，親出分哺，將士益用命。明日復戰，清兵北，式耜先令副總兵馬之驥隔江發大礮，助聲勢。清兵間從栗木嶺來者，之驥疾馳，運槊提鞬，連斬三人，遂大潰。恭順王孔有德望虞山樹木，疑爲金甲天神。式耜因草檄傳諭中外，布告楚、蜀勳鎮，中外感動，其後江西、廣東遂以反正云。論全桂功，封臨桂伯。

副總兵王國善、總督勇衛營都督同知總兵張肅先後齎敕至，式耜疏辭曰：「本朝文臣封拜，自王威寧、王新建外，指不多屈。或憐臣死守孤城，破格以行鼓勵，其如貽笑四方何？」不許。時承胤劫駕如奉天，式耜疏請近蹕不得，則請告曰：「自二月十五日移蹕之後，以迄五月二十九日，凡百有六日矣。此百六日中，遇虜者二，遇兵變者一，皆極危殆，萬死而無一生之望者。總辦一死字，亦遂不生恐怖，不起愁煩。惟是臣之病，不徒在身而在心，不徒在形而在神。身與形之病，可療也；心與神之病，不可醫也。臣所依恃者皇上，皇上駐全，猶有見天之日，今幸奉天，臣復何望乎！」並劾邦傳棄梧、潯、平罪，已璉、之驥合副總兵熊飛復陽朔、平樂，邦傳復潯州、梧州。梧州，興陵之所在也。式耜言粵西全定，請昭告陵寢，還蹕桂林。上制於承胤，不能從也。清兵逼奉天，上幸靖州，式耜遣人間道齎疏，請繇古泥還象州，入桂林，極言：「不可他移一步。黔、滇地荒勢隔，忠義心涣，三百年之土地，僅存粵西一綫，返蹕收復，號召聯絡。粵師出粵以恢江、贛，楚師出楚，以恢武、荆。且粵西山川形勝，兵力人情，俱有可恃。」已聞駕幸柳，乃增將吏，備餱糧車馬，復疏請還蹕。上諭曰：「西陲朕根本地，先生竭力守此，待朕駐蹕，使朕不至顛沛，異日國家再造，先生功實多。」時湖南盡陷，郝永忠、盧鼎各以所部入桂林，式耜加禮撫慰。又與騰蛟、嚴起恒、劉湘客議分地給諸將，俾各自爲守。適騰蛟有全州之捷，式耜乃疏言：「柳州瑶、僮雜處，地瘠民貧，不可久駐。慶遠壤鄰黔、粵，南寧地逼交夷，不可遠幸。邇來將士瞻雲望日，以桂林爲杓樞；道路臣僚，疲趼重繭，以桂林爲會極；江楚民情，以桂林爲拯救之聲援。騰蛟、永忠、鼎、璉分防住汛，恢復可望。」會清兵逼梧州，上欲自象州幸南寧，中途爲亂兵所阻，遂與馬吉翔返桂林。式耜郊迎，上念式耜功高賞薄，慰勞備至。進見，上殿賜坐，以比諸葛武侯、裴晉公。

先是龐天壽奉敕催兵，久在桂林。坤既被承胤逐，復入自奉天。上之幸柳幸象，票擬皆出吉翔手。式耜勸上攬大權，明賞罰，親正人，聞正言。五鼓肅衣冠而起，黎明入閣，夜分始歸。視上動靜，上不食，不敢先食，猶孝子之事嚴親。各路奏使，計道里遠近，給口糧。遠方蠟表月數至，而諸將不相能，上命騰蛟督師，璉走平樂，永忠壁興安不顧，式耜以不能戢和動鎮，深自咎責。

二年二月二十二日，永忠拒清兵靈川敗績，奔還桂林大掠，左右近臣勸上幸南寧。式耜曰：「不可，督師警報未至，營夜驚，無大恐。二百里外風塵，遽使至尊露處耶？播遷無寧日，國勢愈弱，兵氣愈不振，民心皇皇，復何依？候督師歸，天威咫尺，激厲將士，背城借一，勝敗未可知。若以走爲上策，桂危，柳不危乎？今日至桂，明日不可至南、太乎？」反復千言。上曰：「卿不過欲朕殉社稷耳！」式耜泣下。起恒曰：「明晨再議。」五鼓，式耜進御用銀三百兩，而乘輿已發矣。

先是璉遣人謂式耜曰：「强敵外逼，奸宄内訌，勢不能兩全。願移師至桂，保公出城。俟永忠乏食，統兵四面擊之，其衆可盡。然後以全爲保障，以梧爲門户，協力守之，乃可萬全。」式耜以治兵相攻，恐傷百姓，且虞虜騎擣虛，不聽。至是趨出送駕，永忠以兵遮之，不得行，掠署中冠服圖書咸盡。家人以騰蛟令箭送眷屬出城，式耜裸坐署中，持令箭者逼之登舟，永忠乃縱火大掠，捶殺黄太玄。日中，滇營兵亦自靈川入，烟火高於樓櫓。式耜舟泊城外三里之樟木港，劉遠生、湘客、丁時魁、萬六吉皆至，謂兵變薄遽，請下平朔，催璉兵入援，檄遠近毋内恐，紳士毋驚疑薙髮。命蔡之俊、邵之驊、藍亭，錦衣僉事顧成、周文入城息烟火，收倉儲，毋爲亂人所盜。式耜從之。舟至豆豉井，入民舍草檄分發。明日，以小舟入城，騰蛟亦被召入援。璉自平樂至，周金湯、熊兆佐、胡一青先後至，軍勢復振。清鄭王濟爾哈朗聞城中亂，三月二十二日，以數萬衆抵北門。騰蛟率諸軍力戰，大破之。當是時，金聲桓、成棟皆反正，清兵北遁，桂林少安。然兵火之後，監司府縣俱散，式耜撫循收拾，疏達行在，候天子三宫起居。上聞式耜尚在，大喜，遣御營總兵徐文奎齎璽書旌美，賜「精忠貫日」金章。式耜爲相，持大體，雖際喪亂，動引古義，如立治朝，多所匡正。念南寧蠻鄉，不可久蹕，爲上清蹕道。嘗曰：「臣與皇上患難相隨，休戚與共，原不同於諸臣，一切大政，自當與聞。朝議可否，衆指所歸，本亂而求治者，未之有也。」

當奉天之亂，言官彈周鼎瀚以附承胤入直，式耜司票擬曰：「王沂公云『進賢退不肖皆有體』，鼎瀚大臣，聽自謝免。」已而鼎瀚擅假，式耜曰：「不謝免而擅假，毋乃不可乎！」疏論之。邦傅父子恃迎駕功，請世守廣西。力駁之曰：「海宇剥削，止粤西一隅，爲聖蹕之地。滇、楚數萬之師，聚食一省，輒曰獨擁，豈老臣所知哉。」又以經筵不御，無繇聞得失，手書八箴於箑進之，檄諸將乘機進取，勞師全州。時成棟遣官迎駕，式耜慮其挾駕自專，疏曰：「興陵兩載陷虜塵，成棟令地方官作葺陵殿，巍然天壽。彼數年想見天子漢官，一旦奮不顧身，移山超海之力，爲興漢滅胡之舉，更非有所疑也。但事權號令，宜歸於一。茲軍中爵賞署置，若歸於朝廷，則事權中擾，閫外不能專制；不歸朝廷，則徒虚拱。且楚、黔雄師百萬，騰蛟翹首威靈，如望雲霓，聖駕既東，軍中將帥謂皇上樂新復之土，成棟亦有邀駕之嫌。號令既遠，人心涣散。請上一見東諸侯，俾共瞻天顔，慰勞指麾。然後責其盡意於東，剋期出師，一切決於外，不中擾也。」三疏。令之俊、蒙正發、宗室盛瀠先後迎駕曰：「前日粤東未復，宜駐桂以扼楚，今日江、廣反正，則宜駐桂以圖出楚，事機所在，毫釐千里。」上意未決，吴貞毓力言成棟忠誠，乃決計幸粤東。八月朔，上還肇慶，成棟執政，疏言：「式耜擁戴元臣，應召還綸扉，以資啟沃。」上手詔命都督同知王家瑞，錦衣都指揮使徐起鴻，司禮監楊起明，賫昇迭促之。式耜念身在西省則東朝重，且時事遽難逆覩，安危在外不在内，辭不赴，乃留守如故。九月，騰蛟復永、衡，余鵾起復寶慶，式耜疏言：「天下大勢，在楚不在粤，粤東三面險阻，易入難出。臣不敢爭者，以成棟一片血忱，方倚爲江右聲援，阻其望幸之心，何以勸忠。今永、衡恢復，粵西之背愈厚，而江圍未解，粵東之齒尚寒，皇上宜去危就安，俾成棟無内顧之憂，得畢力圖忠誠，楚師得萬乘親臨，亦勇氣十倍矣。」疏上未報，而堵胤錫與馬進忠不協，湖南州縣復陷。

三年正月，騰蛟、成棟、聲桓相繼敗歿，以式耜代騰蛟督川、湖、滇、廣師，賜彤弓鐵鉞，永、寶、鄂、岳上下三軍之在行間者，生殺予奪惟命。辭不獲。乃戒期誓衆，建元帥旗鼓，申號令，凡一才一藝之士，皆收羅幕府。嘗曰：「人才凋零殆盡，苟間關而至者，非懷忠抱義之人，亦亂世取功名之士。人之精神歲月，不用之於正，則用之於邪，安可驅爲虜用。」故人咸以桂林爲稷下。一青、趙應選、王永祚以騰蛟死，率所部來依，遣使郊迎，請封三人爲侯伯，分守全州、永寧。魯可藻自署銜稱總督兩廣，奏駁越職非體。疏請以吴其靁爲監軍，馬光撫治全、永、寶、武，張同敞總督各路恢剿兵馬，毛壽登督理進忠、王進才二路軍務。又劾巡按辜延泰。復致書邦傅，曉以禍福。並詳核功罪，以服一軍之心。七月，永寧陷，一青退守榕江，式耜檄應選出全州，顧無所取餉。九月，命中官秦宗文招降將馬蛟麟，得書報命。進忠復奉疏請以萬年策總督滇、黔、楚、粵軍務。十月，司禮監沈嘉熙以御前萬金來犒師。復天，疏請以御史藍亭巡按衡、永、長、寶；李樹琪監黎、靖軍，規辰、沅；倪秉秀監奉天軍，復寶慶；程源經理黔、蜀；族人共美聯絡閩、浙。十二月十二日，永祚敗績於永州，軍資盡散。式耜聞之，頓足曰：「蓄稅兩年，一朝崩潰，豈天果不祚明耶！」是時疆事大壞，而朝端吳、楚黨局，鬨如水火。

四年正月，南雄陷，惡李元胤者請上幸梧州。式耜疏曰：「粵東水多於山，良騎不能野合，自成棟反正，始有寧宇，財賦繁盛，十倍粵西，材官兵士，南北相雜，內可自強，外可備敵。且肇慶去韶千里，强弩乘城，堅營固守，亦可待勤王兵四至。傳曰：『我能往，寇亦能往。』以天下之大，止存一隅，退寸失寸，退尺失尺。今乃朝聞警而夕登舟，將退至何地耶？」疏再上，而上已移德慶，抵梧州境矣。再命總兵徐高以三千人迎駕幸桂，不報。上命行人龔之鳳敦入直，辭。有德至衡州，使至招降，式耜斬使焚書。邦傅矯詔封孫可望事發，特疏劾胡執恭賣國大奸，私通寇敵，請付西市，以正悖逆之罪。尋金堡等下獄，嚴鞫追贓。式耜言中興之初，宜保元氣，勿濫刑。詔獄追贓，乃熹廟時魏忠賢鍛鍊楊、左事，何可祖而行之？上頒敕布諸人罪狀，式耜封還曰：「法者，天下之公也，不可以蜚語飲章，横加考察，開天下之疑。」疏凡七上，不聽。貞毓、吉翔、邦傅合疏式耜力救五虎諸臣，宜誅以示大逆之戒。政府恚式耜甚，一切兵馬錢糧用人行政多掣肘，封事多沈閣，桂林屬錢糧割奉滇營，止臨桂、靈川二邑供提調，式耜力益詘。四月，加左柱國、太保、建極殿。邦傅嗔高必正不附，襲其老營。式耜檄邦傅，諭以和好，發滇營總兵趙鍾、劉崇貴出鎮柳、慶。七月，監軍僉事秦超恨式耜不爲題升，陰通黨局，諭進忠、進才入粵取餉，幾激變。式耜命進忠屯瓜里、西延。九月，進忠、曹志建諸軍敗績。應選、一青託分餉自全州入桂，璉營平樂，猝召之不能至。十一月四日，有德合巽王常阿岱，饒餘王阿巴泰，順承王勒爾錦，貝子務達海、雒託，鎮國公屯齊、輔國公賴慕布，都統線國安、馬雄兵大舉入嚴關，式耜飛檄應選爲戰守計，則盡室跳。永祚降，一青、楊國棟、蒲纓、馬養麟等兵潰皆走，鳴鏑聲繞城。式耜知事不可爲，衣冠危坐府中，戚良勳操二騎至，跽而請曰：「公爲元老，係國安危，身出危城，尚可號召諸勳，再圖恢復。」式耜曰：「四年忍死留守，其義謂何？我爲大臣，不能禦敵，以至於此。更何面目見皇上、提調諸勳乎！人誰不死，但願死得光明耳！」家人泣請曰：「次公子自海上來，一二日即至。」乞忍死須臾，一面決也。蓋式耜次子元錥間行入粵，時已至永安州矣。式耜揮家人出曰：「毋亂我心，我重負天子，尚念及兒女耶！」俄同敞自靈川回，入見曰：「事急矣，將奈何？」曰：「今日是式耜死日，但陷封疆負國，死悔恨耳？子無留守責，曷去諸。」同敞曰：「死則同死耳。」乃呼酒對飲，四顧茫然，惟一老兵不去。式耜以敕印付高曰：「完歸皇上，勿爲虜所得也。」是夜雨不止，城中寂無聲，兩人張燈相向。黎明，有數騎腰刀挾弓矢入，式耜曰：「吾兩人待死久矣。」偕之出見有德。有德踞地坐，舉手曰：「誰爲瞿閣部先生。」式耜曰：「我是也。」顧曰：「坐。」式耜曰：「我不慣胡坐，城陷求一死耳。」有德曰：「某年二十起兵海上，數年之間南面稱孤。後爲清將，賜號稱王，推食解衣，任以南事，富貴如此。公今日降，明日亦然矣。語曰：『識時務者爲俊傑。』清自甲申入中國，五年之間南北一統。近觀南京既破，弘光不終；隆武據閩，事皆無濟。天時人事，意可知已。公守一城，撼天下，數年於茲，屢挫强兵，能已暴於人口。今日國既破矣，君已亡矣，尚復誰爲乎？某大聖人之後，聖人固嘗許人以權矣。昔者微子去紂，管仲仕桓，後竟受封於宋，稱伯於齊，聖人嘗稱爲仁人。公讀書明理，豈其昧諸？若能轉禍爲福，建立非常，以事明者事清，毋憂富貴。空以身膏草野，誰復知之？」式耜整襟折之曰：「爾在本朝，身列戎行，官已不小，進既不能橫屍廟門，退亦不能黄冠歸里，遵養時晦，尚得以俊傑時務欺天下男子耶！昔少康一成一旅恢復，光武十八年中興，天時人事未可知也。本閣部智薄能鮮，受累朝大德，位三公，兼侯伯，嘗願殫精竭力掃清中原。今大志不就，自痛負國，刀鋸鼎鑊，百死莫贖，尚蒙恥於腥羶中逐臭耶！且爾自託大聖人之後，聖人之家法，爾知之乎？孔子作春秋，嚴亂賊之誅，謹夷夏之防。爾爲丈夫，不惜屈身北虜，甘爲鷹犬，虔劉我國家，殺戮我人民，所謂亂臣賊子人得而誅。凡若所爲，侮辱先聖至矣，罪該萬死，尚得以微子、管仲來相勸勉耶？爾休矣，毋多言。」有德知不可屈，愈欲降之，館二人於別所，供帳飲食如上賓。有臬司王三元、蒼梧道彭爌，皆式耜里人。有德使説曰：「國家興亡，何代無之。人生若朝露耳，長，我不爲也。」式耜曰：「僧者，降臣之別名。髮短命何自苦如此！公既不屈，可且薙髮爲僧，自當了悟。」式耜曰：「僧者，降臣之別名。髮短命長，我不爲也。且佛即聖人，聖人人倫之至也，未識人倫，何謂了悟！」二人愧沮，不復敢言。兩人日賦詩，求死不獲。式耜謂同敞曰：「偷生未決，爲蘇武耶？李陵耶？人其謂我何！」乃草遺表，命老兵齎赴行在，勸上暫寬聖慮，以留一絲之緒，并持檄諭璉曰：「城中滿兵無幾，若勁旅直入，有德之頭可立致。中興大計，毋以我爲念。」桂平副使魏元翼以墨爲式耜所劾，至是降，布邏卒，獲其表檄獻有德。有德震恐。閏十一月十七日，有數騎至繫所，請式耜出，曰：「已知之，乞少緩，待我完絶命詞。」援筆書就，肅衣冠南向拜訖，步出門。行至獨秀巖，曰：「吾生平愛山水，願死於此。」遂大呼皇上者一，與同敞並遇害，年六十一。桂林不見雪者十五年矣，是日晴晝，雪花如掌，空中迅雷擊操刀者碎其首，有德股弁，桂人哀號載道。事聞，上慟哭失聲，輟朝三日，贈太師、中極殿、粤國公，再贈始安王，謚文忠。同死者光禄卿汪皡、旗鼓總兵陳希賢、錦衣衛楊芳齡、幕客陳科、家人陳祥及文武四百七十三人。武選郎中吴景曾督昭潭塘，隱瑶山，後之行在奉使。儀制郎中林銓不受清袍帶走。主客郎中楊藝衰經跣足哭有德門，請殮式耜屍。有德嘆曰：「有客若此，不愧忠良矣。」許之。藝撫屍曰：「忠魂儼在，知某等殮公乎？」忽張目左右視，復撫之曰：「次公子來見耶？長公失所耶？」目猶視。門下士姚端叩首曰：「我知師心矣。天子已幸南寧，師徒雲集，焦公無恙。」目始瞑。遂具衣冠渴葬風洞山麓，端與宜興僧清凝廬墓不去。先是，式耜知桂林不守，遣其孫中書舍人昌文詣梧州陳狀，辭世爵，上擢簡討，賜式耜黄鉞龍旌，節制公侯伯大小文武，甫撰敕文而東西省垣及思恩、慶遠齊陷，昌文與可藻、宗室由林走山中，畔將旗鼓王陳策挾至梧州，方以智時爲僧大雄寺，言於蛟麟曰：「瞿閣部精忠，今古無兩，其長孫來，汝以德綏之，義聲重於天下矣。」蛟麟厚遇之，元翼恨不已，搆昌文於有德，將甘心焉。一日，聞鐵索鏗然繞室，元翼伏地請罪，忽吳語曰：「汝不忠不孝，乃欲殺我孫耶！」七竅流血死。有德聞而大駭，爲雙忠神位，祀式耜、同敞，因厚禮昌文，還式耜柩葬之。後李定國圍桂林，城中人見式耜、同敞擁騶從並馬入有德所。俄頃，有德自焚死。

式耜子玄錫，字伯申。崇禎十五年舉於鄉，任錦衣都指揮同知，累遷兵科給事中、尚寶卿，督理南直恢剿軍務，家居。

玄鎖，字生甫。諸生。任錦衣指揮同知，歷尚寶丞。死永安。玄鏡任錦衣，桂林亡，棲瑶峒，事平歸。

昌文，字壽明，玄錫子。自永曆二年十二月，與勳官錢廷纘、錢雲離家，三年六月至桂林。定國入桂林，相見論中興大計、東南恢剿機宜，欲任以廣西方面官，力辭。卒歸葬式耜嘗熟。昌武在家，以哭祖死。

大壯，不知何許人。從邦彥齎敕諭蘇觀生，累擢副都御史。

應昌，順天人。式耜中軍。與輔標陳策、督標馬胤昌、喬汝遷、之驥、范應鑾、李春首十萬衆，布列演武場，寂若無人，挂平夷將軍印。

太玄，字天倖，莆田人。天啟五年進士。授中書舍人，典試陝西。遷户部主事，督餉江北。以文選郎中出爲廣西副使、左布政使，擢太嘗卿。

之驊，字國良，餘姚人。崇禎三年舉於鄉，授信陽知州。以拒寇功，調永寧，結合瑶、僮，陞桂林僉事副使。

亭，廬陵人。太學生。有智略。授黎平推官，從章曠力戰岳州，調監紀，後監應選、永祚、纓軍。

成，不知何許人。式耜家人。文死後，累擢錦衣指揮僉事。凡求官者稱門生，監司中不及門者一二人而已。金珠珍玩，充溢其家。式耜初晋一品，成奉玉帶上壽，爲真白璧，後獻之上賜永忠者也。昌文數其罪，縊殺之。

樹琪，黎平人。崇禎十二年舉於鄉。永州推官、廣西道御史。

東秀，黎平人。崇禎九年舉於鄉，歷崇仁知縣、茶陵知州。

高，不知何許人。廣西撫標將。式耜察其忠實，厚撫之。亨嘉將反，式耜僞令輸誠，詗動靜，高幼子因得出入府中。已式耜被幽，藉進饘粥。後授都督同知總兵，用連珠礮破清兵桂林。調中軍，挂制勝將軍印，爲式耜賫敕印，行至陽朔山中被執，歸與式耜同死。

良勷，不知何許人。路振飛將。累官都督同知、總兵，挂致遠將軍印。後入山終。

皞，字子白，歙縣人。副貢。授監紀職方主事。上在奉天，式耜命之迎駕，後罷居昭平，投水死。

景曾，不知何許人。清標矯時。初入桂林，疏陳分派各勷認汛戰守之人地機宜，瞭如指掌。天變應詔上書，規切同朝。

銓，字六長，閩縣人。劉宗周卻掃謝客，士不得款門，顧好銓。崇禎八年，客潛山僧寺，督僧破寇。隆武二年舉天興鄉試，昭宗授吏部司務。後居嘗熟小蘭若，編荊爲門，蕭然安之。

藝，字碩父，吴江人。以諸生從式耜。歷主客主事、祠祭員外郎。收希賢、科骨歸隱。卒年七十九。

端，字以式，仁和人。奇胤子。隆武二年舉天興鄉試。以待詔管誥敕，累遷兵部主事、僉都御史，監進忠、進才軍。後死柳州。

同時陳璧，字崑良，嘗熟人。諸生。兵部司務。安宗立，上二十疏，陳救時八策，督浙餉，調周鶴芝兵。後與子猷從式耜，累官職方郎中歸。永曆四年八月，起太嘗少卿，再泛海至桂林。上南直浙閩恢勦方略，擢僉都御史，總督浙江軍務，恢勦閩、直，未行而桂林亡。

莊應琚，字行素，江陰人。從式耜桂林。歷刑部主事、户部員外郎，贊畫軍前。迭疏請辭官，葬式耜，建專祠。子一舉，督標參將。

魏光庭，字燦甫，高淳人。諸生。親歿廬墓，後從式耜。累官御史、職方郎中，調户部催糧高、雷。上再幸南寧，主幸欽州依元胤。卒於廣西。

程錦里，吉安永豐人。錦衣都督僉事。

謝邦任，陸川人。以軍功授廣西衛戍營遊擊。桂林陷，皆死難。

譚雅，字岑止，茶陵人。從式耜軍。國亡不屈。

何雲，字士龍，嘗熟人。能古文。謙益下獄，草索相從。後依式耜桂林，歷十五年乃歸。

劉人相，旌德人。崇禎十五年武舉。

趙延年，字秋屋；顧乾初，字乳夫，皆嘗熟人。三人送昌文入粵。人相授督標總兵，延年授太嘗典簿，流離死。

曾士揚，字汝薦，蒼梧人。天啟四年舉於鄉。方正篤誠。昌文依之。

又式耜幕下監軍副使王之梅，職方郎中林嚴、方光琁。之梅，字雪棱，郴州人。歲貢。亨嘉客。監軍御史，佐式耜帷幄功多。式耜疏薦光禄少卿，依陳曾禹南寧拷餉。晏清疏薦僉都御史，巡撫柳、廣，爲朱士鯤劾罷。後入有德幕。

光琁，不知何許人。都察院經歷，累擢監軍，募兵二百，合土僮復恭城，斬令。永曆元年六月夜，爲畔人所襲，投水死。

嚴起恒，字震生，紹興山陰人。崇禎四年進士，授刑部主事。歷員外郎。出爲廣州知府，餽遺卻絕。有自粵西載乳石峯如玉筍者三以獻，起恒列階前，署堂曰「留石」，及遷官留之，清節大著。轉上湖南僉事，廣州民感其惠，閉城不使去，上官慰諭乃得行。張獻忠入湖南，吏民悉竄，起恒獨堅守，諭門吏鼓吹如嘗，民恃以安。

弘光元年，移衡永郴桂參議。左良玉東下，何騰蛟脱歸長沙，大集僚佐，起恒與盟，主措餉。時軍食不給，創徵義餉，起恒乃議鼓鑄以紓民困。隆武時，擢湖廣布政使、太僕卿，以户部右侍郎總督湖廣錢法，劉明遇佐之，會計精密，一錢不入私費。數月，得數百萬緡，輸騰蛟，請緩預征一年，困稍甦。仍以其餘修衡永城，立上公、熊羆二關，禁戢遊兵，復出錢二千緡，爲文場費，奏請開闈取士，湖南、北始復有絃誦聲。起恒清慎端和，不爲捭闔赫奕，而驕帥悍兵服其德望。郝永忠、盧鼎、黄朝宣、張先璧、曹志建恣行無所憚，捶擊監司，如其牙較，顧斂手守起恒約束，如部將。

昭宗即位，加左侍郎兼工部右侍郎督軍餉，駐白牙市。永州陷，依鄧承券全州。及幸奉天，陞尚書。永曆元年八月，拜禮兵二部尚書、東閣大學士，仍領錢法。上幸靖州，不及從，已知駐柳州，即間馳往。尋還蹕桂林，與瞿式耜同輔政，中外相慶。永忠兵變，上將出幸，起恒力勸宜鎮以安靜，如大駕輕出，恐桂林難保，事且不測，不聽。從幸柳州、南寧，制命票擬皆出其手。時承隆武之餘，詔旨繁蕪褻闒，旦此夕彼，莫知適從。起恒詳慎簡要，中外乃一所奉。陳邦傅驕怯，屢思犯車駕爲降清地，惟憚起恒不敢發。起恒密諭其腹心茅守憲、胡執恭漸移其意。三月，命兼吏部，賜「啟沃重臣」銀章。君臣資斧斷絕，起恒懸示通衢，廣爲開選；又有考貢之令。菜傭、屠夫、倡優、書役皆冠進賢冠，或無故而吉服衣錦，或卑末而用大藍翦羢韡。至章服補帶，或補鵝而帶銀，帶金而補雀，帶黑而角四雲大紅石藍。且有官不如其帶，品不稱其服，班序位次，稱呼禮貌，多未之嫻。文武錯佩，大小倒置，漫無等威，接臂脱肩，牛襟馬裾，新創朝廷，竟成墟市。擾攘二月，左、右兩江人無不稱官者，論者頗以是咎起恒。

會李成棟反正，式耜迎駕西北出楚，起恒請從之。王化澄等請東下，起恒爭不勝。上還肇慶，起恒、化澄、朱天麟同入直。李元胤入爲錦衣指揮使，專決朝政，袁彭年、劉湘客、丁時魁、金堡、蒙正發五人附之，人目五虎，國勢少振。四方觀望歆動求仕者滿輦下，爭持督撫劄委空銜求敕印，或幾内補，起恒雅意澄別，不愜所願，乃羣走緹帥馬吉翔，緣内豎夏國祥，往往得旨下部。起恒力持不可，則中旨下，化澄改票以行。未幾，化澄、天麟皆罷去，中外方一意倚起恒，居中制江、楚。而舊輔何吾騶、黄士俊入閣，吾騶旋亦罷，士俊居首輔，起恒次之。在位廉潔持平，四方勳鎮請封爵晋秩者，輦金帛香藥，賂行在閣部大僚，起恒峻拒，纖芥不納。與吉翔、龐天壽患難共事久，無所忤，起恒稍得行意。請上親政涖講，節國用，清封賞，以戎務任劉遠生，廷議付堡，整勵楚將，接應江西，慎恩紀，立威信，凡七八月間，内外仗以麤安，顧以裁抑恩倖，爲國祥、萬翺等所惎，五虎亦憾之，詆爲邪黨。

四年正月，南韶陷。警聞，翌日召對，諸臣已登舟，惟起恒、士俊在，鴻臚卿吴俊遠追百官還。上問備禦策，士俊無言，諸臣會議無策，起恒力請鎮靜。又翌日，召起恒、士俊、吉翔、元胤對内殿問計，起恒堅請車駕勿動。上曰：「且上水殿。」羣臣環請不宜輕動，面諭允留，叩頭起，詔閣草敕，徵調援兵。方吮毫間，上又就輦，起恒憤懣，力責天壽。及幸梧州，吴貞毓等合奏五虎之罪，下獄將置之法，起恒且力救之，至長跪御舟側，泣奏諫臣非今所宜譴，嚴刑非今所宜用，請貸堡等。貞毓等並惡之，乃請召化澄還。雷德復劾起恒，上奪德復官，化澄調旨，用「宋雷有鄰、鼎鐺有耳」語嘲激起恒。起恒力求罷斥，疏七上，上挽留至再，不得，放舟竟去平浪衛。會高必正、党守素入朝，貞毓欲藉以傾起恒，郊迎四十里，牛酒犒師，必正大悦。貞毓因言：「朝事壞於五虎，主之者嚴公也。公入見，請除君側奸，數言決矣。」錢秉鐙，起恒門生也，在坐笑曰：「五虎攻嚴公，嚴公乃力救五虎，此長者，奈何以爲奸？」必正悟，比入對水殿，力請召還起恒。上從之，加太師、文淵閣。起恒復相，諸鎮奏報使臣大書揭梧州城下，言「半壁存亡，惟嚴公一人不索錢，不滯軍機，何物德復，受逆賊賂，思加逐害，願與同死」。化澄懼，乃佯下起恒。尋文安之至，起恒讓爲首輔。時國事大壞，旁皇水殿，起恒志沮不行。四方鎮帥聞起恒摧抑不用，皆解體無鬬志。化澄又日夜搆，欲中以危法。客有勸起恒去者，起恒泫然曰：「吾留此即免禍，豈復能有所效。顧今日亦安往哉，非裴公午橋、文饒平泉時也。患難君臣，所相報者，惟一死耳。伏草間以求活，吾固不能。國一日不亡，吾一日不能舍上而去。死於奸，死於虜，惟天所命耳。」

十月朔日食，勸上修省。桂林陷，從幸南寧。初，孫可望請王封，起恒阻之，再使求真封，又阻之。可望大怒。五年二月，遣其將賀九儀至南寧，直登起恒舟，怒目攘臂，問王封是秦非秦。起恒曰：「君遠迎皇上，功甚偉，朝廷當有隆恩。若專問此事，是挾封，非迎皇上也。」九儀怒，遽揮銅椎擊中起恒腦，墮水死。兵科都給事中劉堯珍、兵科給事中吴霖、張載述、吳晉並遇害。堯珍以阻議，霖、載述以曾劾主秦封，而晉以與堡同官，可望欲殺堡而誤及者也。初，起恒在舟，望山色愛之，嘆曰：「滿目猙獰，願骸骨葬此。」既死三日，有漁者報江中有屍順流下，突一虎負之升崖，以爪掊土葬埋，守視不去。九儀往視，虎尚在旁，衆鳴金逐之，大吼徐去。就審，見起恒屍，驚悸下拜。有杭思齊者，禮而葬諸叢山之麓。事聞，上痛哭，賜御衾厚殮。起恒儀表魁梧，有隆萬盛世相臣風度，入閣四年，隨駕播遷，上屢欲加恩，固辭不受。南郊賜玉帶不服，以犀角帶終，署中無長物，故衣敝輿，食不兼味。與人言開誠盡辭，羣心悅服，至其不可，則未嘗以一字丐人恩澤，雖怨背不卹也。尤善理財，在肇慶，請上親征，立親征庫，不旬日得四萬金，精甲名馬盈數百，出入羣小間，内外交困，籌量撓沮。起恒遇害，國遂以亡。可望反，上思其忠，贈太保、武英殿，諡忠靖。

堯珍，字唐臣，鎮雄人。崇禎十三年進士。海鹽、仁和知縣致仕。楊展齎送赴闕，召遷兵科給事中，存問榮王嘗德、韓王平溪。疏言獻忠輦金銀瘞峨眉山普賢峯頂，請敕展發窖供國用。化澄以爲奇策，票旨行之。

霖，字東三，歙縣人。從金聲軍。自職方主事調禮部，知制誥，疏劾施召徵。

載述，字又彭，涇縣人。諸生。三上書史可法，論足食足兵之計，與趙瑋城守。兵敗謁福京，授瀘溪知縣。清兵至，以李光知縣事。貢生魏一柱縛光送鄭彩所磔之，與載述晝策守瀘，敗清兵密潭。已王得仁兵大至，載述走肇慶，值彭年用事，久不得官，心不平。國祥，鄉人也，知上厭彭年，屬載述伏闕疏其罪，遂擢今職。從父楠，字木公，諸生。孝友工詩文，載述死，杜門。

晉，字介茲，上元人。諸生。

思齊，宣化人。隆武元年舉於鄉，授推官。

贊曰：式耜忠信可涉險，智慮足濟難，興廢關氣數，勳烈炳人間，回天浴日，古之所謂社稷臣歟！當是時，與蠻獠雜處，搶攘窮荒，幾不暖席。名雖留守，身無見兵，徒以忠義激發二三羈縻强悍士，調停匡救，口瘏躬瘁。而政府動爲掣肘，不克遂仗鉞薙獮之業，餉匱援窮，力竭以殉，與史可法、黄道周靳駿矣。起恒正以律身，忠以事上，不爲利疚，不爲威怵，古之遺直。然其誠可格猛獸而不能化盗臣，可慨也夫！

南明史卷五十一

列傳第二十七

無錫錢海岳撰

李永茂 父大醇 子輔等 弟充茂 賀自鏡 金世任 汪起蛟等 李若星 子延爵等 吴炳 子惟垣 朱天麟 子宿垣 斗垣 弟天鳳等 王化澄 子奎光等 楊畏知 趙昱 子進忠 吴貞毓 子瑴戩 曹延生 胡正國 閻維紀 張鐫 徐極 林鍾 蔡縯 趙賡禹 蔣乾昌 李元開 周允吉 胡士瑞等 易士佳 任斗墟 朱東旦 林青陽 陳麟瑞 周官 劉議新 蔣御曦 古其品 晏清 子霱明 施召徵 楊在 鄧士廉 魏鴻謨 王祖望 鄧居詔 楊生芳 潘璜 齊應選 郭璘 張崇伯 黄瓊 閔知遇 楊可繼 王啟隆 王昇 王自京 龔勳 陳謙 吴承爵 安朝柱 任子信 張拱極 劉相宋宗宰 劉廣寅 丁調鼎 趙明望 李茂芳 楊宗華 姚文相等 鄭文遠等 羅大勇 姜承德等 向鼎忠等 常逢時 温如珍等 鄭文彩 高陞 李太 李勝等 劉衡 謝安祚 齊環等 王應偉 涂弘猷 徐鳳翩 陳正心 李長庚等 王錫衮 子咨翼 孫光豫 王伯昇 熊之龍 李亨 孫光祚 真蘊

方以智 子中德　中通　中履等　弟以義　李渾　陳貞慧　左國材　弟國棅　梅之熉　張姜　周堪賡 子鉉　弟堪賁　郭都賢 子良治　良史　方端士 丁繼善　歐陽霖等

李永茂，字孝源，鄧州人。父大醇，字叔恒。恩貢，國子博士。避兵入粤，卒於南雄。永茂，崇禎十年進士，授濬縣知縣，廉敏有爲，賑饑卹士。盜發督兵剿捕，奪回所俘子女千數，悉遣還其親黨。又營建石城。濬人立碑頌德。遷兵科給事中，察理荆、襄城守。居垣二年，奏彈無所避。周延儒罷，疏辨賢奸，因白熊開元、姜埰、陳燕翼、熊汝霖冤。廷議方催孫傳庭出關，上平賊十事，力言當多方愛惜，令其養而後動，謀而後戰，不報。其後傳庭兵敗，卒如其言。憂歸。李自成破南陽，與賀自鏡帥衆數千人，團結襄陽自固。安宗立，起僉都御史，巡撫南贛、汀、潮，定汀州閻羅宋亂。清兵陷建昌，永寧王由橞招降張安，命復撫州。永茂命徐必達扼泰和，戰敗至萬安，乃還贛。又命都督總兵金世任扼白羊坳合必達，戰敗。時楊廷麟、劉同升謀大舉，紹宗詔加永茂兵部右侍郎。清兵迫，召吴之蕃、張國祚以粤兵五千自南雄援贛，戰李家山，贛圍暫解。再加尚書，總督江、楚，聯絡浙、直、廣、川、雲、貴，賜尚方劍便宜行事。九月，以父喪解官，寓嶺南。上發延平，命中官李國喜敕召迎鑾廣惠。及丁魁楚、瞿式耜定策戴昭宗於肇慶，迎永茂協策。永茂從吉王慈煃至，轉吏部左侍郎。隆武二年十一月，拜禮部尚書、東閣大學士。踰月，晋吏部文淵閣。永茂以終制請。式耜奏：「永茂即欲終喪、不與閣務者，皇上以沖齡踐祚，非耆舊之臣，孰與勸學？臣等捐軀，止辦閫政，請命永茂專侍經筵，不及庶務，亦可令忠孝兩全也。」永茂猶固辭不得，乃受命。永茂因進對，請召用人才，退而疏薦十五人，兩京十三布政司各舉一人，劉湘客與焉。湘客忤内臣王坤，坤方秉筆，以硃黜之。永茂撫贛時，湘客客於贛，悉其才品，與相厚善。至是怒曰：「以兩京十三布政司人進，非私也。黜湘客者，黜永茂也。國勢孤危如此，而猶惟内豎意掣辱大臣，吾寧死草間，不能爲此輩分任亡國之罪。」拜表乞返苫次，即日解舟，泝湞江，與僉都御史朱丹鳴，御史黄六成，户部主事趙王羽，鴻臚王荆儀，鬱林副使王石攻，總兵陳斌，副總兵盧耀宇、許翼心，遊擊李經宇，都司周雲從、龔甫、姚守西亦入都嶠山中。服闋，上命錦衣俞元善，司禮監趙進忠、徐文彩，錦衣徐鳳鳴，都司李爾馥五敕敦促入直，皆以路阻不能達。清兵物色之，巖棲谷隱。全髮卒。李成棟反正，命中書朱彦明敕召。上幸梧州，再命錦衣指揮劉之泗、參將林雲龍敕召。方倚用之，永曆二年七月二十一日以疾卒，年四十八。上聞震悼，贈柱國、少保、武英殿，謚文定。妻周不食死。

子輔，任尚寶丞。工文章。灝字九嵕。廪生。任錦衣指揮。永茂卒，痛哭失明，扶柩歸。僕盧朴等給田遺之。

弟充茂，字廣生。弘光元年恩貢，授推官。堵胤錫薦擢祠祭主事，諭祭閻可義。廣州亡，與汪起蛟爲僧，名今地。

自鏡，字明德，南召人。萬曆四十一年進士。歷萊陽知縣、户部主事，理遼餉，轉萊州知府，力拒建魏忠賢祠，累遷濟南副使、關西參政、陝西布政使。疏劾監視太監孫茂霖玩寇，謫關内參議，改副使。

世任，江西人。弘光元年，與必達屯雩都，永茂命復湖東，由橞止之，弗進。後乘勝深入，謝志良不爲援，遂戰死。

起蛟，字漢翀，南召人。工部主事。

同時周瑚四，職方主事。張梃，字起一，行人。王羽明，仁化知縣，從充茂隱。皆不知何許人。

李若星，字紫垣，息縣人。萬曆三十二年進士。歷武强、真定知縣，遷四川道御史，巡視庫藏，陳蠹國病商四弊。巡按山西，請撤税使，再劾南京兵部尚書黄克纘爲沈一貫私人、湯賓尹死友，皆不報。出爲福建參議，移疾歸。天啟初，起官陝西，召爲尚寶卿，擢大理少卿。三年春，以僉都御史巡撫甘肅。陛辭，發客、魏之奸。明年，遣將討河套、嵩山諸部鎮番，斬二百四十級。會有謡傳若星起兵清君側者，魏忠賢誣以賄趙南星，得節鉞，除名，下河南撫按提問，擬杖戍廉州。崇禎初，赦還，起工部右侍郎、僉都御史，總理河道。黄河大決，請修祖陵，徙睢寧縣治，從之。病歸，丁父憂。久之，起兵部右侍郎，代朱燮元總督川、湖、雲、貴，兼巡撫貴州，討安位餘孽有功。熊文燦主撫張獻忠，疏論其謬，請以張任學爲大將，不許。聞北京戒嚴，遣兵入衛。未至而安宗立，諭止之，將包琳亦爲下所殺，尋受代解官，僑居貴州。永曆元年三月，召吏部尚書，裁正劉承胤，銓規少清。爲黔中累年未叙功次，請補叙功。尋命以東閣大學士入直。行至黔陽，清兵至，被執不屈死。贈太子太保、文淵閣，謚忠確。

子延爵，任錦衣指揮使。延緒，任南京太嘗典簿。

吴炳，字可先，宜興人。萬曆四十七年進士，授蒲圻知縣。清獄均田，興學造士，民歌頌之。遷刑部主事。魏忠賢用事，多興大獄，謹守繩法，不敢徇私。改都水，會修三殿，采石濬縣，體卹工困。轉員外郎，抽税南新關，商賈稱便。出爲福州知府。時劉香亂，熊文燦兵敗，舟多被火，欲没洋賈金償之，命文致其獄。炳曰：「殺人媚人，吾不爲也。」勢豪陳晃夤緣中式事覺，文燦庇晃，晃命庫吏曾士高餽千金，炳革庫吏而卻其金。既屢拂文燦意而諸權貴多爲晃地，恐遭反噬，明日即挂冠歸。推官趙繼鼎知其事，因竟晃獄，按司潘曾紘稱其有楊震之風焉。已以陸完學舉，調吉安，轉湖西僉事，改江西督學副使。敦實事，勵行誼，多士化之。隆武中，江西陷，單騎詣闕。時天興舉行鄉試，即擢福建布政使，充提調官。延平出狩，命以兵部右侍郎督兵汀州。福京陷，走粤，謁昭宗，議定永曆年號，累晋左侍郎、詹事、禮部尚書。從幸桂林，時閣臣缺，票擬無所委。永曆元年二月，從扈全州，以式耜薦，遂拜東閣大學士入直，晋吏部、文淵閣。及幸奉天，加太子太師。劉承胤專政，上優容之，其母生日，御製詩附金幣，命炳賜之，且賜敕奬勞。炳沈静不露而中耿介，覩勢危難，又心嫉承胤之横，聞命憤悶，將事疾作，久而後愈。清兵侵奉天，上與炳議蹕古泥幸柳。倉卒幸靖州，命扈太子出城步。時炳已病，而肘腋有奸人，故誤其止舍處。抵則城陷，爲清兵所執，説之降，不屈，械至衡州七郎廟觀音閣。不食七日，於二年正月十八日，作絶命詩，衣冠南拜，自盡卒，年五十四。贈太子太保、武英殿，謚文節。炳有才藻，少以樂府名著南直。及入樞機，凡大制作多出其手，行在翕然重之。

子惟垣，弘光元年選貢。

朱天麟，字遊初，崑山人。崇禎元年進士。授饒州推官，政最，遷禮部主事。上御經筵，講官並爲稱屈，比臨軒親試，改編修。十七年正月，奉命祭淮王，抵山東而北京陷。南京亡，以鄉兵守信義，崑山再陷，走福京，轉右中允、國子司業、少詹事侍讀、司經局詹事、國子祭酒、教習庶萃士。見鄭芝龍跋扈，乞假至廣東。聞汀州變，又走廣西安平土司。昭宗即位，起翰林學士。及幸奉天，亟欲得一老詞臣爲朝端重，會内官應天王保入山采蘇木，遇天麟歸告。陳邦傅以三朝元老疏薦，召禮部右侍郎，辭不赴。具疏請上自將爲先鋒，倡率諸鎮，毋坐失事機。永曆二年春，上在南寧，拜尚書、東閣大學士。又自請親率土兵恢江右，不聽，乃趨朝入直。會李成棟反正，從幸潯州。邦傅已邀封公，復請世守廣西，如沐黔國故事。天麟執不許，邦傅怒，以賜劍擲天麟舟中，不爲動。上駐肇慶，晉文淵閣。天麟謂機勢可乘，復勸頒親征詔，恢復中原，上優詔答之而不能行也。當是時，朝臣樹黨分局，天麟、嚴起恒、王化澄、晏清、吳貞毓、張孝起爲五蛇舊臣，與從成棟反正之曹燁、耿獻忠勢不相能。尋以天麟擬旨譏金堡，丁時魁等登殿詆之，天麟即日辭位。慰留再三，不可，陛辭叩頭泣，上亦泣曰：「卿去，朕益孤矣。」時魁等論之不已，并其弟天鳳，子宿垣、斗垣皆坐斥。天麟去，移居慶遠。化澄向無物望，亦爲衆逐。何吾騶、黄士俊入輔。頃之，吾騶又爲五虎所排。獨士俊、起恒在，上復召之，天麟力辭不赴。上言：「今國勢累卵，路人皆知，而建言者絶不問瑣屑一人一事，則掉頭以爭曰：『我古遺直也。』今而後，請勿以四方無利害者，執爲極重大事，獨願皇上爲社稷憂則憂之耳。」四年，上幸梧州，五虎敗，遣鴻臚卿何驤再召天麟，復拜疏極言：「年來百爾搆爭，盡壞實事。昔宋高宗航海，猶有退步，今則何地可退？陛下當奮然自將，使文武諸臣盡擐甲胄，臣亦簡峒丁，擇土豪，募水手，經畧嶺北、湖南，爲六軍倡。若徒責票擬，以爲主持政本，試問今之政本安在乎？」時清兵日逼，上不能從，惟趣令入直而已。尋與錢泚、許玉鳳至，晉太子太保、武英殿，賜「理學名臣」銀章。未幾，廣州、桂林皆陷，上幸南寧，孫可望疏請移蹕雲南。先是起恒沮封議，獨天麟、化澄謂宜許。及迎扈疏至，亟召廷臣集議，貞毓、魏光廷、徐極等主幸欽州依李元胤。天麟力請幸滇，言：「元胤屢敗之餘，衆不盈千，棲依海濱，其不足恃明矣。雲南山川險阻，雄師百萬，北通川、陝，南控荆、楚，亟宜移蹕，以堅可望推戴之心，慰中外臣民之望。」貞毓等力持不可，遂寢其議。天麟既不得請，遂奉命經畧左、右兩江土司，以爲勤王之助。兵未集而南寧告警，上倉皇出狩，復扶病從之。抵廣南，上已先駐安龍，病劇不得入覲。六年八月，卒於西坂村，贈少保、建極殿，謚文靖。

子宿垣，字日生。任大理評事。諭左、右兩江及雲南土司勤王，遷江西道御史，巡按貴州。

斗垣，字月生。任中書舍人，陞兵科給事中。可望反，奉命齎敕賜白文選曲靖，中途遇張勝兵，被執不屈死。

弟天鳳，字來丹。隆武二年舉天興鄉試。授行人，典貴州鄉試，遷禮部主事。子翼垣，字元生。恩貢。僉事府録事。

王化澄，字登水，金谿人。崇禎七年進士。授蒙城知縣，歲大饑，張獻忠攻城，多方守禦，多斬獲。復繕城垣，置銃礮，振饑贍學，士民德之。調青陽，左良玉兵東下圍城，曉以大義，解去。弘光初，遷陝西道御史，巡按廣東，疏凡八上，皆切時務。東粤富甲天下，化澄與馬士英、李喬、張孫振相比，不能持廉，宦資至二十萬。紹宗立，陞大理少卿。蘇觀生立唐王聿鐭，誘之不應。昭宗即位，與擁戴，以副都御史代丁魁楚總督兩廣，俄而林佳鼎戰歿，改兵部右侍郎代之。化澄既與王坤善，又結王維恭爲兄弟，以是中旨遽擢尚書。上西幸桂林，化澄不及從，避居潯南。是冬，駕幸象州，道謁，拜東閣大學士入直，賜「清端輔臣」銀章。及幸南寧，道阻返桂林，命同吴貞毓、龐天壽護三宫往。李成棟反正，疏請親征，扈從還肇慶，改禮部。時朝廷草創，書檄旁午，化澄處以休暇，吉祥之氣，豪悍意消。初后留象州，上賜空敕十道，俾猝有緩急，徵調防護。化澄、維恭輒用以授庶宗統鑾僉都御史等官，上不知也，内閣亦無敕稿。已而扈蹕回肇慶，而假敕事發，爲臺省所糾。久之，羣言交攻化澄，金堡復面叱之。化澄憤怒，碎冠服，力辭去。上再幸梧州，敦趨入直，晉文淵閣。因嗾雷德復劾嚴起恒，化澄調旨，以嘲語激起恒去。孫可望請封，起恒、文安之、郭之奇以祖制非同姓不王格之，化澄、朱天麟廷爭曰：「江、楚敗潰，兩粤且不可支，能制可望之不王乎？從之便。」高必正入朝，對上言化澄奸，且請召用起恒，化澄慚恚，益與陳邦傅比，欲挾可望脅朝廷，凡所票擬，皆支離俳諧，復多餽問。又奏授其子奎光自中書舍人遽躋太嘗少卿，上知而厭之。是冬，梧州陷，上幸南寧，邦傅畔，化澄後至，追扈不及，入北流山中，朝士從者百許人，時有北流小朝廷之語。可望疏請移蹕，朝廷乃真封可望秦王，如化澄議。上專敕召，未至。化澄在平南山峒年餘，抽瑶丁，集義士，移檄連城璧、王興恢復。永曆六年三月二十日，化澄師潰，陳曾禹勸降，不從。馬蛟麟彙書諸大臣名，以化澄名附降册以上，脅餽餉銀萬五千兩，並遣騎偵之。化澄曰：「幾得當報國耳，已矣。」七年三月十八日，乃服腦子，衣冠端坐大罵死。兵部主事程邦俊上其狀，贈少保、建極殿，御書「節高天下」四字以賜，謚忠襄。

奎光，恩貢。官僉事，終光禄卿。

璧光，任職方主事。從起義，先卒。

楊畏知，字介夫，寶雞人。崇禎十三年特用。授工部司務，以户部主事督餉真定，遷川北僉事，轉洱海副使，調金滄。隆武元年秋，吾必奎反，畏知督兵復楚雄，駐其地。必奎誅而沙定洲繼亂，沐天波走楚雄，定洲追之，畏知謂天波曰：「公所在，賊必專力困之，城其危矣。公不如西走永昌，使楚雄得爲備，賊西追，則恐吾斷其後，犯楚雄，則恐公自西來，首尾牽制，斯上策也。」天波從之，畏知紿賊曰：「若所急者，黔國耳。今已西走，待若定永昌還，朝命當已下，余出城以禮見可耳。今順逆未分，不能爲不義屈也。」定洲與盟而去，分兵寇大理、蒙化。畏知乘間清野繕堞，徵鄰境援兵，姚安、景東俱響應。定洲聞，不敢至永昌，還犯楚雄。畏知日坐雉堞間，多方設守，定洲力攻不下，輒發巨礮擊之，烟燄衝城上，羣蠻周麾而呼曰：「楊公死矣。」頃之烟散，顧畏知端坐，惟進賢冠失左翅，驚嘆爲神。畏知伺賊懈，出奇兵奮擊，殺傷甚衆，賊逡巡稍卻，引兵寇迤東去。已復還，分兵七十二營，每七營設一大屯，環城浚濠，示久困計。畏知守益堅。紹宗嘉之，命總兵畢登雲齎授左副都御史巡撫雲南敕印。永曆元年，孫可望等入黔，兼程馳至，解楚雄圍。定洲敗遁阿迷，可望遂進據會城，法令苛切，百姓失業，甚於沙亂，顧以畏知同鄉故，叵重之。遣李定國徇迤東，自與劉文秀西畧。畏知領兵出禄豐，敗績，至啟明橋投水，不死，踞而罵。可望下馬長揖曰：「聞公名久，吾爲討賊來，公能共事，相與匡扶大明，非有他也。」畏知瞋目視曰：「給我耳！」

曰：「不信，當折矢以誓。」曰：「果爾，當從我三事：一不得仍用大西年號；二不得殺人；三不得燔廬舍，淫婦女。」皆許諾，乃偕至楚雄，定大理諸郡，使文秀迎天波永昌。迤西八郡免屠戮者，畏知力也。時昭宗已即位，而詔書未至滇，可望遽自稱國主，以畏知爲武英殿大學士。畏知憤甚，念同死無益，乃日從容道忠義，鼓勵定國、文秀，可望雖僭號，而定國、文秀故等儕，不爲之下。已聞肇慶有君，李赤心、李成棟等並膺封爵，念得朝命加王封，庶可相制。三年春，遣畏知、龔彝及總兵焦光啟、潘世榮赴行在，表言可望兵强將勇，當一鼓收江、楚，北定中原，但非得王不可。金堡等持之，畏知疏曰：「國事危矣，不以此時虛名爲招徠，而竟自樹强寇乎？且可望固盜之渠也，向者荼毒海內，廟社陵夷，今一旦投誠向義，豈朝廷威德所能制？蓋列聖神靈陰以啟之也。倘因其來，而明示以異等之恩，彼必踴躍聽命，庶幾收用於萬一。奈何信及一二腐儒，使坐失大計！夫法有因革，勢有變通，今土宇非昔，百務俱墮，而獨於區區封議，必欲執舊法以繩之耶！」已而宗室議泥以把持誤國劾堡，則又駁之曰：「斯論亦非也。給事爭之，朝旨予之，使歸恩主上而憚朝內之有人，懷德畏威，不更兩得乎？」朝議久不決，畏知乃曰：「可望欲權出定國、文秀上，今晉之上公，而畀定國、文秀爲侯可也。」乃議封可望景國公，定國、文秀列侯，命趙昱、楊守明爲使，加畏知兵部尚書、總督川、湖、雲、貴同行。時堵胤錫曾賜空敕得便宜行事，昱就與謀，矯命改封可望平遼王，易敕書以往。而胡執恭已先矯命封爲秦王。畏知至，可望駭不受曰：「我已得秦封。」畏知曰：「此僞也。」執恭曰：「彼亦僞也，所封景國公敕印故在。」可望怒，辭敕使，畏知、執恭並下獄，遣使梧州問故。廷臣始知矯詔狀，馬吉翔請封爲澂江王，使者曰：「非秦不敢復命。」嚴起恒、楊鼎和力持不可，可望怒益甚。四年十一月，清兵連陷廣州、桂林，上幸南寧，事急，遣劉茝封可望冀王，仍不受。畏知曰：「秦、冀等耳，假何如真。」不聽，定國等勸可望以畏知終其事。明年二月，先令賀九儀赴南寧，索沮秦封者，起恒、鼎和等俱遇害。無已，乃真封可望秦王。畏知回朝，見九儀凶悖，痛哭自劾，極言可望擅殺大臣罪。遂留爲吏部尚書、東閣大學士，尋晉文淵閣，與吴貞毓同輔政。可望聞之怒，使人召之，上欲執其使，畏知曰：「臣聞猛獸當人則止，若得臣而止其逆，臣焉避之。」上揮涕而别，手賜「忠貞直諒」金章。畏知泣謝曰：「苟利社稷，死生以之。願陛下廓清天地，正位二京，臣即瞑目矣。」至貴陽繫獄，士民數萬哭請，乃出之黑神廟調疾。先是龔彝、任僎諂附可望，畏知輒抵掌謾罵，二人亟搆之，可望呼而詰之曰：「何負我？」畏知曰：「爾負我，我負而耶？吾二人始約尊大明，今大明秋毫未得而力；始約勿殺人，今且大臣殺矣。盗賊終不可與有爲如此。」可望令杖之，畏知奮起搏可望不得，乃除頭上幘撞可望面。可望益大怒，乃被殺。楚雄人以其有守城功，立祠以祀。事聞，輟朝，贈少保、建極殿，謚文烈。畏知死，定國、文秀迎駕雲南，國曆二年始亡，人以爲畏知所啟云。

昱，字浴庵，安縣人。崇禎十年進士，自無錫、歸化知縣，歷兵科給事中、吏科左、太常少卿、大理卿。迭劾何吾騶、夏國祥交通狀。永曆三年八月，以兵部右侍郎、副都御史總督川、貴，賜尚方劍便宜行事，從胤錫出楚。後使可望，歸誠稱臣，予千金。朝以其辱國，欲治罪，不敢歸。與執恭彼此詰責，互稱矯詔。上幸安龍，擢禮部尚書卒。

子進忠，任編修，隱黄沙巖。

吴貞毓，字元聲，宜興人。崇禎十六年進士。弘光時，授考功主事，福京轉員外郎。昭宗即位，預擁戴，遷文選郎中。上幸全州，擢太常卿，仍掌選事，已除吏部右侍郎，轉左，兼兵部。李成棟反正，命宣諭廣東，上回肇慶。永曆二年十月，晋户部尚書，尋兩廣會城先後陷，上移潯州、南寧，皆從。孫可望乞王封，與嚴起恒共阻之。可望怒，竟殺起恒，貞毓以措餉高明陽江獲免。及還，拜東閣大學士，代起恒輔政，晋文淵閣。可望自滇至黔，疏請移蹕，命將曹延生、胡正國以兵六百至行在。延生、正國皆乃心王室，密言不可移。已清兵日逼，上召羣臣集議。或請走海瀕就李元胤，或請入安南避難，或請航海依鄭成功，惟馬吉翔、龐天壽素結可望，堅主赴黔。貞毓因前阻封，又入延生等言，力請幸新寧。元胤疏請出海，上固不欲就可望，又以海瀕爲遠，再下廷議。頃之，趙應選、胡一青殿後軍敗還，請駕急蹊水走土司，抵瀨湍，追兵相距百里，適可望遣兵來迎，遂於六年正月移蹕安龍。宮室卑陋，服御麤惡，從官饑寒，或所給銀米至，即用呼盧取快，否則灌園怡情，不復計軍國事，守護者亦罕盡人臣禮，上已不堪其憂，隱忍之。時吉翔掌戎政，天壽督勇衛，諂事可望，惡貞毓不附己，令其黨交章彈劾。上知貞毓忠，寢不問。已可望以朝事悉委吉翔、天壽，於是張鐫、徐極、林鍾、蔡縯、趙賡禹、蔣乾昌、李元開、周允吉、胡士瑞、易士佳、任斗墟、朱東旦、林青陽、陳麟瑞、李頎連章發其奸。已可望逆節益著，上密命張福禄、全爲國與極、青陽、縯、鐫、士瑞合謀召李定國入衛，皆許諾，引以白貞毓。貞毓曰：「皇上阽危，正我輩報國之秋，諸君中誰任此使者？」青陽請行，令陽乞假歸葬，屬乾昌撰敕，東旦書之，福禄等持入用寶，青陽即日齎敕間道至田州。總兵金嘗榮館之，送至高州。定國得敕，許以迎上。明年夏，將擇使往趣，貞毓復舉周官。鄭胤元曰：「假事出吉翔於外，庶有濟也。」乃命吉翔往梧州、南寧謁祭陵寢，而以官齎敕之定國營。官涕泣受命。青陽還南寧，密令親信劉吉復命。上喜，諭貞毓再撰敕鑄金印賜定國，即遣吉還付青陽，轉送廉州。行次高州，與官遇，遂偕往。定國拜受命。初，吉翔在道，微聞有密敕事，遣人赴定國營偵之，適劉議新逅吉翔於途，意其必預謀，告之。吉翔則大駭，以報可望。可望令其將鄭國執吉翔與諸臣面質，挾貞毓入文華殿，脅上索主謀者。上不敢質言，謂必外人假敕寶所爲。國怒目出，與天壽至朝房。鎸等曰：「此我等所爲。我君臣性命懸於賊手，惟有藉安西一人，可延朱家國祚。今既事敗，天也。生不能戮力皇朝，死當爲厲鬼殺逆，奈何箝口，以貽主上憂乎！」國遂械貞毓、胤元、鎸、極、鍾、績、頎、賡禹、乾昌、元開、允吉、士瑞、士佳、斗墟、東旦、麟瑞、議新、福禄、爲國及宗室議泥、許紹亮、裴廷謨、胡世寅等繫私室。貞毓曰：「凡事皆宰相主持，吾約安西討孫賊，與諸臣何預？」而吉翔等必欲彰此獄。翌日，冷孟飪、宗室企鋘、蒲纓及總兵宋德亮曰：「諸臣不足惜，上不亟言，恐并及難。」逼速具主名。上大悲憤曰：「汝等逼朕指出，朕知是誰，汝等知之，盍直言耶！」國嚴刑拷掠，諸臣不勝楚毒，號呼二祖列宗，且極口罵。會日暮，風雷忽震烈。績曰：「今日吾等直承此獄，少見臣子報國苦衷。」繇是衆皆詞服。國又問皇上知否？績大聲曰：「未經奏明。」鎸曰：「果有主使者。」國問何人？鎸囓齒曰：「主使者逆賊孫可望也。」國震恐，乃以欺君、誤國、盜寶、矯詔論讞報可望，請上親裁。上不得已，下廷議。張佐辰、孟飪、郭璘、蔣御曦等謂國曰：「此輩盡當處死，留一人將爲後患。」擬旨以鎸、福禄、爲國三人爲首凌遲，餘爲從斬。上以貞毓大臣，言於可望改絞，諸人至北關馬場，神色不變，望闕叩首曰：「臣子一念，今日盡矣。無以報國，死有餘責耳！」各賦詩見志。詩成，對各官長揖曰：「學生輩行矣！中興大事，付之諸公，但諸公應竭忠朝廷，不可附吉翔、天壽賣國，學生死猶生也。」再拜引頸受刃。紹亮、廷謨、世寅、麟瑞杖釋，議新杖後死。尋青陽逮至，亦被殺。獨官走免。時八年四月八日也。貞毓等暴屍三日，天氣炎蒸，面目如生，安龍三尺童子皆爲流涕。

子瑴戩，字克猷，任錦衣指揮僉事。死緬甸。

延生，大竹人；正國，淮安山陽人，皆官總兵，可望命管南寧提塘，吉翔、天壽欲逼上禪位，請達意可望，二人愕然曰：「此事何可輕議，我止傳軍情，國家大事，非所敢與也。」廷議移蹕，請駐廣西，繫屬人心，號召遠近，以阻吉翔、天壽奸謀。延生於永曆十二年，與閻維紀起兵復横州。十三年二月，與金騰道、張應升自騰越降於清，後又反正。

維紀，西安咸寧人。官總兵。戰死横州。

鐫，字桂玉，寧國人。選貢。職方主事，考選兵科給事中。

極，臨川人。崇禎十五年舉於鄉，清標好直言，考選吏科給事中，轉兵科都給事中。

鍾，字介生，南昌人。恩貢。歷河南道御史、大理丞少卿。

縯，九江德化人。選貢，章曠材官。鑄交銃東安，歷營繕員外郎、户部郎中、光禄少卿。

賡禹，字彦振，分宜人。廩生。與曹國祺倡義，戰敗入桂，授職方主事，累升太僕少卿。

乾昌，晋江人。恩貢。工文詞。自祠祭員外郎考選簡討編修。

元開，善化人。選貢。考選簡討，遷編修。

允吉，字斗軒，錢塘人。精醫術。江西道御史。

士瑞，進賢人。恩貢。隆武時，兵部司務職方主事。昭宗即位，改武選。吉翔謀逼上禪位，可望屬璘説曰：「今大勢已去，我輩追隨至此，無非爲爵禄計耳。今秦王宰天下兵馬，公甚親重，欲以中外事任之，公能達此意於諸當事，何憂不當貴。不然，我輩無死所矣！」士瑞叱之曰：「汝喪心病狂，欺蔑朝廷，遂謂我輩亦隨波逐流乎！」璘氣沮退。考選福建道御史。子世寅，選貢，太常博士。

士佳，廬陵人。恩貢。内閣中書禮部主事。

斗墟，字劍光，鄞縣人。超貢。入瞿式耜幕，授中書舍人。桂林陷，從扈，遷禮部員外郎直誥敕房。對簿時，大聲曰：「死耳，大丈夫豈求免於賊臣者哉！」死事尤烈。

東旦，四川人。歲貢。歷職方主事、户部員外郎。

青陽，字泰來，寶慶新寧人。永曆二年選貢，歷武選員外郎、兵科給事中。

麟瑞，銅仁人。崇禎十二年舉於鄉。授簡討。

官，字百度，臨川人。諸生。工詩善章草，剛直好言，歷翰林孔目、兵部主事。隱雲南臨安，上西狩，滇人盧清兵踵其後，於要地伐木烈火斷行路，官單騎追扈。范應旭勸降，不應，策馬入火，人馬俱燼。

議新，江西人。歲貢。刑部主事。

御曦，浙江人。刑部主事。

議泥、頎、紹亮、廷謨事別見。

又古其品，四川人。武選郎中。吉翔屬畫堯舜禪受圖獻可望，拒不從，譖於可望遇害。當密敕事露，貞毓僕阿寄先被逮，國逼令吐實，鞭笞數百，血流膚赤，抗詞不屈死。

貞毓死後二年，定國竟奉前敕扈駕入滇，追贈貞毓左柱國、太師、吏部尚書、建極殿大學士，謚文忠。鐫，刑部左侍郎。極兵部左侍郎。鍾，工部右侍郎。縯，左通政。賡禹，大理卿。乾昌，少詹事、侍讀學士。元開，左庶子、侍讀學士。允吉、士瑞，右僉都御史。士瑞，謚忠穆。士佳，太僕卿。斗墟，太嘗卿。東旦，太僕少卿。青陽，太嘗卿。麟瑞，左諭德、侍讀學士。議新，光祿卿。遣官致祭。尋命尹三聘即馬場建廟立碑，大書曰「十八先生成仁處」。

晏清，字泰徵，黄岡人。萬曆四十七年進士，授蕪湖知縣，以明允稱，調吴江。事至立決，請託不行。水澇，請邀全荒例改折。歷稽勳主事、員外郎。魏忠賢請封從子良臣爲伯，力阻之不得。周應秋怒，遂削籍。崇禎初，起文選考功郎中，出爲廣東鹽法僉事、水利副使。弘光元年，轉尚寶少卿。隆武二年，陞太僕卿。昭宗即位，累轉大理卿、吏部左侍郎，皆不赴。上在南寧，擢尚書，力辭。敦趨陛見，乃受事。隨扈肇慶，加太子少保。清恬澹公平，以病不見客，門無私謁，行在翕然推重。時桂林、平樂瞿式耜爲政，慶遠、柳州焦璉爲政，潯州、南寧、思恩、太平陳邦傅爲政，廣東非李元胤咨，大小官不得擅除，吏部堂司二廡擁擠，文選無出選地。江、楚避難者，爭稱起義，陳疏通政司乞職者，日以千計，朝廷不能辨，閣票輒擬著議具奏。清知其誕，爲分別用舍，羣不逞者皆怏怏造蜚語，謂吏部懸榜，有「破家起義全髮效節」八字，見之令人欲噦語。吴貞毓倡言如此，則流傳江、楚，解散人心，爲禍不小，以摇動清。永曆四年，爲孫聘馬吉翔女，遂徇吉翔言，尋兼比五虎。王化澄秉政，屢乞骸骨。會詔獄興，諫不聽，遂移病，拜表即行。上再幸南寧，走横州、潯州。五年三月，召東閣大學士，未至。明年卒，年七十三。贈太子太保、文淵閣，謚文懿。

子霨明，字雲章。選貢。儀制郎中。安雅遠權勢。累陞太嘗卿。扈從梧州卒。

施召徵，字克用，無錫人。崇禎十六年進士。授陸川知縣，培士多惠政。永曆時，歷驗封主事、文選郎中。初通苞苴，扞格清所爲，清以持重沮抑之，斂而改操。遷太嘗少卿。尋死於兵。妻馬，侍郎世奇女，自經以殉。

楊在，字聞自，餘姚人。永曆三年廷試，授庶吉士，轉編修，從幸安龍。歷左春坊、左諭德掌坊事、兼翰林侍讀、掌院、詹事、禮部右左侍郎、東宮講官。八年典雲興鄉試，上恢復十二策，爲馬吉翔、李國泰所阻。十一年四月，與汪蛟同充經筵講官，劉菹、涂弘猷爲展書官。八月，與蛟再典雲興鄉試，從扈緬甸，拜尚書、東閣大學士，吉翔以女妻之，而持正自守。沐天波以夷禮見緬人，劾之留中，後殉咒水之禍。在工文章，有永曆實録，世稱信史。初緬人罹兵火之厄，吴三桂檄劫上自效，酋蟒猛白自立，謀先殺從臣，以孤上勢。一日，來索賀禮，且言供給之勞，朝廷茫無以應。十五年七月既望，緬人邀當事大臣渡河，辭不行。踰二日，緬使再至曰：「賊衆潰矣，緬土安矣，請天朝大臣飲咒水，以後得自便貿易，否則下國安能久奉芻粟耶！」天波欲辭，吉翔、國泰曰：「蠻俗敬鬼重誓，可往也。」乃行，日向午，緬人以兵三千圍行帳，呼諸臣出曰：「若等可共來決死，不出亦死。」諸臣倉卒，無寸兵可持，又慮驚宫闈，不得已遂相將並出。出則二十人縛一人，駢殺之，同死者在及嵩滋王儼鍢、宗室議漆、天波、吉翔、國泰、王維恭、宋國柱、鄔昌琦、任國璽、裴廷謨、李崇貴、馬雄飛、蒲纓外，文臣則鄧士廉、魏鴻謨、王祖望、鄧居詔、楊生芳、潘璜、齊應選、郭璘、張崇伯、黄瓊、閃知遇，武臣則魏豹、楊可繼、王啟隆、王昇、王自京、龔勳、陳謙、吴承爵、安朝柱、任子信、張拱極、劉相、宋宗宰、劉廣寅、丁調鼎、趙明望，内臣則李茂芳、楊宗華、楊强益、沈猶龍、周甲、盧甲、曹甲等都四十二人。已而緬兵入宫搜劫，自縊死者：自吉王慈煃及妃張、嵩滋王儼鍓妃楊外，則姚文相、李司理、從子度、熊愛之、黄華宇、熊綸賢、馬寶，二材官秦甲、李甲、趙明鑑、王大雄、王國相、吴承胤、朱文魁、吴千户、嚴百户、鄭文遠、李既白、淩雲、尹襄、羅大勇與啟隆、妻吴、妾周、姜承德、妻楊、王國璽、王盛隆及内官陳德遠妻子。承爵妻永昌，永平人，命子女先經，曰：「與其留作蠻子，莫若俱死。」乃自經。諸臣眷屬都一百五十餘人，樹上纍纍如瓜果。先陸行諸臣於十三年三月阻於者梗，緬人圍之，衆潰遇害者：則承德、宗室藴金、向鼎忠、李大義、范存禮、常逢時、温如珍、鄭文彩、高陞、李太、李勝、武剛用、劉興隆、戴甲、張甲、陶甲、劉九皋、劉衡、段能忠、張恭、謝安祚等，總兵潘世榮被執椎心死。餘如翟國禎等安置遠方。扈從諸臣先後病死者：則齊環、宗室由沖、王應偉、涂弘猷、徐鳳翩并内臣蔣進朝、李猶龍、李國用、劉盡忠、周没牙。蓋初從幸騰越者官民婦女等四千餘人，及蠻莫止二千四百五十餘人。至水次止一千四百七十人；陸行者八百二十四人，馬九百四十餘匹，舟行者六百四十六人，至是存者男女婦孺二百四十餘人而已。官民安置遠方者，後多分散沙洲，蠻不之逐，謂水至可盡漂没。已而水至，沙不没，蠻神之不敢害，百餘年中，生聚甚盛，稱爲貴家，兵力浸强，蠻敬而畏之。時又有敏家，大抵貴家之與也。清高宗時，貴家有宫裏雁者，貌偉而怪，每戰矢不及身，羣蠻推服。會與緬甸有隙，乾隆十七年，茂隆廠主石屏吴尚賢欲和之，不聽，因搆釁與敏家戰，不勝。敏家破阿瓦。木梳頭人甕藉牙於十八年九月屢敗貴家、敏家，宫裏雁爲所逐，欲内附，雲南大吏索七寶鞍。七寶鞍者，王坤自北京携緬，威宗故物也。宫裏雁不與，大吏因誘致宫裏雁雲南殺之，然貴家生齒熕，不止一宫裏雁，從扈諸臣應有遺種，及英吉利滅緬，踪跡遂不可詳云。

士廉，字人麟，廣安人。崇禎十六年進士。負膽氣，自海陽知縣、廉州推官、驗封主事累擢禮部右侍郎，調吏部左侍郎。與弘猷、鳳翩從扈緬甸，歷吏兵二部尚書，拜東閣大學士。冀出險爲真相，與吉翔不敢爲異同，大政一承其意。

鴻謨，南城人。太僕卿。被執罵不屈，寸磔死。

祖望，字渭起，江西人。烏撒知府，醫中宫病愈，遷主客郎中，終禮部右侍郎，署尚書。

居詔，廣安人。選貢。自國子博士累遷兵科給事中、兵部郎中。嘗疏陳時事，侵吉翔。

生芳，字可久，廣西人。稽勳主事。黨孫可望降級，以使緬功，擢文選郎中。

璜，宣化人。學録。

應選，不知何許人。國子典簿。

璘，江西人。吉翔書役。武選主事。

崇伯，丹徒人。慈煃，王維恭舅，吉府長史、武選主事。

瓊，平壩人。選貢。庶吉士兼司經局正字。

知遇，江寧人。翰林待詔。

可繼，融縣人。永曆時起兵，官總兵。弟可久，從死。

啟隆，陝西人。

昇、自京，不知何許人。昇貧不受璽金。

勳，江西人。爲郭之奇齎奏至。

謙，湖廣人。

承爵，崇善人。

朝柱，大興人。

子信，順天人。錦衣衛掌衛總兵。

拱極，順天人。

相，陝西人。

宗宰，字衡湘，湖廣人。

廣寅，順天人。

調鼎，江寧人。

吉翔，私人，慈煃劾，不報。

明望，字明瞻，劍川人。十二年冬，率土司兵守定西嶺，扈緬皆錦衣指揮同知總兵。

茂芳，大興人。秉筆司禮太監。

宗華，湖廣人。儼鎾舅。

文相、華宇、維賢、明鑑、大雄、國相、承胤、文魁，皆錦衣衛副總兵。明鑑嘗歃血盟，謀奉太子出，誅吉翔、國泰弭後患，事洩不果者也。

文遠，合肥人。副總兵。既白雲，千百户。襄，吉翔書辦，鴻臚序班，不阿吉翔。

大勇，茶陵人。守備。

承德，字守仁，江西人。定國中軍總兵，挂戎威將軍印。

鼎忠，建昌人。與大義、存禮皆定國中軍總兵。

逢時，衡陽人。錦衣都指揮使。

如珍，字燦明，阿迷人。幼隨父征苗，父歿於陣，力戰禽殺父賊戮之。崇禎十五年守備承天，十六年元旦城破，首中刃墮城濠，獲救得生。與周思忠招兵嘗德，劫掠爲生。冬，督黔將譚得勝、楊得功、李守，監軍李之晟，土司于勝龍禦寇牛皮潭敗，以四千人屯辰溪。普名聲攻臨安，如珍以守備運餉至，城門晝閉，居民避亂者，阻不得入，乃執刀坐西門外，令民魚貫進，得免於難。及圍城急，率士卒嚴守，置檑木礮石，斃寇數百人。寇造旱船掘地道，隨方備禦，歷十五晝夜，衣不解甲，寇始退，升臨元參將。永曆元年四月，清攻嘗德，與思忠降，後反正，遷川東總兵。

文彩，合肥人。定國總兵。

陞，臨川人。

太，南城人。

勝、剛用，江西人，皆副總兵。陞、太與張龍於十五年通兵信，死於途。興隆等皆江西人，王國璽、馬九功標總兵，九皋、衡、能忠、恭皆內官。

衡，祁陽人。

安祚，萬安人。千户。

環，字成玉，永昌永平人。崇禎十二年舉於鄉。吏科都給事中，疏陳楊展、范文光忠節，展屯田救蜀功尤大，得諭祭。累轉大理卿、兵部尚書，與吉翔忤，妾葉抱子井死。

應偉，字名世，不知何許人。禮部司務主事、刑部郎中。

弘猷，字敷功，貴州都勻人。永曆三年御試賜進士，改庶吉士，授簡討，轉編修，兼兵科給事中。五年，奉詔貴州封孫可望秦王，後坐黨降級。

鳳翽，遂寧人。武舉。總兵，挂左衛將軍印。改官户部。

又陳正心，字知先，黄平人。隆武元年舉於鄉。力拒藍二有功，授太嘗博士。從扈緬甸，上崩殉死。

李長庚，字磬石，興化人。大學士春芳孫。任中書舍人。從扈緬甸，亡歸。後遊沔陽。

劉世煒，國子典籍管誥敕房事，不知所終。

咒水之禍，諸臣皆束手受刃，惟啟隆、天波各殺緬兵數人死。維恭家人來安年十三，僞云有銀在腰，俯身作取狀，突拔匕首刺傷緬兵死。鄧凱以足蹇不赴，獲免。

王錫衮，字龍藻，禄豐人。天啟二年進士，改庶吉士，授簡討，歷南京國子司業、諭德庶子、詹事。崇禎二年十一月，清兵入塞，陷遵化，督師袁崇煥下獄，錫衮抗章爲頌冤，有「薊遼督師，非崇煥莫勝」語。疏上，上怒，幾遭譴，已幸寬免。七年七月，清兵復入塞，京師震動，上命大小臣工言事，錫衮疏言：「歷年邊事之失策，胥繇任將之不得其人，得其人而任用不專之故。」侃侃數千言，力請以盧象昇專任邊事。十三年，遷禮部右侍郎。十四年，以左侍郎掌部事，請祀吴與弼、羅倫、章懋、吕枏、蔡清、陳真晟、王艮、羅洪先、鄒守益、羅欽順、顧憲成於學宫，不允。上禁内臣干預外政，敕禮官稽先朝典制，錫衮備列諸監局職掌，而不及東廠，抗疏請罷之。二月，上再耕耤田，錫衮因言頻歲旱蝗，三餉叠派，請量除加徵，嚴核蠹餉，俾農民樂生，不至困而走險。又以時方急才，請召還故侍郎陳子壯、顧錫疇，祭酒倪元璐、文安之，且乞免解學龍、黄道周永戍，加恩録用，亦不允。上又納真人張應京言，加尊天地水三官爲大帝，諭中外尊奉慶賀。錫衮言三官號不經，且邇年奸民竄入白蓮、無爲諸教，所在充塞，若許慶賀，害不可勝言；請斥應京清輦轂，皆不納。尋調吏部，以尚書李日宣下獄，掌部事，疏陳流寇剿撫事宜，下廷議。上嘗以秋夜感念聖母孝純太后，欲終身蔬食。錫衮疏諫，上嘉其寓愛於規，進秩一等。十六年，以憂歸。紹宗立，拜禮部尚書、東閣大學士，總督雲、貴、湖、川、廣軍務恢剿。因出家財，召集滇中子弟，得二千餘人，赴行在。適沙定洲亂，中途被劫致會城，欲假之以資號召，不從。定洲詭草錫衮疏，請以定洲代沐天波鎮雲南。疏既行，而以藁示錫衮，大恨，愬上帝祈死，留遺詩見志。永曆元年二月，申前命。加太子少傅，召入直，命未及至，三月遇害於清風亭。臨命大聲呼曰：「天其欲終亡我大明宗社耶！我死不足惜，其如中原之永於沈淪何？」妾尚，與弟都督同知武舉錫鉞、妻宋經死。事聞，贈武英殿，謚文毅。

子咨翼，隆武元年副貢。任錦衣千户。衛父受重創，死而復甦。自大理通判陞霑益知州，多惠政。遷職方主事。

同時雲南遺臣之可紀者：

孫光豫，字懷隖，昆明人。侍郎繼魯孫。精岐黄術。崇禎中，太醫院判。乞歸，專心利濟。卒年九十三。

王伯昇，保山人。崇禎中上林監丞，好善不怠。吴三桂招之，不應。

熊之龍，字振潛，昆明人。歲貢。考授知縣，用親老辭，狂飲卅年卒。

李亨，字述二，太和人。太學生。考授京縣主簿，絶意仕進，放浪山水。

孫光祚，字承之，石屏人。天啟四年舉於鄉。漢川知縣。寇起，創建石城，歲饑救荒，民賴全活。陞蘄州知州致仕。定洲反，與楊開泰保鄉里。賊感其義，卻兵不至。

真藴，本王姓，不知何許人。通文學。以副總兵隨傅宗龍征寇立功，新蔡兵潰，隱姚安。

方以智，字密之，桐城人。孔炤子。崇禎十三年進士。少嘗避地南京，與楊廷樞、陳子龍、夏允彝齊名。及成進士，孔炤方以楚撫被逮，以智懷血疏跪朝門外，叩頭號呼，求代父死。上嘆曰：「求忠臣必於孝子之門。」並釋之。授簡討，選定王講讀官。李自成逼北京，范景文疏薦，召見德政殿，陳天下大計，請出淮上招豪傑，上撫几曰：「善。」以忤執政意，不用。北京亡，哭臨東華門被執，刑毒至兩髁骨見不屈。與劉世芳間行歸里。安宗立，馬士英當國，誣其受順命，入之六等罪中，命逮下法司，舉朝大譁，乃已。嘆曰：「是尚可爲耶！」褫衣散髮，賣藥五嶺間。紹宗召贊善、中允，未赴。翊戴昭宗，擢左諭德，庶子、少詹事。從扈梧州，兼翰林學士值經筵日講起居注。極論時政，上皆嘉納。王坤奏薦大臣，劉𪟝抗疏爭之，坤疑疏出以智手，爲寢經筵。以智素無宦情，講官之命爲瞿式耜所强受，又不見用，遂決挂冠去，就平樂築室以居。永曆元年二月，拜詹事、禮部左侍郎、東閣大學士。迭遣行人李渾、龔之鳳敦趣入直，制曰：「唐德宗不能用陸贄，千古以爲失人。卿才優於贄，毋令後世以朕爲德宗。」以智七疏辭，不許，加尚書。從幸奉天，請復長、衡、永、寶以爲中興之基。命慰勞何騰蛟趣兵入衛，居新寧奉天。清兵至，投洪江救免，嘆曰：「南荒盡矣，舍西竺安歸？」乃舍妻子爲僧平樂，名弘智。清兵嘗物色得之，令曰：「易服則生，否則死。」冠服在左，白刃在右。以智趺坐曰：「十召不出，不忠；家有老親不能養，不孝，分當死。」即辭而受右，帥起謝之，爲之解縳。又令作書招陳邦傅，厲聲曰：「我豈招人降者？」清知不可屈，聽其爲僧，以父老還侍浮山，稱愚者。禮天界主高座寺，曰無可。三年父殁再歸。永曆九年奔母喪，廬墓三年。溯江入廬山曰五老，在壽州曰墨立，入建昌草庵曰藥地，又曰浮廬。寒鐺破竈，晚汲晨舂手操之，久之至青原。二十五年，謁文天祥墓吉安，行至萬安卒。

子中德，字田伯。馬、阮亂政，年十三，撾登聞鼓訟父冤。

中通，字位伯。諸生。同知。傳易學，於天人、律數、音韻、六書，尤爲研究。以古九章法僅存條目，少能尋繹其義，著數度衍。

中履，字素伯。亦有學行。爲考證汗青閣全書，足爲後學津梁。以智南行，三人徒尋奔侍。國亡，皆不仕。

從子中發，字有懷。去諸生。卒年八十三。

弟以義，字直之。諸生。負異才，有聲復社。從父於楚，爲前鋒，挽五百斤弓，八戰八捷，授監紀推官。國亡，入斷事廟自盡，其子持之免，入山隱居。故人陳名夏相清，訪問所欲，以義曰：「君激於權奸，失身二姓，方爲君惜，吾尚何欲哉！」名夏氣沮退，後悲憤死。

渾，武陵人。歲貢。桂林通判。國亡，入瑶峒不出。

以智學問宏通賅博，少以文章氣節名振復社。避地南京，所交皆一時名勝。國亡後以節著者：

陳貞慧，字定生，宜興人。副貢。父左都御史于廷，故東林斗杓。貞慧與沈壽民、吴應箕主持清議，裁量公卿。阮大鋮幾起用，合草留都防亂揭討之。大鋮杜門咋舌欲死。其後大鋮起用，因廣揭中姓名爲蝗蝻録，思一網盡之。緹騎逮貞慧至，事雖解，已瀕十死矣。南京亡後，埋身土室，不入城市者十餘年而卒。

左國材，字子厚；國棣，字子直，桐城人。都御史光斗子。諸生。馬、阮修要典，國材上書，以爲大逆營進，泯是非公道，欺君父，翻前案。揭出，人謂光斗有子。大鋮欲殺之，兄弟偕隱卒。

梅之熉，字惠連，麻城人。侍郎國楨子。名著復社。通春秋，以博雅稱。任錦衣。弘光時特用，後爲僧囊山，名槁木。

張姜，字拙生，吳縣人。亦弘光時特用，國亡亦爲僧。

周堪賡，字仲聲，長沙寧鄉人。天啟五年進士。授永春知縣，調福清。盜劫沿海，屢挫官兵，密以死士入賊黨，得其出入蹤跡，悉捕誅之。遷陝西道御史，巡按山東。劾藩下官恣縱及奸民投獻莊田二十事，直聲大振。移按真順，言廠衛樹威牟利害民狀。畿輔戒嚴，繕阨塞，釐兵餉，簡士馬。有司捕奸細百許人，法當梟，覆勘七十許人無顯狀，得末減。憂歸。服闋，起掌河南道，歷太僕丞、光禄少卿、順天府尹。民婦匿他家，取他屍以證，本夫以誣服坐抵，復駁訊獲其婦，卒得雪。霸州大盜獄具，所親挾重資賂權貴，將曲宥之，卒暴其罪，論如法。崇禎十五年秋，李自成破開封，擢工部右侍郎、副都御史，往塞決河。十六年春，抵汴，淮海副使徐標，南陽知府李芳藴，衛輝知府文運衡，開封知府李岩，同知朱光斗，彰德同知趙允光及副使張弘道，僉事楊千古、張若獬、楊毓楫調度，與河道方大猷旦夕拮据，招徠儲峙，塞朱家寨決口，河還故道。漕運已通，又立馬家口隄，秋漲大發，傳自成西來，按劍不去。自成走，水退。十一月工竣，晝夜視南流斷絶，河悉東還。自二月至十一月，爲時二百七十日，卒砥狂瀾，還故道。初估工料五十萬，減定三十萬，告成日，復省五萬。歸報，上大喜。自成窺潼關。堪賡疏請急扼宣、雲關隘。未報而南京户部尚書命下，以積勞歐血，遂乞骸骨，入潙山，竟日不語。安宗立，再申前命，堪賡密致書史可法、張國維，請奏誅馬士英、阮大鋮。行次吴城而南京亡，乃變姓名，轉徙閩海嶺表間。久之歸里，焚香禮佛，鄉人罕識其面。昭宗即位，以户部尚書召。永曆二年八月，再以東閣大學士召，皆不出。洪承疇與堪賡雅故，入清大用，躬謁山中，辭不克，相持而泣。請起用，不應。八年四月卒。

子鋐，字穆生。隆武二年舉於鄉，後死於兵。

弟堪賁，字簡予。選貢。户部司務。永曆二年，清兵至，脅以刃不屈，復炮烙之，罵不絶口死。

郭都賢，字天門，益陽人。天啟二年進士。授行人。繇稽勳驗封主事、文選員外郎，出爲四川參議、江西督學僉事，稱得士，調嶺北。崇禎十五年，擢僉都御史，巡撫江西，斥貪墨，獎循良，風格卓然，人不敢犯。已張獻忠破吉安、袁州，被議，棄官入廬山。弘光時，史可法薦起南京操江，不赴。可法故都賢會試分較所得士也。永曆元年二月，以兵部尚書召。二年八月，再以東閣大學士召。都賢已祝髮浮丘山，流寓沔陽，僧名頑石，字些庵。六年，李定國兵至，贊畫恢復。事敗入獄，洪承疇出之，自是茹苦無定居。初依熊開元、尹民興嘉魚，主梅熟庵，已之海陽，築補山堂，前後十九年乃歸，誅茅桃花江上。先是承疇削籍，都賢奏請起用，承疇德之。後爲清經署西南，謁都賢山中，都賢故作目眯狀，承疇叩何時得疾，曰：「始吾識子時，目故有疾。」承疇默然，餽金不受，請以其子良史爲監軍，亦不許。晚客南京承天寺卒。都賢篤至性，哀樂過人，博學強識，精書法畫繪，尤工詩文，爲鄉人所傳。

子良治，歲貢。新田知縣。

良史，字埜臣。歲貢。從章曠軍，有贊畫功，授桃源知縣。兵敗隱居。

方端士，字百里，懷寧人。歲貢。杭州亡，與孫嘉績、熊汝霖起兵江上。與方國安聯宗，爲其記室，以僉事管江頭提塘。監國魯王授職方郎中，監國安軍。隆武元年七月，督駱方璽、史繼鰌、俞玉、方任龍兵屯義橋，時出搏戰，上岸疾馳，射清兵無不中。清兵大至，猶率監紀推官何之杰、都司鄭大道力戰不退，最有勇。十二月朔，與嘉績、汝霖兵裹創深入血戰，斬獲多。錢肅樂謂「上馬殺賊，下馬吟詩」，深所推服。歷參議、太僕卿。陳萬良乞援，欲與陳潛夫及副總兵沈維賢逕渡錢江，不果。紹宗命以副都御史撫治浙西。後從魯王海上，晉兵部右侍郎，協理戎政。入閩，改撫閩南。閩陷行遯。永曆八年，朝安龍。吳貞毓卒，與丁繼善、歐陽霖同拜東閣大學士。上幸緬甸，十四年三月降於清。

繼善，富民人。天啟七年舉於鄉。自高州推官累遷知府湖南副使，入爲太僕卿，歷吏部左侍郎、尚書，入閣，尋晉文淵閣。代貞毓爲首相，扈從滇京。滇京亡，隱居卒。

霖，字方然，安福人。崇禎三年舉於鄉，授北流知縣。清兵至，不屈。遷兵科給事中，助瞿式耜守桂林。李成棟反正，其將杜永和入朝，與蒙正發廷爭，怒目睨曰：「此曹倚末薙髮相傲誚，吾將執而彨其鬢。」霖疏言：「成棟輸忠效順，所不忍忘者，君臣大義耳。永和恣睢闕廷，辱天子諫臣，君臣之分謂何？若貰永和不問，則成棟精忠且爲永和掩，又何以號召忠義哉！」不聽。累晉太嘗卿、禮部右侍郎、尚書，入閣，尋加文淵閣，乞休。歸隱台山，不應清命。卒年八十三。

弟霈，字喜翁。入山終。

贊曰：永茂、若星、化澄之通和幹理，炳、貞毓、錫衮、以智之直亮忠清，天麟、清、堪賡之雅尚，畏知、在、都賢之强執，皆有相器。上幸南寧，國祚崩剥，孫可望以百戰之遺，何所求於朝廷，一旦而奉正朔，乞封號，豈非君子豹變時乎！化莠爲良，機不容髮。畏知審時度勢。使早從其言，何至長氛損威如是。貞毓等拘泥文法，罔知權宜，卒至躬慘桁楊，命畢狴犴。其後可望挺而走險，莽、卓、榷、汜之謀，諸人不能辭其責矣。然密敕之獄，猶漢獻帝衣帶詔，而伏后就牽，王后獨免。國勢移而士氣猶振，顛沛之中，得免移鼎，未始非貞毓護持之力也。端士北首，君子惜之矣。

南明史卷五十二

列傳第二十八

無錫錢海岳撰

陳子壯 子上庸等 弟子升等 黃信等 黃炅元 弟旻元 晟元 郭非亢 楊可觀 楊景曄 高爲礦 張象賢 梁若衡 麥而炫等 白瑞芝 區懷炅等 譚應龍 子相國等 梁逾等 區銑 關倫紀 朱實蓮等 陳埏 陳官耒 梁標 陸言 葉以繡 程憲玄 曾一唯 吳兆健 朱名臣 梁蓮臣 關天鍾 王鼎衡 關善緯等 楊從堯 楊從先 譚熙昌 李鍾岳等 袁煌晳 鄭達 黃奇策等 姜曰廣 子之綱等 從子之和等 黎元寬 萬鶡 劉斯崍等 兄斯埼 斯瑋等 從弟斯垖等 曾櫻 子文德等 弟植等 陳泰 郭之奇 莫遠 洪夢棟 陸漾波等 蔡琦 林萃芳 林佳相 陳衍虞 袁龍 夏光天 楊宮 林紹鉉等 馬光龍 孫森 羅全斌 楊祥等

陳子壯，字集生，南海人。萬曆四十七年進士第三，授編修。天啟中，父熙昌爲吏科都給事中，論魏忠賢杖戍。子壯亦以典浙江鄉試，發策誹謗，削籍。崇禎初，起故官，累遷禮部右侍郎。張獻忠火皇陵，上素服召對羣臣。因言：「今日所急，在收人心。宜下罪己詔，激發忠義。」納之。乃會同列上蠲租、清獄、赦過、宥罪十二事。時溫體仁當國，盛稱主上神聖，臣下不宜異同。子壯正色曰：「世宗最英明，然祔廟之議，勳戚之獄，當日臣工，猶執持不已。皇上威嚴類世宗，公之恩遇孰與張、桂，但以將順而廢匡救，非善則歸君之義。」體仁故忮子壯，至是聞其言益怒，遂密以其語奏聞。上以天下多故，思破格求才，欲召用宗人，遴才授職，如高皇帝階換之制，下所司議。子壯曰：「將軍中尉皆一品官，若此則三公九卿，一朝而盈廷者數百人，非所以爲法。」上怫然曰：「親親任賢，古之道也。」卻其奏。子壯力陳五不可，言：「宗族改授，適開僥倖之門，隳藩規，溷銓政。」紹宗時在唐邸，引前代故事力詆之，遂下獄，坐贖徒歸。已用薦起協理詹事府，未赴。十七年十月，以禮部尚書召，與馬士英、阮大鋮忤。揚州亡，請守禦不得。上幸黃得功營，追扈不及，乃馳還。時桂王由榔避兵梧州，子壯謂王神宗孫，宜立，與丁魁楚、瞿式耜方集議，而紹宗已即位，乃已。隆武元年八月，起兵部。靖江王亨嘉反，拜東閣大學士，命與魁楚、萬元吉同辦軍務，留南雄。十二日，山賊數千圍城，登陴出奇殲之，乃捐資召募二千餘人，日訓練，將爲勤王計。汀州變聞，以兵至肇慶，擁戴昭宗。蘇觀生奉唐王聿鐭建號廣州，子壯阻之不得，遂以兵屯南海九江村，命子上庸説降諸山寨，待時而發。黄信、林芳及海上忠義徐貴相等各起兵，授總兵。復致書式耜，請兵東覷觀生。上命以兵部尚書、文淵閣大學士，總督兩廣、福建、江西、湖廣，賜尚方劍便宜行事。會清兵陷廣州，子壯止不行。永曆元年春，張家玉、陳邦彦、王興、賴其肖先後舉兵。一時陳順、簡信起兵韶州，斬參將李美。羅士璧復乳源。譚榮復興業，斬知縣鄧之楨。賴天錫、唐朝奉起兵博白死；義兵起化州，斬知州楊麟武。李昌運復德慶，斬吏目郭曉。義兵復廣寧，斬知縣楊嘉陞。李春光起兵四會。羅勝統起兵清遠。義兵起吴川，斬縣丞黄應乾。芳、貴相等合衆數萬攻廣州敗。子壯乃於七月以所招萬餘人立漢威營，兵皆蜑户番鬼，善戰，衣甲器械精絶，尤多西洋銃，前後殺清兵數萬。已與邦彦約共復廣州。子壯攻西南，邦彦攻東北，結黄炅元、昱元、楊可觀、楊景曄、高爲穰、張象賢，守將王天錫、天授等爲内應，而令梁若衡設伏城外，並檄鄉鎮諸軍雲集響應。八月二日，誓師九江村，分諸舟爲四營，戰艦都千二百。將及廣州，霍師連斬知縣陳億、監軍鄧乘等，以三水來歸。白嘗燦斬于華玉，遂復清遠。子壯乘勝以師進，一鼓奪西郭礮臺，禽總兵孟輝等，火器焚一角樓，清兵大震。而炅元、可觀、景曄、爲穰、象賢等伏先發，事洩死。若衡應於順德，亦被執死。佟養甲遂盡易各門軍衛，防益密。子壯退駐五羊驛，連日攻不克。初，子壯之約家玉、邦彦起兵，時李成棟至平樂，上幸桂林，危甚。邦彦乃説余龍乘間發兵繇海道入珠江，合子壯攻廣州，以牽制西兵。成棟以養甲告急，飛馳回救，敗龍、邦彥珠江，與子壯戰，子壯乃解圍屯三水。家玉乘子壯攻廣州，以師攻新安、東莞，軍大振。成棟見子壯退，乃疾之新安，家玉走鐵岡。十六日，子壯約邦彥攻廣州，邦彥曰：「今成棟攻家玉新安，公以兵攻城，成棟必急回救，我伏禺珠洲側突衝之，而公以大舟逼其西，可得志。望青旗而朱斿者，我軍也。」子壯用其計。是日攻廣州，成棟果以兵還至洲側，邦彥火舟衝之，燔舟數十。成棟走下風，引而西，邦彥尾之。會日暮將雨，黑暗中，子壯軍不辨旗幟，疑皆敵舟，追之陣動。風忽轉，成棟回舟奮擊。戰酣風雨作，成棟援大至，乘風順流，勢不可遏。子壯師大潰，登岸走還九江村。時麥而炫斬知縣徐嘉植，復高明，具書來迎，乃入高明，以朱實蓮知縣事。二十五日，子壯還九江，陰命家人奉母寓馮館。時有九江舉人陳官紀通敵得實，責以大義，誅之，鄉人爭啗其肉，須臾立盡。九月十日，復治兵九江，四路設伏。二十四日，成棟師環攻九江，伏兵四起。子壯以兵五百衝戰，斬副將許士縉、張虎等三十餘人，遂大勝之，成棟解圍去。十月十四日，子壯攻新會，白瑞芝先登死，攻新興不克，還高明。清屠九江，死者數千人。二十一日，清圍高明，子壯固守，人人自奮，南城崩，子壯登西城一呼，諸將死戰，以一當百。二十九日，總兵鄭昌導清兵火藥穴地。陷高明，實蓮戰死。子壯與而炫、區懷炅、區宇寧、曾一唯、陸言、王鼎衡自西門衝出，至三洲省母，則已死馮館，欲殮母而死，遂爲兵所執。成棟親爲釋縛輿車，具賓主禮。子壯談笑引滿，舉止如嘗。時家玉、邦彦死，廣西告急，陽朔、平樂、潯州復，合兵梧州。成棟引兵而西，乃移送廣州。十一月六日，見養甲，岸然北面立。養甲叱之跪，子壯呵曰：「世食大明，衣大明，大明何負汝而作逆至此。吾國大臣，頭可斷，膝不可屈也。」養甲知不可威愓，霽威言曰：「我念爾是年誼，欲曲保全爾，何違天自孽乎？」子壯曰：「爾負朝廷，何年誼爲？我神宗鼎甲，世受國恩，今日事無成，一死以報而已。」養甲曰：「汝降生且富貴，否則族。」曰：「但求死所耳，他非所計也。」於是養甲先涖東郊，殺而炫、懷炅、宇寧、一唯、言、鼎衡及關善緯等以怖之，子壯且笑且駡，怒髮張目，無一語屈。養甲坐以木案，衣以赭衣，大書旗曰逆宦，木丸塞口遊城，處以寸磔。臨命大呼高皇帝、烈皇帝，剞封垂盡，猶聞氣息，投骨四郊，清兵皆爲流涕。時正晝晦，大雨震雷，年五十二。區銑、楊從堯、楊從先、譚熙昌、程憲玄、關倫紀、李鍾岳、僧達朗同死。事聞震悼。及成棟反正，乃贈上柱國、太師、吏兵二部尚書、中極殿大學士、番禺侯，謚文忠。

子上庸，字登甫。授職方主事。團義勇以濟師。禺珠洲之敗，戰死，年二十七。贈太僕少卿。

上延，字耆仲。任尚寶丞。

上圖，字叔演。歲貢。任錦衣指揮使、都督同知。從邦彦學，於子壯死後見執，家僮伯卿請寸斬以贖主人之孤，得免。與妻何入皂帽山，興給衣食，完髮痛憤死。

孫周贊，任中書舍人。

弟子升，字喬生。崇禎十二年舉於鄉。隆武時，家玉疏薦中書舍人，奉命趣餉道忠誠，入粵而汀州變聞，乃從兄起兵，遷職方主事。子壯歿，家籍，奉母匿，收其餘衆，結石、馬、徐、鄭四姓忠義屯花山島。有楊光林者，以兵萬餘遥與連絡。成棟反正，謁上南寧，扈駕，擢兵吏科給事中。端静無所附和，封事多感發，小人疾之，假以使事外出。既東而駕西幸，追不及，流落山中，久之歸。子升少從子壯學詩，長與薛始亨結社仙湖，又與南園詩社，偕黎遂球遥應復社，張溥重之。爲人高額廣顙，鬚髯甚偉，精音律鼓琴，畫法董、倪，印追秦、漢，時以才子目之。晚入黄山青原，與熊開元、方以智遊，法名智山。又入廬山，受曾起莘戒。歸後，杜門卒。

從弟子履，恩貢。貴縣知縣、儀制主事。諭祭家玉。表兄馮茂，諸生。子升、族明敬與黄季恒入南園社，逃禪。

信、芳，茂名人。隆武元年十一月，與高鎮、林能、麥明襄、葉垣居、黎侯璽、梁帝覺以百許舟出海，號白旗，監紀陳甲招之歸正。二年四月，至新會，知縣黄灝中招山寇入城拒之。垣居掠，爲把總司徒義所敗走。六月，副使洪天擢、海防姚生文剿白旗，斬撫目鄺歪髻。八月，遊擊李承錝守新會。十二月，清兵至，義降，承錝、灝中走，信與黄鑾長、張允初、張産旺、麥長公、關逢四、黄宗炯、梁華韶合攻城，把總張述璽、李玉林内應，爲垣居所殺。譚正國、何士琨、劉坊、莫若簡及諸生許法頤力拒，信戰不利，次日清兵大至，戰死。

炅元，字元晦；弟旻元，字元容，南海人。皆諸生。並授兵部主事。事洩，旻元被執，且逮其父，以致炅元。炅元已出，乃還詣獄，曰：「父無與。」遂駢斬。旻元就道，讓其兄先行，曰：「造次不可失序也。」

弟晟元，字元節，諸生。走藤縣。成棟反正，以義兵復梧州，授監軍副使。梧州陷，力戰死。

其友郭非亢，南海人。諸生。贊畫知縣。從起兵，不薙髮。里人傅天植縛致清兵，臨命怡然。

可觀，字龍瑞，廣州衛人。方面豐頤，白皙美鬚眉，豪雄自喜。隆武時，上書福京，授柳慶副總兵。聿鐭稱帝，遷前衛都指揮使。清兵至，僞降。子壯兵起，命花山忠義三千人歸養甲，得守東門，並分賄城門守將，斬關迎。奴首其事，見執，鞫以酷刑，使引餘人。怒曰：「所以屈身奴輩者，正爲今日。丈夫斫頭耳，終不緩一死，禍天下英雄。」清搜城中兵衣縫得「桂」字者數百人，事連花山忠義三千人，皆見殺。贈都督。

景曄，字杲生，廣州衛人。崇禎十五年武舉。師事邦彦，負才畧，博書傳，精騎射。歷後衛指揮僉事、參將。事敗，養甲執其母，景曄出曰：「吾母。」養甲曰：「姑釋汝。」母曰：「景曄，須臾人也。」執事既念其母，何不及其未死並十歲之妹釋之，以瞑吾目。」養甲釋之，又爲好語誘降。景曄曰：「汝若生我，我不生汝也。」從容受刃。贈都督。

爲禳，字啟之，廣州衛人。以武舉官左衛指揮練方畧。從邦彦學。謁上肇慶，擢都督僉事、總兵。

象賢，字亞黑，廣州衛人。前衛指揮使。痛罵割耳鼻，仍大罵死。

若衡，字簡臣，順德人。亭表子，子壯壻也。崇禎十三年特用，授永福知縣。亭嘉有異志，與峒盜結，若衡禽之。亭嘉欲强釋，悉置於法。奸民奪良民田獻，亭嘉使執券索印不可，脅之不動。擢左州知州，未赴歸。贈光禄少卿。

而炫，字章闇，高明人。崇禎四年進士。力學稽古。授上海知縣。歲凶，以催科不及，謫福建布政簡較，陞安肅知縣，忤權要歸。紹宗立，遷湖廣道御史。清招不屈。與懷炅、譚應龍、相國父子破家起兵復高明，斬清兵五百人。尋與相國、李星一、關其忠、梁逾合復新興。高明陷，亟欲回救，兵潰。將以東山瑶再舉，爲奸人紿執致廣州，與弟而焻、都司嚴曾謝逵等同死。贈太僕卿。

而焻，字昌仁，諸生。監紀推官。從子萬垓，字道泰，世百户，授都司。高明陷，巷戰死。

瑞芝，清遠人。廪貢。工詩文，參軍。

懷炅，字熙仲，高明人。尚書大倫子。紫髯負氣。以副貢授知縣，遷職方主事。與從子宇寧傾家起兵，皆有戰功。

宇寧，字精卿。諸生。授監紀、知縣，遷知府。懷炅，贈光禄丞。

應龍，字能岳，高明人。昭平典史。南京亡，與子相國、正國衰服日痛哭。子壯兵起，使相國出迎師，約而炫犄角，半旬而高明復，遷職方主事。力守城陷，妾黄井死，應龍衣冠經死。

相國，字起臣。崇禎十二年舉於鄉。鬻産輸軍，授儀制主事。以義兵從邦彦攻高明不克，已與銑、倫紀説知縣徐中玄反正。先城陷，以衆往新興，後謁南寧。中道死土寇。贈員外郎。妻李抱幼子憲默井死。

正國，字儀公。崇禎十年進士。改庶吉士，歷中書舍人、廣西道御史，巡按貴州歸。紹宗起廣西道，族人登魁，諸生，不屈死。

逾，字卓甫，新興人。世錦衣。與諸生梁州垣、耆民梁州翰起兵，合而炫戰敗執死。永曆二年，官州垣子敬承監紀通判。逾先有護駕功，陞僉同，至是贈廣威將軍。

銑，高明人。武舉，歷兵科給事中、監軍副使，聯絡西師。累贈光禄卿、兵部左侍郎。

倫紀，高明人。武舉。

實蓮，字子潔，南海人。天啟元年舉於鄉。授德清知縣。歲饑，振活萬人，賦不登，被劾，謫嵩江炤磨，陞調臨淮知縣，憂歸。安宗立，遷刑部廣西司主事，調武選，轉户部郎中歸。奉敕以監軍副使團練水陸義師，起九江村，伏兵隘口，斬敵千餘。以舟數百與子壯分攻廣州，使陳官棐、梁標、陸言、葉以繡先登奪礮臺。會成棟兵至，子壯師潰，實蓮一軍獨完爲殿，退三水。使懷炅先之高明，以子壯令，命憲玄、一唯爲内應，實蓮爲知縣，吴兆健爲教諭，朱名臣爲訓導，梁蓮臣、關天鍾分門守。城陷，實蓮手刃清兵數十人。磔死，贈光禄少卿，加兵部左侍郎。

子國薦，任國子助教。弟伯蓮，中書舍人。伯寅，職方主事，同死。

善緯及副總兵麥方，參將麥鐵櫓，遊擊陳沖，都司關熊、方從灼，守備何熙，中書舍人范奇徵，户部參謀中軍謝遇春，監紀推官劉民欽、程憲康，知縣陸宜學，諸生楊如桂、譚建新、譚夢蘭，貢生譚介維、嚴必登、譚象璠、曾啟佐、譚有珍、李宏才、譚象璵、劉景星、楊而楠、譚燧、譚繼俊、楊際昌、程憲雍、楊慶遜、楊本立、譚可美、劉守芳、莫可當、楊贊之、楊夢陽，隊長林挺秀、梁應辰、趙宛符、陳瑞、潘文鑑、潘至慎及男婦三千餘人皆死。

僚壻陳埏，字南叟，南海人。實蓮死，清收其家口，下令匿者坐千家，實蓮妻及子國藹、國薦無所容，藏之複壁，禁解乃出。

官棐，字保章，南海人。偉幹有武畧。

標、言，南海人。守備。以繡，建寧人。皆先登，死於礮。

憲玄，字覺斯，高明人。恩貢。户部主事。

一唯，字貫卿，高明人。歲貢。中書舍人、兵部主事。二人破家起兵。

兆健，字行之，南海人。諸生。兵部司務。

名臣，字穀友，高明人。諸生。贊畫、知縣、兵部司務。

蓮臣，順德人。諸生。遊擊。皆城陷死。

天鍾，南海人。長軀黑面，力舉千斤，巷戰斬數百人死。

鼎衡，高明人。參將。

善緯，字榮邦，南海人。參將。兄善綸，字榮掌，遊擊。

從堯，字中郎，高明人。歲貢。知縣。

從先，高明人。歲貢。國子學録。

熙昌，高明人。監紀推官。

鍾岳，高明人。歲貢。

方，新會人。

又袁煌哲、鄭達、黄奇策，與遊擊、都司、守備李兆樑、夏竣、胡瑞麟、麥明相、郭良佐、盧三仁與子壯同事義師。

煌哲，字生洲，東莞人。歲貢。

達，字君穎，香山人。兵部司務。

奇策，新會人。鄉官。與兆樑等皆隱居終。

姜曰廣，字居之，新建人。萬曆四十七年進士，改庶吉士，授編修。鄒元標以薦李三才爲廷論所指，出揭直之。天啟五年，分較會試，魏忠賢命甥傅應星納交，拒之。復令孫撫民謁，不見。六年，出使朝鮮，不携一錢歸，朝鮮人爲之立碑。還陳海國情形，有裨軍國者八事。明年，忠賢枋國，以東林削籍。崇禎初，起右中允，積官至吏部右侍郎，坐事左遷南京太嘗卿，引疾去。後以薦擢詹事，掌南京翰林院。北京危，同史可法疏請太子監國南京，以固國本，且鞏祖陵，收東南人心，以備緩急。疏留中不下。北京亡，南京議紹述，曰廣主立潞王，會馬士英擁福王至。先士英曾致書於曰廣等，意似無意福王者，曰廣答書具述立賢大義，遂商以原衛兵拒四鎮於江上，刻日遣迎潞王。可法曰：「立福王序也，事不成，吾等皆爲逆矣。」於是潞議竟止。安宗立，廷推閣臣，以曰廣曾有異議，不用。已詞臣以王鐸、陳子壯、黄道周名上，而曰廣居首，乃拜禮部尚書、東閣大學士，加文淵閣。與高弘圖協心輔政，申拔正類，劉宗周、徐石麒、夏允彝、郭繼經、徐汧、揚廷麟、熊開元、章正宸、陳子龍、張國維等，次第彈冠，父老咸扶杖，拭目太平。士英鋭意欲用阮大鋮，曰廣力沮之，爲所疾，因抗疏乞休曰：「前者文武紛競，自慚無術調和，近而逆案掀翻，又愧無能寢息，遂使先帝十七年之定力，頓付逝波。陛下數日前之精神，竟同反汗。梓宫未冷，增龍馭之凄涼；制墨未乾，駭四方之視聽。惜哉維新，遂有此舉，但恐忠臣裹足，志士灰心。臣遭遇聖明，備員政府，不能扶危持顛，有負生平。必待羣言交責，始求罷斥，良亦晚矣。夫祖宗會推之典，行之萬世者也。昨日大鋮之起，竟出内傳。夫斜封墨敕，種種覆轍，史册昭然。臣觀先帝之善政雖多，而以堅持逆案爲盛美；先帝之害政間有，而以頻出口宣爲亂階。用閣臣以内傳，用部臣勳臣以内傳，選大將選言官以内傳。所得閣臣，則淫貪巧猾之周延儒，逢君浚民奸險利毒之温體仁、楊嗣昌，偷生從賊之魏藻德；所得部臣，則陰邪貪狡之王永光、陳新甲；所得勳臣，則力沮南遷盡撤守禦狂稈之李國楨；所得大將，則紈袴支離之王樸、倪寵輩；所得言官，則貪横無賴之史𡐤、陳啟新。凡此皆力排衆議簡自中旨者也，其後效亦可覩矣。陛下亦知内傳之故乎？總緣鄙夫熱心仕進，一見擯於公論，遂乞哀於内廷，見其可憫之狀，聽其一面之詞，不能無動者，亦人情也。而外廷口談清議之人，亦有貪婪敗類之事，授之口實，得以反脣，而内廷攻之者，盡皆如此也。間其事情密聞於上，及得上之意旨，則又轉而授之，於是別創新法，令之面試平臺，祇須一語投機也。夫立談取官，同登場之戲劇，下殿意得，類嬴勝之販夫，天下事從此不可爲矣。臣昔痛心此事，亦於講義敷陳，小人何知，求進而已。陰奪會推之柄，陽避中旨之名，此豈可爲訓哉。先帝既誤，陛下豈堪再誤。天威在上，密勿深嚴，臣安得事事而爭之。但願深宫有暇，時取大學衍義、資治通鑑視之，周宣、漢光何以復還前烈，晋元、宋高何以終狃偏安，武侯之出師，何惓惓於親君子遠小人，李綱之禦敵，何切切以信君子勿比小人。必能發聖心之天明，破邪説於先覺，然後國恥可得雪，中興可得期也。臣待罪綸扉，朝廷未肅，風俗未淳，兵民之危疑未解，江河之備禦全疏，半壁東南，有同幕燕，就死無地，終夜拊膺，而責臣者叢至矣。苟好盡言，終蹈不測之禍；聊取充位，又來鮮恥之譏。鬱鬱居此，臣今誠病，恐他日求病而死亦不可得耳。」疏入，上温旨慰留，而士英、大鋮大愠，陰嗾朱國弼、劉孔昭以誹謗先帝誣衊忠臣國楨爲辭，交章攻之。時議復設廠衛，曰廣力持不可，言：「緝事不除，宗社且不可知，何廠之有！」會祁彪佳亦上疏力諫，曰廣擬旨俞之，且具疏力爭，上改命五城御史察訪。士英念曰廣不去，已終不得肆志，嘗因召對，竟出曰廣初答書於袖中，大言陛下有四仇未報，曰廣其一也，發神廟時挺擊東宫一案，以激怒上。且曰：「立上非其意也。」即以手書爲證，退復使大鋮爲疏，令宗室統鑨上之，言：「從賊之輩皆曰廣私人，定策時又懷異志，不可爲相。」旋又劾曰廣五大罪，詞甚醜穢，疏不繇通政上。袁彭年、劉士禎糾之，俱不問。曰廣被誣，求罷益力，至九月得請，命行人送之，予驛贈銀幣。陛辭日，上御殿，羣臣陪列，曰廣曰：「微臣觸忤權奸，自應萬死，聖恩廣大，猶許歸田，但臣去後，陛下當以國事爲重。」上曰：「先生言良是。」士英勃然曰：「我爲權奸，汝且老而賊矣。」即叩頭言：「臣從滿朝異議中擁戴陛下，願以犬馬餘生歸老貴陽，避賢路。如陛下留臣，臣亦但多一死。」曰廣叱之曰：「擁戴是人臣居功地耶？」士英曰：「曰廣定策時意在潞藩。」上曰：「潞王，朕之叔父，賢明可立。二先生毋傷國體，内廷之爭，不可向外人道也。」已出，復於朝門相詬厲。曰廣骨鯁廉介，有古大臣風，扼於奸邪去國，士論惜之。南京亡，紹宗以原官召，未赴。金聲桓趣出，遣人存問，皆不應，完髮誓死。招胡澹等潛結合義師，欲間入閩、粤，不果。聲桓、王得仁以南昌反正，曰廣方家居，重其人望，奉爲盟主，草檄遠近。命黎元寬聯絡浙、閩，萬鵾聯絡江、楚。昭宗加少師、吏兵二部、建極殿，督師恢剿京、湖、閩、浙，賜尚方劍便宜行事。然聲桓擁重兵，亦假便宜，不盡聽命於曰廣。時撫州王寵等義兵數萬，忠誠羅榮餘衆歸義效命者亦數萬，劉季鑛所號召西連鄖、耒、郴、桂，所在響應，咸願受節制。曰廣欲輯合爲援，聲桓不從。命聲桓速趨九江、安慶、南京，亦不應。又欲分軍扼上流，聲桓曰：「今初舉義，兵力未全，合不宜分。」曰廣曰：「如此則非余之所知已。」遂稱疾不視事。上召入見，復爲聲桓所留。清兵圍南昌，聲桓撤忠誠圍援之，得仁將以所部趨九江，爲犄角勢。曰廣檄召之，得仁謂棄要害，入孤城，譬猛虎陷阱耳。曰廣不聽，一日夜檄數十至，得仁不得已還南昌，已糧盡援絶。曰廣刺血拜表乞援，并傾資鬻僕妾以充餉，遣澹出城號召，辭不行。而殷國楨等被執死，遂坐困。初，曰廣將應聲桓而出，徐世溥止之，不從。永曆三年正月十九日城陷，嘆曰：「專事忠誠，使上流得備，天也。」或勸出奔，曰：「吾今日不死，尚何待！」乃作絶命歌六章，投偰家池死，一門從死者三十餘人。

子之綱，字勉生。任中書舍人。之綸，字子如。諸生。

從子之和，字公鼐。選貢。兵科給事中。之綸、之和從曰廣死。之綸妻，熊文舉女，經死。孫文振，字玉如，任中書舍人，爲僧。部將湯執中經死。楊毓從死。事聞，贈曰廣中極殿，謚文忠。

元寬，字左嚴，南昌人。光禄卿道炤子。崇禎元年進士，授工部主事，榷浙南關，遷兵部郎中，出爲浙江督學僉事，以史漢倡，進於六經。浙人羣思學古，試士日，以文質者，面定如家人。劾體仁罷歸。聲桓反正，以僉都御史巡撫浙、閩。江西再陷，爲草堂谷鹿洲，日論周秦來古文。洪承疇累薦，力拒。後以南潯莊史事一門死，年七十九。

鵾，字二溟，南昌人。兄鵬，給事中，早卒。鵾，歲貢。上高教諭，署知縣。南昌亡，傾財招兵千人衞鄉里。上疏福京，命援忠誠。楊廷麟薦職方主事、監軍御史，出入鋒鏑者四年。嘗戰浦城，斬獲多。聲桓反正，與之連絡。江西再陷，爲道士，不知所終。

同時劉斯𡗗，字文修，南昌人，大學士一燝從子。萬曆四十四年進士，授零陵知縣，調海澄，豪强屏息，捍紅夷，捐奉建縣城及學宫港口，諸石城置銃礮，海寇攻四十日不下，遷刑科給事中。威宗起霍維華官，力陳其奸，乃止。又極論賈繼春反復善幻，罷歸。長至郊天，疏論用人理財。又疏爭言路關係。皆報可。袁崇煥下獄，永光欲借此翻逆案，復爭之。錢龍錫坐崇煥事論斬，與道周救之得免。歷兵科、禮科，陞吏科都給事中。王坤訐閣臣，疏極論之。忤延儒、體仁，降南通政參議，後累擢左僉都御史致仕。聲桓反正，起兵梓溪。清將喬承寵至，與子元鑑等完髮入山。永曆三年元旦，清曆先一日，時城郊無不從清者，斯𡗗獨否，戒家人詰旦行禮。及期雞鳴沐浴，朱衣烏紗出廳事，北拜嵩呼，然後鼓樂前導，率三子入家廟，鳴金礮拜先人，觀者皆大駭。頃之，人爭觀，遂無不知斯𡗗冠服者。承寵因發兵圍之，斯𡗗朱衣出見，縛之去，曰：「向憂不得死所，今遂志矣。」二月十三日，與元鑑皆不屈死。元鑑，恩貢。北京武學教授致仕。

兄斯埼，字其奇，大學士一煤子。任尚寶丞。作憶昔篇，陳弘緒稱之。

斯瑋，字西佩。任尚寶丞。斯垵、斯埰，皆任中書舍人。隱。

從弟斯㘯，字士雲，給事中一爌子。諸生。主文社，負文名，四方名士皆出其門。卒年三十六。

斯堝，諸生。死忠誠難。

從子元釗，字遠公。一煤孫。工詩。隱蕪湖。

曾櫻，字仲含，峽江人。萬曆四十四年進士。授工部主事。監興造，爲中貴所憚。天啟二年，繇郎中出爲嘗州知府。時御史巡視鹽倉、江漕及督學、屯田者，皆操舉劾權，文牒日至。櫻具狀南京都察院曰：「他方守令，奔命一巡按，獨南畿者奔命數巡按，請一切飭罷。」比屯田御史索屬吏應劾姓名，櫻不應。索者危言恐之，答曰：「僚屬無可劾，止知府無狀。」因自署下考，杜門待罪。撫院爲慰留，始起視事。織造中官李實迫知府行屬禮，櫻不應。既檄至，侮以爾汝，櫻亦以爾汝報，卒不屈。魏忠賢逮高攀龍、繆昌期、李應昇，櫻助昌期、應昇資。攀龍死，經紀其喪。緹騎欲載屍察驗并逮其子，力持不可，乃免。毛士龍、孫愼行以忤奄遣戍，櫻諷士龍逃而緩愼行之行。忠賢敗，事遂解。崇禎元年，遷漳南參政，禽斬九連山土寇幾盡，母憂歸。服闋移興泉，轉福寧副使。海寇劉香與紅夷寇掠沿海，熊文燦欲遣鄭芝龍往討，疑香與芝龍有舊，櫻以百口保之，遂平海寇。逾年，東廠獲一男子，言爲櫻行賄，謀遷秩，上震怒，命逮治。御史葉先春曾爲屬吏，知其賢，於他疏附白之，詔詰問，因具陳櫻賢，然不知賄所從來。乃命沈猶龍、張肯堂覆按廠檄，有奸人黃四臣名，芝龍因曰：「四臣我所遣，我感櫻恩爲之。」猶龍、肯堂遂據以入告，芝龍亦上疏請罪，士民詣闕擊登聞鼓聲其冤。得旨免入獄，削芝龍都督銜，仍令櫻以故官巡視海道。未行，改衡永參政。賜敕，故事分守無敕，爲櫻賢，特賜云。衡、永故多寇，州縣殘破，櫻至，疏薦晏日曙、萬元吉才。兩人方坐事罷，以薦俱復官。檄芝龍討寇，寇多降，一方以安。陞山東右布政使，分守登、萊。清兵攻登州，以西洋礮力拒，殺敵多。旋以副都御史代徐人龍巡撫，加兵部右侍郎，入爲南京工部右侍郎，乞假歸。初，清兵陷山東，巡撫王永吉所部濟、兗、東三府盡失，匿不聞，兵退以恢復報，登、萊所失無幾，以實奏，櫻遂下刑部獄。京師陷，微服詣南京刑部，法司以贖徒論。紹宗即位，拜工部尚書、東閣大學士，尋晉禮部、文淵閣，「賜啟心沃心」銀章。嘗日數召對，屏坐謀軍國事，丙夜乃罷。時選任九卿長貳及他任使，率稱多所進，所上密劄及封駁內降揭議，日十數上，輒削其草。初上以黃道周、蔣德璟輔政，政自己出，至是始專任櫻。櫻位後起而眷倚出諸臣上，已命署吏部。芝龍折節執門下士禮，上亦得櫻夙望相控抑，以親臣腹心倚之。及親征，命留守福京，賜敕專決國政，蓋異數也。櫻理部事，絶干請，朝貴不能無望。會用人與部議不合，陳軾希指劾其專恣。上不懌，詰責所司，而以兵部尚書郭維經權即軍前爲吏部，陞徐芳爲文選郎中，罷留守選，選政一歸軍前，蓋時已有蜚語上聞也。賴湯來賀屢言櫻清忠，定特鑒諒，上意解。會軍前都御史缺，難其人，復委櫻。時何吾騶以容悦自固，忌其直，欲因事去之，陰結諸不便者傾之。會林蘭友被劾下臺議，久未復，蘭友恐櫻有意督過之，乃上章極詆櫻。櫻杜門乞骸骨，上爲詰責蘭友降官，温旨慰之，櫻出視事。時維經請解部務赴忠誠，復以櫻掌吏部事。已復罷。七月，詔居守福京如故。芝龍不肯出兵，駕往來延津，櫻謂非遲久策，失海内望，請速幸贛州，並力出江西、湖南。已謁行在，上以擅離請對，下詔切責。櫻端誠懇至，知無不言。初，熊明遇長户部，上嘗引閣臣入宫，至一處，案籍充溢，沿壁標識，文書至數十帖，因自言日對羣臣，夜覽章奏，宵衣旰食，輒患事之不治，外廷諸臣乃更惰耳。衆謝，櫻獨不語。上問之，乃曰：「臣以爲人主之職，在於考慎擇相，執要而已。今敝精於口舌文字間，舍其大而勤共細，此臣等事，非人主所急也。且衡石程書，彼復何益於治。」上嘿然，其亢直如此。又善容人過。軾論多詆毁，所屬不平。櫻曰：「軾雖未知我，其言多中吾病，此益友也。」軾後以科銜督粵學，下部議。櫻正署部，輒具復。蘭友既謫，緣事臺諫爲之請，不許。櫻乃上言，宜寬責以開言路，乃還御史。顧政在鄭氏，卒不能有所爲。福京亡，乃浮家廈門島中。陳泰、阮旻錫從講心性之學，躬行實踐，終日無倦容。嘗坐席少偏，命旻錫移之，曰：「席不正不坐，正身所以正心也。」永曆四年七月，命以原官督師閩、浙總理官義兵馬恢剿直省，賜尚方劍便宜行事。明年二月，城將陷，家人請登舟。櫻曰：「此一塊乾淨土，正吾死所，豈泛海求活耶！」乃自經死。越五日，泰負骸走三十里入殮，顏如生。事聞，贈上柱國、太師、武英殿，謚文忠。

子文德，字屺瞻。選貢。職方主事。隆武元年冬，與弟文思、從弟文徽起兵峽江，戰敗墮馬獲救。自監軍御史遷太僕少卿。扈駕汀州死。文思，諸生。文徽，植子。諸生。皆一門十餘人戰死峽江，贈中書舍人。

櫻弟植，字季培。選貢。道周薦授泉州同知，拒例餽九千金。又善決獄，討仙遊僞王秦士匯降之，陞參議。入爲光禄少卿，卒。

泰，字降人，鎮海衛人。諸生。儲賢館立，櫻拔第一，授知縣。櫻死，旻錫謀收遺骸，泰哭曰：「無庸，子出而不返，則老父倚閭而望。吾孑身在，死則死耳。子效力於親，吾效力於師，不亦可乎！」乃扶服負櫻屍，付其家人殯之。歸不食三日卒，贈鴻臚卿。

郭之奇，字仲嘗，揭陽人。崇禎元年進士，改庶吉士。以忤温體仁，左遷主客主事，歷員外郎、郎中，出爲福建督學參議。時鄭芝龍已貴顯，子森方爲諸生，歲試欲餼於庠，撫院兩司爲緩頰，之奇不可。李世熊在幕，語之奇曰：「以芝龍氣力，欲他途進身，何所不得。今沾沾以廩生爲榮，意良佳，且朝廷不惜以一品官縻其父，其子以能文食餼何傷？」之奇曰：「不然，命官是朝廷事，衡文是學道事，子意在調停耳。夫埋没正性，與世周旋，一事不可爲也。」竟以二等置森。改副使。尤溪寇陷閩清，督兵平之。張獻忠攻袁、吉，扼守杉關，福州知府莫遠徵廩銀入官，之奇糾之，張肯堂以同鄉力庇不獲，遂大忤。尋以病歸，起太僕少卿，命下而北京亡。安宗立，轉詹事。紹宗即位，芝龍以夙嫌，擠之落職。蔣德璟、黄景昉推用原官，以父老，未能即行。時軍事需餉孔亟，先後輸金以助，上恢復先審定畧疏，言：「今國家肇基閩南，當以江右、兩浙爲樞，竊計徽、饒未靖，建、撫傷殘，則兩關廣信，皆非砥道。陛下非暫住富沙，綢繆牖户，必當移蹕章贛，號召楚江。臣愚以富沙之後户，章贛之咽喉，莫要於汀州，蓋建昌間道抵汀，四日而遥，廣昌接連寧化，兩日而近。今建、廣雖殘，而寧、汀安堵者，敵畏閩兵之議其後也。假令閩兵失援，寇至汀境，徽、饒烽火，綴我三關，則前後周章，閩地患在箕舌，章贛斷爲外府。臣之愚計，謂下遊巡撫宜鎮汀州，漳南兵道宜駐寧化，東連虔、吉，北策建昌，指臂相連，呼應如響，計之萬全，誠無逾此。」其後駕至汀州，以失援敗，果如其言。會九軍賊圍揭陽，之奇協守城。城陷，弟諸生之章戰死，之奇陷賊。林銘球力拯之得出，共謀起兵赴國難。會丁外艱，不果。永曆三年八月，昭宗起禮部左侍郎，陳安内攘外、措芻糧、選守令諸事，并上恢閩次第。請速簡重臣督師，合力分路。一從黄岡入詔安取漳，則郝尚久能辦其事。一從大埔入永安取汀，則羅萬傑宜速予敕印。俾統吴六奇、賴其肖等同心規閩，而謝元汴見在平遠監軍，使之犄角於武平、上杭之間。會朝議薦考翰林，之奇疏宜以永曆四年三月鄉試，四月會試，廷試之後即選庶嘗；如另薦另考，是詞林一席，反爲授受私途。與諸臣忤，卒用薦考法。上親試得劉茝等八人，命之奇、黄奇遇俱教習庶吉士。之奇謂奇遇繇推知考選，安知庶吉士典故，奇遇亦以他事相訐，黄士俊解之乃已。陞尚書，兼經筵講官。四年，扈幸梧州，書寄家人，以死自勵。五虎植黨，之奇獨不附，與朱天麟、王化澄、天貞毓、堵胤錫合。胤錫卒後，與貞毓合論袁彭年等誤國十大罪。八月，孫可望請秦封，與文安之、嚴起恒以爲不當許。會颶風盪舟，求直言，之奇言風變繇滇封也，議遂寢。及廣州、桂林陷，上幸南寧，之奇居北流。五年二月，拜太子太保、禮兵二部尚書、東閣大學士，賜「誠正儒臣」銀章。起恒死，密詔止召。六年七月，命督師閩、廣、浙、直，賜尚方劍便宜行事。乃之雷州樂民所，巡察諸營，遂攻雷之木内閘克捷。八月，並海而南，泊馬鞍山，颶風舟碎，之奇登絶島，三妾二女盡歿。之奇以恢復兩粤、八閩，必先連諸義師。已與陳奇策、王興、鄧耀爲聲援，又遣武選主事邢祈長之潯、橫，見晏清商機宜，復遣職方主事包嘉胤銜敕東連鄭成功及八閩士紳，且聞尚久有反正意，士俊、黄公輔起義於廣，李士淳、萬傑、其肖、元汴起義於潮。祈長直趨興營，聯絡花山，自肇慶溯惠、潮期大舉。七年四月，尚久與恢剿總兵蔡元以潮州反正，黄錦、梁應龍、鄒鎏、士淳、萬傑、洪夢楝、陸漾波、蔡琦、林萃芳、林佳相、陳衍虞、袁龍、夏光天、楊宫、林紹鉉、郭之廉、林雋胄、林佳胄、馬光龍、孫森從之，總兵趙祚昌在肇慶響應，使參將管萬齎奏安龍。先之奇在梧，已謀結二人，請晋尚久侯爵，任元恢剿。元者潮州土弁，故有豪勢，屯蔡家園，與尚久内外合力。之奇既得報，請加元太子少保、都督同知，挂犁朔將軍印。時李定國大軍入廣東，人皆以爲中興可望。未幾，尚久敗死，元降。秋，改之奇督師爲視師，賜「膂經邦」銀章。復至防城。八年春，至龍門，晋吏兵二部、文淵閣。回樂民所，與耀、奇策、羅全斌、王之翰練水師二萬餘人，屯糧二十餘萬石，且與興近，清不敢犯。三月，自雷州督諸軍出會定國高州，清雷州副將先啓玉以衆來歸，出陽江進新會。及定國走南寧，乃之石井。九年，復會諸軍雷、廉，復高明。十年至下川，時定國扈駕入滇，廣東悉陷，義師存者僅雷、廉海中奇策、馮應騮、文村興、龍門耀。之奇往來海上觀變，猶時通問行在，再晋武英殿。十三年三月，清兵至南寧，鴻臚卿何讓、總兵曾日芳降，之奇與將軍王才、總兵閻永德走上思、太平、江州，入文淵州。閏月，清攻新寧州，總兵何起龍，參將李三奇、楊國棟等死，參將張英秀降。太平副總兵兼知府段全文、上思知州李之彥走思明、龍憑，參將周維新、總兵蔡琦、兵部司務黃起鼇、思明同知方允佐、崇善知縣常懷走龍州，總兵尹振邦、潘居震走新寧宣化村，兵部主事許如桂、南寧推官高仲賓、參將列龍光走下雷，左州知州梁調元、永康知州李之穎走萬承，將軍周文龍走田州。未幾，與左江道陳甲，南寧通判陳堯文，監紀推官何瑸、何道遇，經歷李夢槐、梁文光，縣丞李青怡，教諭董昌，訓導黃以鼎、李家熾，巡簡翁正欽、劉翼興、陸紹統、陳標，典史伍子相，吏目梁恒、譚日新、鍾彰、楊武偉、胡起龍，捕官王忠國，獄官李先春，倉官胡天章，稅官黃佐、陳邦傳，標官何璋，土總兵謝應元、蘇廣容、王秀山，副總兵傅弘祖、何慶富、林茂昌、勞化龍，參將梁芳、麥炳生，守備陳耀彩，團練諸生鄧彰、劉士元，團練李雲麒、周道淳，哨長葉明奇降清。十四年，之奇展轉至江坪，結茅以處。嘗接家書勸歸，復曰：「光復則掃壟有日，陸沈則望鄉無期。」上幸緬甸，光澤王儼鐵、總兵楊祥亦來就之奇。安南懼禍及，十五年八月，遂並執送桂林。清兩司彭而述等多之奇門下士，委曲誘降不從。之奇惟求速死，或呼僞相，曰：「大明有天下幾三百年，二祖十二宗功烈昭天地，何謂僞？諸君咸食舊德，一旦臣事異族，遽以僞相加，天下後世其謂之何！」在獄日賦詩自遣。聞上崩，作滇雲暗弔之，其詞甚哀。十六年八月十九日赴市，從容大呼高皇帝，遇害，年五十六。遠近聞之，皆爲流涕。之奇自六年後，崎嶇險阻，艱苦備嘗，凡十一年。卒不渝初志。從扈兩粤，嘗上丹扆四箴、歷代正閏皇明一統篇及稽古百什紀事百章，以備中興捷録，以竭瞽史微忱。上名爲古今詩史，書之御屏，朝夕省覽，并宣付史館云。子天禧，從亡。

遠，青浦人。歲貢。福州通判擢。

夢楝，字東木，海陽人。崇禎十三年進士。吏科給事中。毁家助餉，改户科。兵敗遁荒，抑抑卒。

漾波，字導甫，海陽人。崇禎十二年舉於鄉。中書舍人，奉命徵訪遺書。兵科給事中、監軍。永曆四年，奉命汎海解潮州圍。尚久反正，命聯絡諸忠義。城陷，以在外免。

兄應奎，字山甫。崇禎十五年舉於鄉。死難。

琦，海陽人。崇禎九年舉於鄉。監軍御史。

萃芳，字衆茹，潮陽人。天啟二年進士。歷中書舍人、户部主事。犒延綏軍，遷員外郎，榷河西務歸。卒年七十六。遺命以故衣冠殮。

佳相，字子枝，海陽人。崇禎十五年舉於鄉。户部員外郎。工古文。

衍虞，字伯宗，海陽人。崇禎十五年舉於鄉。歷平樂知縣、禮部主事，後降清。

龍，字御卿，揭陽人。崇禎十二年舉於鄉。職方主事。入清會試。

光天，字人長，揭陽人。天啟元年舉於鄉。職方主事。

宮，本名世喬，字柳生，大埔人。天啟七年舉於鄉。破劉公顯，解揭陽圍，死守金甌寨不下，授職方主事。隱。

紹鉉、之廉、佳胄，皆揭陽人。職方主事。

光龍，字登同，潮陽人。崇禎九年舉於鄉。中書舍人。博極羣書，結茅和平里西中洲。卒年七十一。

森，海陽人。副使。

全斌，不知何許人。累功官總兵。永曆二年閏三月，魯可藻命拒府江，大破清兵，復梧州。

祥，四川人。定國部參將。定國入邕，命先間馳安龍，疏勿移蹕。累擢總兵，挂伏波將軍印。不識字，而以忠義自許，與之奇及水師總兵李聯芳、張仕朝同日死。皆西向叩頭謝恩，危坐受刃，神色不變。

贊曰：肇、梧之陷，上幸桂林，國勢岌岌，子壯秉直老臣，朝野瞻望，一旦援旗糺族，使清兵回救，行在少安，其指揮有可觀者。曰廣公忠亮敏，立弘光朝，譬如五緯麗天，芒寒色正，顧廟堂褒如充耳；投袂起義，智勇俱困，將畧非所長歟。櫻弘雅思量，之奇名行藻厲，皆國家之楝石，末造枋用，未能爲時龕難立功。可爲永嘅矣。

南明史卷五十三

列傳第二十九

無錫錢海岳撰

何騰蛟，字雲從，五開衛人。天啟元年舉於鄉。授榆次教諭，轉介休知縣，歷汾陽、大興，調南陽。南陽，紹宗封邑。紹宗在潛邸，英銳喜事，騰蛟特相周旋。地當兵衝，馬守應等出没，練鄉兵二十四營堵禦，數挫去。從陳必謙破寇安皋，斬級四百，能聲大著。累遷武庫主事、員外郎，出爲懷來僉事、口北道。丁父憂，劉永祚薦其才，將奪情，固辭歸。服闋，起淮徐副使，禽斬土寇，境内肅然。

崇禎十六年冬，以僉都御史巡撫湖廣。時湖北盡陷，止武昌一府，爲左良玉屯軍所。騰蛟之任，與良玉交歡，一軍帖然。安宗登極詔至，良玉部下有異議，騰蛟乃以劍自隨曰：「社稷安危，係此一舉，倘不奉詔，當以身殉之。」良玉遂開讀如禮。八月，朝議將移騰蛟他省，而命丁魁楚兼撫湖廣。楚人李向中疏言：「騰蛟一腔忠義，千里干城，小民依之，若嬰兒之求慈母；將士信之，若手足之應腹心，乞命炤舊和衷撫楚。」乃加兵部右侍郎，巡撫如故，尋以副都御史，總督川、湖、雲、貴、廣西。時楚軍皆北兵，虛憍不任戰。騰蛟陳守楚要着，以固長江，力言永順、保靖、銅仁、黎平、柳州、全州土司可用，向與其豪長遊，簡其壯勇可數萬，依湖守險。土司無遠征之勞，百姓無客兵之害。又疏陳天象。上命申飭内外。

弘光元年三月，南京有北來太子事，朝議沸然。抗疏言：「太子到南，何人奏聞，何人物色？至京，馬士英何以獨知其僞？既是王昺之姪孫，何人舉發？内官公侯多北來之人，何無一人確認，而泛云自供？高夢箕前後二疏，何以不發抄傳？明旨愈宣，則臣下愈惑。此事關天下萬世是非，不可不慎。」無何，良玉舉兵，稱奉太子密詔清君側，將邀之偕行。騰蛟堅不可，良玉謀奪其印，殺城中人以劫之。士民爭匿其署，遂身出坐門屏間，聽民入。良玉兵輒破垣縱火，騰蛟急解印付家人，令速出城，毋爲所得，拔刀將自剄，兵擁之去。良玉邀與同舟，不從，因置以別舟。舟次漢陽門，乘間躍入江，漂泊十數里，至竹簰門，漁舟救之登岸，則關羽廟也。家人懷印者亦在，相視大驚，覓漁舟忽不見，遠近共詫爲神助，益歸心焉。騰蛟乃與丁元相、鄭公福、副總兵汪伯立繇寧州轉瀏陽抵長沙。先李乾德所署湘鄉弁王祥、彭東四、益陽弁張四、海王璽，自稱都督，殺掠不戢，長沙惶惶。騰蛟至，集舊將屬吏，痛哭盟誓，分任士馬舟車糧餉，權令堵胤錫巡撫湖北，傅上瑞巡撫湖南，章曠總督監軍，周大啟提督學政，嚴起恒督二郡軍食，並擇黔、楚、廣西士補州縣郡佐，弔死扶傷，就遣曠往諸路調兵，劉濬芳募銃兵廣西，黃朝宣、張先璧、劉承胤、張廣濟、郭天才等先後俱至，兵勢稍振。而是時良玉抵九江已卒，南京亦亡。紹宗立，雅知騰蛟，倚之如肱股心膂。旋李自成殁九宫山，其部劉體仁、郝永忠等有衆四五萬，以無主將歸騰蛟，驟入湘陰。長沙初不知其來附，懼甚。朝宣即率兵還禦，上瑞請避，騰蛟曰：「死於左、死於寇一也，何避爲！」命梁夢卜、姚繼舜、陳鶴齡以鄉兵備守。周二南偵寇死，民益洶洶。騰蛟謀以部將萬大鵬、公福、伯立持書往撫。寇見止單騎，迎入演武場，飲以酒。大鵬不交一言，相與痛飲畢，寇問來意，大鵬曰：「總督以湘陰褊小，不足容大軍，請即移駐長沙。」因以書示，云「公等歸朝，永保富貴」。體仁等喜，即隨大鵬至，騰蛟開誠撫慰，宴飲盡歡，以牛酒犒其從者。命先璧以卒三萬出郊馳射，旌旗蔽天，體仁等大喜，悉招餘部來歸，驟增兵至十數萬，聲威大振。未幾，自成後妻高與其弟必正、從子李赤心擁衆五十萬乞撫於嘗德，騰蛟馳檄胤錫往撫，安置荆南。自成起兵二十年，破北京，覆廟社，餘衆一旦盡歸騰蛟，無不詫爲異事。而騰蛟上疏但云元凶已除，宜告謝郊廟，卒不言己功。上大喜，立拜兵部尚書、東閣大學士，封定興伯，賜尚方劍便宜行事，白金二百，督師恢復江、豫、楚、蜀、雲、貴、兩廣軍務糧餉，而微疑自成死未審。騰蛟因言自成實死，身首已糜，固辭封爵，不允。且命大出師武、岳、袁、吉，命萬元吉恢復江西、南京，於是部置降卒，參以舊軍，號稱二十萬，題授朝宣、先璧爲總兵，與承胤、赤心、永忠、袁宗第及中軍曹志建，良玉舊將王進才、董英、馬進忠、馬士秀、王允成、盧鼎，並開鎮湖南、北，所謂十三鎮者是也。又以北兵不足恃，添練南軍，招平越吴承忠兵，督標增新兵三萬餘。騰蛟鋭意東出，傳檄諸鎮曰：「悲哉！時至今日，成何世界，胥於禽獸矣。兵家五字，戰、守、死、走、降。以今戰守勿道，又諱死不言。走乎，我瞻四方將安往乎？降乎，無論毀形昧心，義所不忍，豈不聞諸公旗下摧辱萬狀乎？戰守不成，走降非策，則惟有一死。語云：『死士一萬，横行天下。』何苦戀此七尺耶？不能往無不濟，復君父之大仇，雪人倫之大恥，昭臣子之大義，此七尺又何曾不死！騰蛟不敏，標下死士尚有三萬，願爲諸公前驅，然後張先璧將軍出茶新，郝永忠、曹志建將軍出猶義，合復章贛，黄朝宣將軍出醴、萍，徇袁、吉，周金湯將軍出澧、滋，又請號召忠貞十八鎮出興、歸，李赤心、高必正將軍聯絡川蜀水師，出夔、峽並下荆、襄。既無東憂，又張西勢，併力合進，勝氣在我。而況劉承胤將軍以寶師，馬進忠將軍以荆師，王進才將軍以岳師，盧鼎將軍以武、漢、袁、吉之師，董英將軍以總督標之師，張光萃、向文明、牛萬才將軍以澧州之師，袁宗第將軍以本營之師，王鳳昇、牟文綬將軍以援剿之師，水陸步騎，百道並出，或壓其首，或繞其背，或抵其腋，或披其股，又況齊、秦、豫、漢之雄兵，黄、麻、柯、陳之義旅，動以百萬，引領南望，將一呼而百應。諸公何貳何虞，不一奮戰乎！今與諸公約，從騰蛟言，則富貴可久，妻子可保，報仇爲忠臣，全軀爲孝子；不從騰蛟言，富貴如朝露，妻子被俘虜，爲畔臣，爲賊子，爲敵國所取笑，況朝廷之法紀尚在，我太祖高皇帝、威宗烈皇帝之靈威赫然。騰蛟秉尚方，不畏强敵，寧畏悍帥，天下義旗，回指於公，恐不能爲壽於旦夕也。檄到毋惑。」

隆武二年正月，拜表出師，與李賡品赴湘陰，期大會岳州，而諸鎮仍觀望不前，獨赤心自湖北至，遇清兵敗還，諸鎮兵遂罷，騰蛟威望亦頓損。諸鎮漸驕横，索餉重叠，騰蛟無以應。湖南地既迫隘，賦入亦薄，騰蛟既奉便宜命，乃加派義餉，朝宣等效之，湖南民展轉蔓延，死亡過半。又承旨專辟召，不復關白朝廷，欽差臺省官至，稍不遜讓，則趦趄江干，爲兵卒所𠜱。部選長吏，至皆不遣就任，以意改授之。而標下將吏馬際昌、李先春與長沙諸生周辛通賄鬻權，騰蛟不能制也。二月九日復澧州，攻崇陽，知縣王茂藻反正。十五日復嵩滋。上欲召入輔，固辭，願以身捍封疆，曰：「兩奉君命出江，百念回思顧楚」，中有「願爲愚不願爲智，不敢棄不忍棄，不能以二年死㨗之地委之他人之手」。上曰：「閫外事悉以煩卿，惟有早開雲臺以待。」六月命林棟聯絡湖廣。九月十日復通城、崇陽，知縣王彥博反正。二十六日崇陽陷，知縣蕭楚卿、遊擊趙繼沖、參將陳安邦等執死。初上數議出關，騰蛟迭疏請幸忠誠，協力復江西，末云：「陛下以高皇帝神孫，應南陽聖運，遐邇通情，正需此日，事機一失，安能再來。河南爲天下之中，荆襄居上流最要，誠能力破淺謀，獨抒神斷，大勢既張，大權在握，天下全局，指顧間耳。夫餉不加輸，日糜則匱，兵非神運，善用斯强，不圖其全，終隅於一。我之所往，彼亦能來，臣疾首痛心，誠不能以逆料也。」令永忠迎扈，逗留不即前。駕陷汀州，尋忠誠亦陷，騰蛟聞之慟哭，厲兵保境如嘗。昭宗即位，加武英殿。

永曆元年正月，疏請迎駕。二月，恭順王孔有德、懷順王耿仲明、智順王尚可喜引清順承王勒克德渾、鎮國將軍鞏阿岱、都統葉臣南牧，陷湘陰。滇兵回寧鄉，副總兵姚友興與進才爭屋，攻殺火城中，中軍鼓噪，妄傳清兵至。騰蛟單騎出，指揮不得語，磤掠首過，乃單騎走。清兵乘之，陷長沙，某官汪之麟、湘陰縣丞扶雲鳳、長沙知縣王宸、縣丞湯日新、嘗德副總兵盛允升、湘潭參將王文等相繼降，惟李兼斌及平江武舉李科、李辰義兵在平江岑川者不屈。可喜渡江犯燕子窩，陳士銘以衆畔，先璧使副總兵滿其興以千人自湘潭衛騰蛟，屯衡山，命先璧、朝宣援長沙不至。三月下旬，衡山逆衿見騰蛟、曠在一城，潛赴長沙，引清騎五百兼程至，其興戰死，乃至衡州，先璧走。四月，棄衡州之祁陽，十九日至永州，上命太監楊守明齎璽書慰勞，加上柱國、少傅、太子太師、建極殿，密告承胤罪狀，召詣行在，除奸救駕，言甚悲切。五月初，謁奉天，上召見泣曰：「想太祖高皇帝起布衣，飛淮甸，冒霜露，斬荆棘，以有中國，歷三百年。至朕否德，受祖宗付託之重，今已失其大半矣！其如宗廟社稷何？」騰蛟曰：「臣荷陛下厚恩，任督師，自當竭力報效，視死如歸。但願陛下布德施仁，寧使臣爲郭子儀，勿使臣爲文天祥。」太后亦召見泣曰：「我大明三百年廟社望卿久矣！卿以社稷生民爲念，盡忠竭力恢復，還於舊都，老身死於九泉，得瞑目矣。」騰蛟再拜受命而出。初，騰蛟薦承胤繇小較至大將，稱門生，已漸倔肆。在長沙時，徵其兵不應，馳入黎平，執騰蛟子，索餉數萬，更命曠招之，始以衆至，騰蛟爲請封伯，且與爲姻。承胤益驕，既晋公，轉嫌騰蛟出己上，欲奪其權，請命爲户部尚書，專辦餉務。上命姜佐周密語騰蛟早爲計，毋入陷穽。騰蛟請調進忠、宗第、體仁、進才、赤心、必正、光萃五十萬人會衡州，爲承胤所沮。騰蛟無兵，上命趙應選、胡一青兵隸之。及辭朝，賜銀幣，遣廷臣郊餞。承胤伏甲襲之，應選、一青力戰殲其衆。自騰蛟棄衡州入朝，永州城空不守，至是曠復永州。七月，騰蛟乃回駐祁陽白牙市。上在奉天，承胤專制，騰蛟疏請移蹕，略言：「臣推原禍本，其端不一，大率上下之情不通，文武之氣不奮，形勢之算不豫，嫌疑之釁不消。今使奉天果有山川之險，兵甲之雄，米粟之富，巍號偏安，然未有處一隅而圖四海之大者。祁永已靖，桂林無恙，審楚粵之要，莫先全永。俟衡嘗報復，仍還湯沐。陛下一啟行而嫌疑消，形勢豫，文武奮，上下通矣。伏惟陛下自擇自行，許瞿式耜一人扈駕。敢有借題議迎議留議逸者，惟衆共殛之。」又疏劾承胤曰：「承胤所急者蛙螘小鬭，臣與天地抗盛衰之運；承胤所爭者蚍蜉虛名，臣與世界辨人禽之關。」疏出，傳誦一時。已總兵張學禮覘敵衡州被執死，諸鎮不相聞。清詷諸帥首尾橫斷，合兵陷寶慶。八月，奉天陷，承胤畔，上幸靖、柳。嘗、永相繼陷。九月，總兵王甲、蔣甲拒戰黃沙河死。清渡西河浦，命永忠援永不及，蒲綸戰死。十月，騰蛟走全州興安，有德以貴陽王金印來招，抵地斬其使，退入桂林。永忠、鼎亦先後至，騰蛟、式耜議分地給諸將，俾各自守，與焦璉、一青等分扼興安、靈川、永寧、義寧。時線國安陷黎平，執舉族以招騰蛟曰：「降則富貴共之，否則親屍被掘，妻辱子戮。」騰蛟復曰：「爲天下者不顧其家，爲名節者不顧其身，欲掘吾親之墓，吾親已歸三尺土，世間難保百年不壞之墳。禽吾之子，身旁有長子尚在，可奉祖宗禋祀；次子未見面而生，仍付之未見面而已。繫吾之命妻，吾妻年幾六十，雖多方點綴，不足以供下陳。欲挾吾順，不能也。」十一月朔，清兵三道逼全州。騰蛟集諸將誓神前，督諸軍分戰，斬千餘級，仲明、佟養和僅以身免，獲名馬駱駝數百而還，諸將連營並進，閣道亘三百里，清兵始退湖南。十二月，允成以全州降清。騰蛟力守興安，調諸軍復全州，不奉命。上還桂林，晉侯。永忠、璉主客不和，各引兵走。

二年二月，清兵大舉侵廣西，陽朔舉人莫之元爲前導，一青護騰蛟桂林。清兵屠興安，永忠大掠桂林，上倉卒出幸，召騰蛟回援。騰蛟方按師永寧，聞警回桂，清兵乘之，陷嚴關，總兵某三人及副參遊闔軍死者萬餘人。三月，清兵薄桂林，騰蛟督諸將分三門出，一青等以滇師出文昌門，金湯、熊兆佐以楚兵出榕樹門，璉出北門，與新寧總兵段煒然，東安總兵周尚禮、陶仰用，標將王林芳，副總兵朱朝望、署鎮涂邦偉大破清兵。清兵北渡甘棠，退全州，騰蛟乃列營榕江。上疏歸功式耜曰：「爲陛下以信臣用臣者，式耜一人也。」式耜亦寄託騰蛟無北顧憂，使彈壓勳鎮，圖中興。騰蛟督師四年，所轄將士土客相雜。諸大將進忠百戰不肯輕下，永忠等又出草莽，桀驁去止自任，而騰蛟廚傳蕭然，麻冠布服，襪履敝垢，幕臺身無僕媵，務爲寬大優容，平己恕物，是以楚秦强悍之士，咸就羈絡，感誠不去。未幾，金聲桓、李成棟反正，爭推騰蛟爲主盟，江南所在響應。騰蛟疏請聲桓、成棟戰江右，復南京，而身自湖南取荆襄，圖中原，行朝軍國，一委式耜。又請返蹕桂林，待出楚，報聞。四月六日，騰蛟遂出師攻全州，身先士卒，大戰於日月橋。清兵列陣塘鋪營，漫亘山谷，分四路來犯，一青力戰復興安。七日，清兵分五營三路以待，嵩林伏兵，礮聲隱隱隆隆，騰蛟督兵四路應，應選、一青、仰用、王永祚、馬兆麟、馬養麟、張拱濟、姜文選、李一魁、劉承讚、魯大國、魯畢然、周世茂、白文秀、吴興朝戰鳳凰坪，諸將往來衝突，望之如在奔雷急電中。清用鈀手城守，勢甚鋭，騰蛟揮兵渡河，以棒棒其左右翼，清騎乃走，鈀手殲焉。招撫城中，堅守不下。五月十五日，督師攻城，自辰至酉，副參遊都守顧有能、黄尚賢等四十五人，隊兵吴虎等五人礮傷。十九日，倣古排栅法傅城，遏其西北門，專攻東南，滇營未至，守排者兒戲，清兵破栅出，各軍驚駭，賴騰蛟一馬在後，不敗。更發五鎮兵出東安，斷永州水道，勝石期站，城中恟懼，犁旦北遁。凡八戰五攻，克復全州，禽巡撫李懋祖，清兵脱者十三，進復東安。有德致書誘降，復書拒之。合諸將攻永州，圍城百日，大小三十六戰，斬通判酈胤昌，副將李東斗以三千人走。九月二十一日，復之，將盛茂斬總兵余世忠，中軍康必旭内應寶慶死。未幾，余鵾起、李甲春復寶慶，諸將亦復衡州，至衡山，斬知縣趙允振，進忠復嘗德，命副總兵汪正魁入巴歸招赤心。湖南地多復，長沙大恐，方議會師長、岳，而胤錫招赤心等軍已自夔州東下，進忠疑見并，焚城走。進才亦棄寶慶，他守城將亦潰去。赤心等東攻長沙不克，拔營而南，兩軍皆猜忌不肯戰，赤心向湘潭，楚民爭倚騰蛟不去。時騰蛟駐衡州，朝議令保老營，騰蛟曰：「事急矣，非親往不可。」標兵六千人恐赤心見并，不肯行，遂携吏卒三十人會胤錫湘潭，以大義責赤心等。於是誓師分汛，胤錫率必正、赤心十三營向袁、吉，援南昌，騰蛟率進忠、進才、光萃、萬才、應選、一青、志建兵北向長沙、武昌，會南京。部分乍定，方送胤錫渡江，進忠全師尚留湘鄉，黄飛鸞移全州，檄召未至。初，清聞湖南北全失，遣鄭王濟爾哈朗、端王博雒、英王阿濟格、敬謹王尼堪以大衆來角。騰蛟方調停諸軍，不及偵候。

三年正月十九日，勒克德渾騎猝至，營壘皆空，雨雪雜下，人馬俱困，左右勸之走，圖再舉，不可。乃撫膺痛哭曰：「督師五年，所就若此，天耶人耶？」緋衣冠帶坐堂上。總兵徐勇引兵間入，大呼曰：「我何督師，當明白死，奴輩勿得陵我。」勇故部將，率兵羅拜請降，大叱之，揮劍欲斬勇，勇退避。清兵擁至郭外，濟爾哈朗曰：「公亮節忠貞，與文山一轍，事窮被執，臣道盡矣。若知命來歸，當不讓洪承疇一席。」騰蛟曰：「甲申三月自分一死，所以苟延至今者，思躡汾陽後塵也。不意志切才疏，致兹狼狽，負恩辱國，臣罪當誅，尚可苟延人世乎！頭可斷，心可剖，先皇先公，實式憑之。」南面席地坐不言。濟爾哈朗以騰蛟家屬四十餘口唱其籍，若弗聞，至母孫，乃起稽首曰：「母耄矣！餘無足惜，一惟命。」濟爾哈朗復曰：「欽公忠畧，願得復爲閣部。」誘降至再，騰蛟曰：「天朝不幸，大臣被虜，吾荷大明三百年綱嘗之重，豈以一身事兩主哉！血性男子，百折不回，汝何惜一劍耶！」騰蛟郊居，正襟危坐，談笑如嘗，數請不赴，數餽不受，惟舉手拍掌呼可惜。二掌盡碎，水漿不入口，延至二十六日，再遣人説之，曰：「孔曰成仁，孟曰取義。衣帶之遺，彼則行之，我則繼之。吾志決矣，勿復多言。」濟爾哈朗歎曰：「真義士也。」遺以絲帶汗巾，拜而受之。時天氣晦蒙，微雨初過，從容躡朱履，以袖拂巾而行，口吟絶命詞，南向再拜，自經於流水大埠橋畔，年五十八。騰蛟歿，清屠湘潭，衡、永、寶、郴以次皆陷。事聞，上曰：「天不祚明耶，胡奪何先生之速耶！」震悼廢膳，輟朝七日，贈中極殿、中湘王，謚文烈。親臨大慟，三呼何先生，百官皆泣，式耜亦聞而哭曰：「中興之業無望矣！」楚、粤之民，多爲挂孝哀號。後李定國復楚，疏請於長、衡、郴、永立祠，歲時祀焉。

子文瑞，字憲卿。隆武二年舉湖廣鄉試，授中書舍人，賜進士，改庶吉士。昭宗即位，遷簡討、侍讀，襲侯，以兵部右侍郎、僉都御史監一青軍。永曆五年，上幸南寧，屯兵崑崙關拒清兵。數月，中瘴卒。德生、長生爲國安沈於漢水。猶子俊品抱幼女投漢陽水中死。其後黎平有何新瑞者，一曰李姓，初爲僧靖州，走新化，稱騰蛟子。於康熙二十四年七月，與土司韋有能起兵，斬遊擊劉大受。十月，夷目王騰龍、成龍謀起兵死。明年二月，新瑞死。

濬芳，字鳴玉，黎平人。功貢。監紀通判。卒於廣西。

夢卜，字賚良，廣州三水人。崇禎十三年特用，襄陽通判。攝黃安知縣，轉監紀推官。騰蛟薦漢陽知府，撫字有古良吏風。湖北陷，從騰蛟湖南，兵敗歸隱。

繼舜，字虞廷，桐鄉人。萬曆四十四年舉於鄉。萬載知縣，調蒲圻，歷長沙推官、工部主事、雲南道御史、湖西參議、太僕卿。隱丹霞。

鶴齡，字侗儒，博羅人。天啟元年舉於鄉。咸寧知縣，仁惠爲政，民呼生佛，寇至扼守全城。歸。卒年七十三。

雲鳳，閩縣人。太學生。

兼斌，字憲萬，平江人。崇禎六年武舉。後降於清。

士銘，字大新，黄岡人。諸生。官總兵。

綸，建水人。以英勇聞，與弟纓從傅宗龍、楊嗣昌征寇有功，官參將、副總兵。後依騰蛟戰永州，以數騎偵敵被執，不屈死。

同騰蛟死者：譚景行、周蕤、周俟、謝璵、王元兆、嚴士琦、王載、曾孔教。

景行，字翼之。崇禎七年進士。新會知縣。

蕤，推官。

俟，字宜一。恩貢。攸縣教諭。遷推官，未赴。

璵，字魯玉，所舉子。崇禎九年舉於鄉。工詩畫。

兄璜，字仲玉。歲貢。以文名。

璠，字孺玉。崇禎三年舉於鄉。推官。

弟珮，字鳴玉。邛州知州。

璜子直生。諸生。從璵死。

元兆，崇禎九年舉於鄉。

士琦，歲貢。

載，字忠渾。父命宣，字元申。歲貢。嵩滋訓導，守城拒寇，遷永州教授，率諸生討臨藍寇，告歸。清兵至，拒守保鄉里，講學不輟，卒。載，廩貢。歷新會知縣、户部主事。弟蒙，字次水。諸生。剛果有膽智，擊土寇有功。從載死，皆湘潭人。

孔教，黎平人。廩生。聞變而死者。

趙向宸，字靖衷，東莞人。崇禎十三年特用。通山知縣。起兵，騰蛟薦擢湖南監軍副使。長沙陷，投水死。

郭師聖，字道源，桂東人。歲貢。辰州訓導，歷陞溆浦知縣、監軍副使。一門數十人投江死。

倪知化，字六知，五開衛人。崇禎十二年舉於鄉。歷保寧知縣、遵義同知、湖南監軍僉事、辰沅靖副使。作文遥祭騰蛟，絶食七日死。

朱先甲，字啟元，桂陽人。歷功挂英毅將軍印，與妻陳俱死。

蔡超，字伯純，益陽人。兵部材官，遷守備，與弟珍以鄉兵從胡躍龍起義，兄弟分屯賀、徐、趙三家營及黃旗壩。躍龍去兵，後死。

珍，字仲售。功貢。超死後，自以身受國恩，當爲國死，與石開雲等三百人起義，兵敗走寶慶。吴三桂起兵，歸里自保，爲仇人執死。

開雲，字見五，益陽人。副使萬程子。有至性。兵敗逮考免，舊從之隱居者。

江見龍，字雲卿，五開衛人。崇禎六年鄉試第一。授新化知縣，爲政仁愛。嫻雅工詩，軍興猶與諸生講論。同考隆武二年湖廣鄉試，以御史監兆佐軍，陞太僕少卿。入山。

胡天玉，字石函，黎平人。崇禎十二年舉於鄉。歷保寧辰州推官、湖南監軍御史、辰沅副使。

侯宏文，字爾士，江川人。萬曆四十三年舉於鄉。歷高平知縣、南陽推官，負智勇，爲七省監軍副使。傾財招滇兵，從盧象昇討寇，寇聞名多散。象昇調宣大，弘文爲王夢尹所陷，旨即訊。象昇抗疏論之，卒坐戍。後從騰蛟軍卒，贈太僕少卿。

魏朝榮，字名卿，湘潭人。任俠鉏强。吉王强收民田，民汹汹思變，蔡道憲命諭止之。騰蛟招入幕，體仁等至，二南死，朝榮往見文綬，引兵入。體仁等受撫，長沙免兵，朝榮力也。擢監軍副使。湖南陷，不仕卒。

鄧承券，字鐵臣，全州人。萬曆四十六年舉於鄉。歷思南、長沙同知。騰蛟薦知府，廉平鎮靜。招赤心等，擢長沙僉事、副使、太僕卿。

華畹綸，字紉韋，無錫人。崇禎十七年恩貢。授醴陵知縣，遷長沙同知。二南死，擢知府。時羽檄紛馳，騰蛟擬爲長隄湖上，民皆惴恐。畹綸度洞庭深險，隄不可成，易爲鐵索連巨艦，實土覆板，爲浮橋以濟。清兵迫，會徵餉他郡，還而長沙失，歸里卒。

成居正，藍山人。起義復城，爲沈猶龍贊畫，後依騰蛟，薦授監紀、通判。卒於長沙。

簡文灝，字吉人，邵陽人。父而廉，慈利訓導。文灝，崇禎十七年選貢。胤錫辟監軍荆、嘗，蘇觀生薦議曹，騰蛟薦監紀。侍父山中卒。

李先登，字文岸，善化人。選貢。湘鄉教諭。騰蛟辟監紀。承疇舉山林，不應。卒年八十。

崔悦，字心宇，郴州人。歲貢。南陽教諭。從騰蛟軍，辟贊畫。

周承翰，字沖元，長沙人。以鄉兵拒寇，被執脱歸。騰蛟兵起，首輸八千金，辟贊畫。三桂招之，不應。

吴慎修，字三省，五寨司人。父應龍，死難。慎修，歲貢，爲騰蛟贊畫。不仕，卒。

躍龍，字景仁，湘潭人。少爲巡按吏。上瑞拔標將。從騰蛟，與副總兵向新元、陳君德屯湘陰。累功官都督、同知、總兵，封永壽伯。事謫母孝謹，賓禮文士。長沙陷，走永州。聞清兵殺掠，單騎還，召集故部，立寨保花石至白杲所謂岳後山者，皆與相犄角，避兵者歸之，全活者萬計。後躬耕衡山。承疇招起原官，不就，卒。

張熹宦，字君爵，襄陽人。都勻遊擊，召峒兵平寇，從騰蛟武昌。騰蛟投水，追及關廟，隨之湖南。累官都督、同知、副總兵。永曆二年，代一青屯奉天。騰蛟出師，以部入援，抵花石而騰蛟歿，將自刎，爲躍龍所救。與曾啟先殮騰蛟，爲負土封識，歲時泣奠，結廬墓旁終。

啟先，字嗣賢，湘潭人。少從騰蛟軍，官守備。獻忠破武昌，命灑血書上變。威宗手賜詔，獎以金帛，擢明威將軍，仍從騰蛟渡湖。寇來去無時，官兵苛斂遺民，或誣從逆，追呼捕殺，民益思變，啟先隨事匡正。後承疇命宣撫羅部、鐵溪諸城，薦安順知府，不受。三桂脅受官，亦不應，卒。

黄金榜，字伯修，休寧人。崇禎十六年武進士。歷操江坐營都司、天津海防遊擊。弘光時，屯鎮江。猶龍起兵嵩江，守白鴉港。兵敗，自浙入閩、廣，從騰蛟，晋都督僉事，恢剿浙、直、江西。湖南陷，入衡山爲僧，名廣明。

又蔣應仔，字肩吾，紹興山陰人。恩貢。拒許顯純招。丁魁楚薦崇陽知縣。宋一鶴辟監紀。一鶴死，從騰蛟軍。湖南陷，降於清。

堵胤錫，字仲緘，無錫人。崇禎十年進士。授南京户部河南司主事，遷郎中，出爲長沙知府。鋤强起瘠，與民更新，立鎮南新營。臨藍賊蕭相宇、廖二慶擾寧鄉，督鄉勇破滅之。又平百家山燕子窩賊，禽僞王李翩，遂以知兵名。轉長寶副使，道阻，改長沙監軍，大修城垣。安宗立，除武漢黄參政，兼僉事，定柯、陳亂，改湖廣督學副使。先巡試武、漢、黄三府，調試德安，荆、襄、鄖士嚮風至者，設僑學於漢陽，命教諭歐陽鼎籍收之，一時幽滯畢達。

弘光元年，巡試岳、長、衡、永、寶、辰、常，事竣，加太僕卿。左良玉東下，何騰蛟走長沙，令攝湖北巡撫，駐常德。聞南京亡，與章曠痛哭起兵，立君子營，設三科募士，凡有一能足效者録用。紹宗立，命以副都御史巡撫。上恢復十急務疏，命傅作霖齎赴福京，請移蹕楚。又遣副總兵王之賓、彭嵩年、向文明廣募兵卒，欲經理荆、楚，以復中原。李自成死，衆推其兄子錦爲主，奉自成妻高及其弟一功等驟至澧州，號衆五十萬，聲言與胤錫會獵湖南，遠近大震。胤錫乃謂麾下曰：「覆亡無日，吾願赤身往，爲國家撫集其衆，事成則宗社之靈，否則胤錫授命之日也。」騰蛟亦馳檄至，胤錫因置敕印，備冠服金銀，先命一人通意，與錦等約期相見。及期，單騎自武陵、澧水至草坪。錦衆初見胤錫馳驅，且沮且詰，未至三百里，拒不達前。踰刻，望見戈矛烟塵，從者皆泣，胤錫顧謂曰：「若等當生還，胤錫死，亦收吾骸以返。」頃之，錦等猝至，大張兵衛，將士夾道露刃立。胤錫夷然安行至中軍，以大義諭曰：「將軍輩有大用才而陷於林莽，亦當事者之過，但念國家三百年來，若祖宗世食其德，卒以烏合之衆覆滅宗社，止博惡名，爲此何利！今若能幡然改圖，協力同心，建立功業，胤錫當與將軍等共之。昔五代馬殷據有湖南，延祚四十餘年，宋之南渡，楊么作亂，其黨王佐、楊欽等亦於此地爲岳忠武所招，表授官爵，後隨戮力中原，爲中興名將。湖南一片地，正英雄出世展畧揚聲之藉也。且赤眉當年，思爲賊二字名號不順，共尊劉盆子爲王。今福京新建，主聖臣賢，以此號召天下，何難比美南陽，光復舊宇，以天道人事卜之，中興無疑，將軍千古得失之機，正視舉足間，安可執迷自誤乎！」言辭慷慨，聲淚俱下。錦等見胤錫開誠布示，意欲定盟，忽高氏自屏後出，呼錦跪堂下，誡之曰：「堵公天人也，使爾輩贖前罪者，堵公之賜，爾其始終勉之，勿生貳心。」高氏有智畧，軍事取決，錦素敬憚。即叩首曰：「願遵慈命，誓當死報。」胤錫命設香案，陳敕印，錦等各伏聽，宣旨授之，并賜高氏命服，錦、一功蟒玉金銀器，厚犒其軍，皆踴躍拜謝。錦請大閱，器仗犀利，旌旗鮮明，將士各以藝試，終事無譁者。有一陣亂於次，都七十人，俱命斬以徇，三軍股弁。復留宴奏伎，所用女樂，猶北京大内署來者。胤錫方素服腰絰，乃卻坐不觀，流涕言兩京未復，萬姓倒懸，人臣求死無所，尚何心聽樂耶！錦即撤去。復令放直、晉、秦、豫、楚百姓數萬。及胤錫返，民皆抱携呼拜道旁，徧數百里，於是錦等皆受撫。無何，别部田化龍、劉汝魁等亦來撫，遂以兵部右侍郎總督其軍，賜尚方劍便宜行事，手敕奬勞其忠勤，賜錦等營號曰忠貞。錦名赤心，一功名必正，封高氏貞義夫人，賜珠冠綵幣，嘉勉甚至。胤錫遂與忠貞營深相結，倚以自强。時胤錫自募兵二萬人，亦陸續至，遂以楊國棟爲大帥，備車戰火攻。用車制騎，整飭制野戰，火器制弓矢之長，更番制堅久之戰，與忠貞營爲表裏。已而袁宗第、劉體仁諸營先歸騰蛟者，亦引與赤心合，衆益盛。胤錫以芻糧難繼，令散處江北就食。屯荆州、公安間者，營連三百里，已命進駐當陽、長陽、夷陵、遠安、保康，與鄖、竹接應，爲進戰退守之地。胤錫與騰蛟分汛任戰守。騰蛟任湖南，守湘陰，規武、岳；胤錫任湖北，守嘗、澧，圖荆、襄、承德。尋命匡正陳可立繆舉，以明天無二日意。

隆武二年正月，騰蛟檄諸將大會岳州，皆逗留不進。二月朔，胤錫率赤心、必正、國棟、周師文等大舉攻荆州，監紀推官趙振芳獻策曰：「荆城夾蜀、漢二江之門，水高城數丈，昔人築隄爲長圍，障水入江，安流赴海，如決二隄，則兩江之水建瓴下，荆、襄一帶望風歸附，恢復之機，在此一舉。」胤錫曰：「我爲朝廷復疆土，首以民人爲本，若此則生民胥溺，我得空城何益？」會順承王勤克德渾援大至，忠貞營敗退，胤錫爲殿，麾兵回鬭，萬馬陵乘，不可禁戢，墮馬傷臂幾死。四月，歸嘗德，命張光萃守澧州，國楝守回子河，宗第守新安，赤心、必正守夷陵，公安、嵩滋、枝江亦設兵將守禦。五月，清兵至，出新安擊之，大破之於草坪。七月，轉左侍郎。昭宗即位，晋尚書，總督如故。永曆元年，長沙陷。三月，清兵至牛皮灘，命國楝、之賓禦之，衆寡不敵，師屢卻，亟往溶州，調馬進忠兵未至。清兵突襲嘗德，守將周思忠内應，嘗德、澧州遂陷。胤錫自溶返，中途得報，乃退駐慈利。國楝、之賓收殘兵來歸，宗第亦移兵至，進忠走辰州，光萃走禾，宗第入九溪。清兵向辰州，諸軍俱避入永定。七月，胤錫入永定，調茅岡、施溪、容梅各土司悉力捍禦，而九永守備許純然縱兵譁餉，撫綏之乃安。王進才、王允成從寶、溆移營辰溪、辰州。知進才有異志，亟趨辰撫留之，而允成竟不可得。進才畏逼，棄辰州，與進忠入據永、保二司。宣慰使彭宏澍以三知州六長官三百八十峒苗蠻，與添平所千户覃祚昌、茅岡長官覃薩祚等降清。地勢日促，時赤心等不得食，散入施州，聲言就食湖南。上在奉天，劉承胤懼爲赤心所并，計非胤錫不能制。乃奏加東閣大學士督師恢剿江、豫、楚、蜀兼督雲、貴、廣西軍務，命駐長沙。承胤謀害騰蛟，胤錫疏劾其專恣不法、截殺督師、謀危社稷，請正典刑。八月，奉天陷，胤錫、牛萬才自永順保靖州，尋赴遵義，乞師於皮熊、王祥。十一月，冒險趨夷陵，簡閲忠貞營兵馬。會宗室容藩僭稱監國於夔州，川中鼎沸。

二年正月，胤錫率進忠繇施州入蜀，責容藩，檄散其黨，蜀人始知容藩之僞。二月還永順。三月朔，大集諸將，誓師二祖列宗神御前，慟哭人人感泣，是時江廣反正。四月，進忠、光萃、國棟復嘗德，進才復桃源、石門，宗第復澧州。張先璧復沅、靖，赤心、必正等連復荆門、宜城諸州縣。遣先璧自沅、靖以水師三千攻辰州，戰馬蛟麟北溶失利。又命進才攻之，終不克。五月，徐勇自長沙侵嘗德，發進忠、光萃、萬才大破之牛皮麻河。胤錫甲胄督陣，軍聲大振。鄭王濟爾哈朗在楚，使吴達以書招胤錫，峻拒之。會有倡和議者，上疏痛陳其不可，請以後絶口勿談款事。胤錫至性深摯，自以幼孤不及事父母，通籍後奏持服三年廬墓，墓上枯桐載華，蛛絲成孝字。北京變聞，號泣絶食者數日，在軍與騰蛟誓獎王室，才畧出騰蛟上，惟急功褊隘，不能和濟，湖南北砉然若肝隔，故事卒無成。舊制，奏薦仍聽部科覈實題用，撫按不尸爲恩，所薦無稱門生者，時曠、傅上瑞爲騰蛟所提拔，雖位方面，而刺沿署門生不改。胤錫以清望督學，朝廷委任不在騰蛟下，乃據舊章，刺以平交相往復，騰蛟不悦。兩府幕客多無賴士，益相搆扇，遂成猜離。進忠故騰蛟將，從胤錫土司中，屢趣出兵，不應，胤錫訴之，進忠忿，出復嘗德。胤錫以騰蛟分任湖南，長沙先陷，過在騰蛟，至是聞騰蛟圍永未下，欲因進忠即復長沙以詡之，遂日促進忠東進。進忠依違不奉命，而間使報功騰蛟，胤錫聞之，疑其爲待騰蛟也。乃與毛壽登以十月招赤心等自宜城、夷陵以數萬人攻長沙，未至嘗德百里，胤錫方告進忠會師事，椎牛歃血爲盟。進忠益疑見并，入城即拔營焚城，列城聞風驚潰。赤心等至，見空城，亦棄之引兵東，所至守將皆燒營走，湖南新復州縣爲之一空。十一月三日，胤錫乃以壽登守嘗德，自督標兵及赤心、必正等從寧鄉、益陽復湘潭，進忠、萬才、體仁、宗第、光萃、國棟兵數十萬自武陵、桃源先後至，胤錫命赤心、必正自寧鄉圍長沙，爲敬謹王尼堪所敗，胤錫駐湘潭，騰蛟來會。命率忠貞營自袁吉援南昌。

三年正月，騰蛟至，而赤心等已棄湘潭去，諸軍遂散。胤錫行次攸縣，聞騰蛟、金聲桓皆死，乃回湖南。赤心等潰於茶陵，繇道州走廣西，胤錫不能制。胡一青迎胤錫衡州，謀戰守，遂以標兵萬人守衡州，唐際明爲監軍，從子正明、總兵尹具瞻五千人守永興，陸士毅守安仁，龔龍守攸縣。四月朔，清兵迫，力戰草橋，自辰至酉，斬殺相當，清騎截出陣後，衆遂潰。胤錫壁耒陽，永興、安仁、攸縣亦陷，具瞻、正明、潘喆、邵履正皆戰死。胤錫妾唐、子世明妻唐、正明妻陸全家火死。乃以數千騎依曹志建鎮峽關。宗室謀壍搆之曰：「堵公將召忠貞營圖公也。」志建大恐，脅胤錫疏劾必正、赤心，否則將有不利於公，不少動，即夜發兵圍之，殺其標下三千餘人。胤錫、世明逃富川傜峒，志建索之急，會部將惠延年以衆至，導之入何圖復家。圖復送之間關達梧州，命監軍御史蔣世芳、盧思聖、歐陽之典疏行在。時上在肇慶，遣嚴起恒、劉湘客來安輯忠貞營，至則赤心等已趣梧州之藤鬱，胤錫至賀縣，馬寶、陳惟學來迎，同朝行在。又遣李元胤郊迎，入見請束身司敗，以正失律之罪，上溫慰之。又陳湘楚事宜及督臣死難諸鎮宵奔狀，泣下霑襟，因奏三事：一曰攝主威，二曰作士氣，三曰收人心。上皆嘉納，書之御屏。會孫可望使潘世榮、焦光啟至，胤錫與馬吉翔親盟之。金堡劾其喪師失地，且面責其結赤心等爲援，張筵宴可望使者事，曰：「滇與忠貞皆國仇也，厥罪滔天，公奈何獨與之昵。」胤錫失色，徐曰：「我鞅掌疆事，如君言竟無功。」堡曰：「勞則有之，功於何有！」胤錫谿是大惡元胤等。赤心等益東走德慶，五虎謂胤錫將統兵入衛清君側。朝士之仇五虎者，又交搆其間。胤錫乃移書瞿式耜，言：「奉上密敕，東人握君於掌，一朝不戒，生劫入舟，朕不復有中興之望，惟卿與瞿先生圖之。」式耜復之曰：「我輩不力事封疆，聽人皋牢而啟衅端，非社稷福也。」胤錫無以答，乃止。上聞密敕言，頗不悦，顧以胤錫素有威望，加吏兵二部尚書、文淵閣，督師直省援江恢楚，仍賜龍旗十二，徵調天下兵馬糧餉，咸受節制。上親諏吉祖道。胤錫上急措兵餉以求招集實功疏，凡五上。命以學道李綺支撥事例銀三千與之，舁至，忽爲元胤所截，僅給布繪龍旆二，不得已含淚陛辭。九月，大會師平南，陳邦傅、李明忠、陳安國、茅守憲來請師期，並促滇、黔、兩廣、四川各鎮進忠、一青、先璧、祥、可望、趙應選、李定國、馬惟興等發偏師出楚，忠貞營別部劉世俊、劉國昌各萬人願從，命自梧州出樂昌，居江湘間，東襲忠誠守之，則庾嶺固；西向郴、桂，爲撲士之謀，則桂林之聲援壯。將以忠誠委胡欽華。欽華亦交赤心、必正出師，平南土寇徐彪萬人肆劫，平之。師次潯州，與邦傅交好，俟諸鎮兵集乃東發。顧赤心、必正諸營疲羸不能出，赤心請休士高、雷，不可，突拔營西走南寧、賓、梧，胤錫大恚。尋封光化伯，胤錫謂朝廷立門户，師旅齮齕無成功，惟當任罪，何敢冒功，上疏力辭。時胡執恭矯詔封可望爲秦王矣。而趙昱復奉景國公之敕，知可望必不受，謀之胤錫。胤錫疏曰：「可望割據西川，盡有滇、黔，曷能禁其不自王。今尚知請命朝廷，當即降敕封之，使恩出自上，令縛執恭歸朝，正法誅之，則賞罰之權庶不倒置。不然，是驅之爲變也。」起恒、吴貞毓等堅持不可，胤錫密疏曰：「廷臣謂異姓封王非祖制，不當自可望變亂始。持論良正，然不爲今日言。可望固張獻忠義子，且獻忠滔天之惡，與有力焉。今姑取其歸正，冀收其將來之用，安可泥頒爵之嘗法哉。且可望已自稱平東王，一旦封以公爵，彼必不樂受，因而爲逆，謂天子威靈何，謂天下事勢何，若謂收其用而反損國體，非良策也。臣竊有一説於此，謹按開國功臣徐達、常遇春等，侑食太廟，稱六王，皆進封也。乞量封可望爲二字王，即於敕書中明載舊制，示破格沛恩，而勉以中山、開平之功，如此可望必能感激用命。揆之祖制，亦無背謬，國家今日於可望善收之，則復有滇、黔；不善收之，則增一敵國。利害無兩立，得失不再圖，不可不熟慮也。」制曰可。胤錫曾賜空敕便宜行事，乃鑄印封可望平遼王，而可望仍不受。胤錫既與廷臣水火，每有奏請，輒掣肘。赤心、必正見胤錫合邦傅，浸與胤錫不合，邦傅見胤錫不能有爲於忠貞營，交亦大衰。胤錫發憤成疾，草遺疏曰：「臣不自量，擬再合餘燼，少收桑榆，不料請兵則一營不發，若曰堵閣臣而有兵，則豐其羽翼也。索餉則一毫不與，若曰堵閣臣而有餉，則資其號召也。故臣如窮山獨夫，坐視疆場孔亟而無如何，一病不起，遂快羣腹。臣但恨以萬死不死之身，不能爲陛下畢命疆場，而死於枕席，是爲恨也。臣死之後，乞陛下簡任老成，用圖恢復，如以堡、元胤、湘客、袁彭年、丁時魁、蒙正發作陛下心腹股肱，成敗可虞，臣死不勝遺憾矣。」十一月卒。國棟、焦璉、士毅及親標黄萬憲凡二十餘營軍士縞素發喪，號慟如失考妣。事聞，上震悼輟朝五日，贈上柱國、太傅、中極殿、潯國公，謚忠肅，改謚文忠。胤錫妾葉，南寧陷，可望將常榮脅之，曰：「宰相妾豈污若手。」抱子入邕江死。或曰胤錫卒，葉妊三月，命常萬善待之，後負託，可望撻之，子得不死，月給廩餼。

世明，字驥良；正明，字寅叔。初從盧象觀軍，世明官江西道御史，從謁行在，卒於陽山道中。正明，諸生，精騎射，饒勇略，督君子營，每戰獨先，累功官都督同知、總兵。永興陷，鏖兵死鬬，身被重創，猶格殺數將死，年二十四，贈太子太保、右都督。嗣子景源。胤錫卒，門下士茶陵尹惟日官和平知縣，迎柩將送歸，會歿。胤錫從子武鼎護至衡州又歿。李磐石再移黄梅騎龍庵，後景源與甥殷周賓間關至衡州，遇故友徽人葉子文，得柩於黄梅。楊如容、盧子瀛、陳立之、張有譽、薛嘉祉先後助金，得歸葬。

可立，湖廣人。以都司從祖大壽遼東，安撫燕河臺頭兵，陞建冷副總兵，調楊嗣昌中軍，屯潼川。嗣昌卒，轄上將營襄陽，與良玉、陳宏範拒寇，後從袁繼咸湖口，改隸史可法屯鎮江，累官都督同知、總兵。南京亡，欲擁戴榮王監國。紹宗立，封平南伯。後不知所終。

際明，字宅揆，全州人。天啟四年舉於鄉，授楚雄知縣。銀礦日可得羨餘數百金，峻拒之。調善化，轉長沙同知，撫字安民，胤錫薦監軍副使。

士毅，字公遠，江陵人。御史師贄子。楚撫標將。寇起，從父南渡，堅壁湖南拒守，寇屠其族，轉戰數年，官總兵。胤錫死後，歸隱。

喆，字哲先。諸生。自贊畫遷待詔，贈禮部主事。妻蔣爲尼。

履正，自贊畫遷中書舍人，贈户部主事。

世芳，諸生。從軍多勞。南寧陷，奉胤錫妾葉入山，後同死邕江。

又胤錫友魯釗，字桐聲。爲胤錫營葬畢，痛哭卒。

弟鉉，字文聲。去舉業，胤錫弟子。

楊暉蕁，字嘗吉。諸生。行心喪禮。弟渭，諸生，代父死。

宋魁春，字谷先。少撫於胤錫，與世明共學，講錢穀兵法。清籍胤錫家，奉胤錫妻他匿，得不被録。聞世明死，不食卒。

徐人玉，從胤錫爲記室，死廣西，皆宜興人。

贊曰：騰蛟、胤錫，戎車載驟，宵枕無安，可謂堅志如城、鞠躬盡瘁者矣。論者謂騰蛟寬縱藩鎮，含尤忍垢，使湖南千里地赤以立。胤錫以急功召忠貞，卒委全楚，擅封孫可望，與東諸侯爲難，不免弛緩操切之譏。然是時天下歸清十九，殘山賸水，人心畔涣，輕爲去就，諸藩驫暴猛戾，激之則反。李自成、張獻忠之遺，一旦收用，其後楚、粤出師，川、楚拒守，國歷十餘年而亡，未始非騰蛟、胤錫信義竺烈感召之力也。夫赦沙陀以平黄巢之亂，撫僞赦而收也頭之師，達變之事，自古有之。騰蛟、胤錫長撫納而短駕馭，殆亦時勢有所不得已耳。

南明史卷五十四

列傳第三十

無錫錢海岳撰

章曠 子有功 有謨 張光先等 郭九有等 吴承宗 蔡溶如 江成彦等 孫嗣濟 童光楚 王鳳昇 黎本斗 蕭爲龍 孫象乾 董君達 張鳳翥 楊錫億 張德靖 費之坤 史記言等 倪國錦 潘問奇 施男 譚元杰 楊鴻 弟鶚 從子山嵩 山梓 山櫒 王允符 孟良藩 許璟 戴吉人 陳龍 周鼎瀚 弟鼎泗 鼎浗等 周之鼎 周遠 周遠令 唐誠 陳所聞等 羅其鼎等 維名臣 鄧忠宇等 陳五聚 羅楨 王申錫 温應寀 父國奇 吴廷猷等 晏日曙 子九經等 黄尚賓 弟尚寶 徐學山 揭重熙 子貞傳 世父德符等 從兄企新 萬毅等 族弟羽沖等 王宏 徐組綬等 施逢覲 劉名琦 熊和 潘鳴鳳 魏先達 羅人儁 吴灝之等 王山若 桂泓 楊興 宋國龍 陳仕道 鄧貴 鄒鳳 陳昌禧 詹書田 易紫生 范惟中等 傅鼎銓

章曠，字于野，嵩江華亭人。崇禎十年進士。授沔陽知州。十六年，張獻忠破州城，同知馬飈死，曠走免。袁繼咸署監紀推官，從方國安等復漢陽，攝知府。尋權僉事，復應山、德安，斬令。十七年四月，王揚基檄守德安，城空無人，以劉陶叔爲知府，有衛官數人齎印出降，曠收而斬之。日夕爲警備，居三月，代者李藻至，何騰蛟薦遷荆西僉事副使。曠去，藻失將士心，六月，白旺至，城復陷，百户張光先、武舉楊開保等磔死。曠亦以沔陽失守罪，爲熊汝霖、游有倫所劾，候訊黄州。用騰蛟薦，令充事官軍前效用。

弘光元年四月，左良玉兵東下，騰蛟脱身至長沙，以曠爲太僕卿、五省監軍督餉。黄朝宣駐燕子窩，張先璧屯漵浦，騰蛟悉命曠招之。又命召劉承胤於武岡。李自成死，其部劉體仁、郝永忠、袁宗第、藺養成、王進才、牛有勇六大部各擁衆數萬逼湘陰，乃用曠謀，命王儲盡撫其衆。良玉卒後，馬進忠、王允成無所歸，突至岳州，傅上瑞大懼，曠曰：「此亦無主之兵，可撫也。」入其營，與進忠握手指天爲誓，進忠皆從之。已清兵渡湘，諸軍皆棄汛。十一月十三日，岳州陷，知府郭九有死，副總兵馬蛟麟降清。曠以用北人不如用南人，用外鎮不如用親兵，請召練黔、粤軍，騰蛟從之。親標招平越土帥副總兵吴承忠三千人，黎平土參將姚友興、監紀藍亭兵二千人，參將龍見明、都司廖文明兵二千人，柳州副總兵覃裕春父子狼兵交銃手五千人，曠標副總兵滿大壯三千人，參將黄茂功一千人，鎮筸指揮張星炫麻陽兵二千人，滿其炅麻陽兵二千人。又調到副總兵向文明、向登位三千人；上瑞亦招標將胡躍龍、吴勝、陳紹堯兵五千餘人，先後至。同時馮雲起復任兵道四川，李立標爲長沙通判，加安化知縣，党哲同知，攝寧鄉，推官周麟攝湘潭，撫降戢悍。曠有智略，行軍不避鋒鏑，得將士心，申約束。副總兵萬大鵬技勇絶倫，有招撫功，在平江不法，揮淚斬箠如法，諸軍乃斂手聽命。

隆武二年正月，加僉都御史。清兵南迫，曠率三標兵願守湘陰，當一面。督蔡溶如及標將何一乾大修城垣，整飭守備。二月，清兵至通城，入平江，爲江成彦、李三捷所阻；平江冷清樊、甘名揚欲攻通城敗去。先是湘陰城十五里外，清遊騎出没其間，曠至，斬百餘級，追過新牆河，抵岳州界。以有勇、周元德守頁撥，裕春、友興、亭守潼溪，遏小路，大壯父子、承忠、見明、廖文明、陳有功守新牆，拒大路。勝在關王橋，向文明、登位屯長樂街，接應潼溪。又水立磊石營，以陳王言監紀新牆官兵，監紀孫嗣濟、黄友功、張士燕募兵辰陽，材官蔡繽、張紹孟製交銃東安，攸縣應輔起兵萬人應之。清兵來犯，與元德禦之湘陰、平江間，大小數十戰，屢挫其鋒。騰蛟出師不利，畫守長沙，尤藉曠爲外援。三月，乘勝至岳州城下，蛟麟乞師祖大壽告急，自新牆、潼溪以至平江三百里，曠設防籌餉，日夜勞瘁，因以得疾。五月，擢兵部右侍郎、副都御史巡撫湖北、總督恢撫軍務，命副總兵儲造戰船衡州，并募水師二千人。大壽兵至。六月朔，清數萬騎渡河逼排柵，向文明、勝以四千人援柵，聞新牆礮聲，有功已敗於排柵，童光楚戰死，承忠、其炅及都司郭泰被執死。大壯、有功、晁明、星炫合向文明登位力拒，兵多死。副總兵友興聞新牆敗，棄汛去。蒙正發叱之還，從元德、裕春、亭及參將湯士潔八千人大破清兵於潼溪，大壯、有功爲兩翼，追三十里，敵屍盈野，自江南用兵以來，當清兵合戰仍得捷者，自曠潼溪之戰始。潼溪捷後，曠檄茂功二千人、總兵有勇五百人自平江回新牆，嗣濟辰陽兵三千亦至，軍聲大振，敵不敢犯。湖南戰守經年不陷者，皆曠之力也。九月，進才兵至，允成在長沙，曠與騰蛟定策大舉北伐，曠統三標及進才、允成指岳州。清兵怯火攻，見銃即潰，前鋒薄城陵磯，大壽、蛟麟空城走。已以新營好劫掠，三標不願進，新營潰，三標兵走。初，曠檄進忠大敗清兵嘗德，至嘉魚，武、漢震動，清大吏欲走，旋聞湘陰勝，乃歸。曠回湘陰，病大作。昭宗即位，加左侍郎。

永曆元年二月，孔有德、耿仲明、尚可喜大兵至岳。十五日，陷新牆。曠兵潰潼溪。十八日，敵攻湘陰，曠登陴死守。天明，進才、進忠標二總兵率數百人斬關入，曠自刎，二將奪其刀，護出南門。清兵踵至，曠命大壯、勝、星炫、裕春扼橋頭，自至長沙，進才來會，請調進忠、允成水陸下。長沙軍亂，清兵乘虛入，騰蛟走。曠自寧鄉回長沙不克，騰蛟命督餉衡永。三月朔，次寶慶，進才、進忠三營焚掠湘鄉、新化，命士傑止之，以寶慶付李膺品，自會騰蛟衡山。調先璧兵至，請騰蛟先趨衡州，召滇兵，自守衡山。清兵奄至，命旗鼓董宏猷哨探，聞警回，曠八騎出南門，遇清兵，問二部院何在？詭對曰：「在城內。」改出西門橋頭，大壯戰死。會滇兵至，始達衡州，先璧走。四月，乃棄衡州，騰蛟之永州，曠在東安，以雨漲，命張朝復祁陽，不應，將斬之，乃復祁陽，曠進駐之。副總兵紹孟、李大金，都司劉大才三百人至，繽製鳥銃二百亦至，軍少振。上命太監楊守明璽書褒美，晋兵部尚書、東閣大學士，賜尚方劍便宜行事。旋回東安。朝宣死，所部南下，宏猷、大金、中軍秦相百招之，一時副總兵張韶二千人、黄家臣八百人、參將賀上選五百人馬三百匹，衣甲械仗，全來歸標下。又命副總兵王鳳昇，參將王廷祥、方升募柳州狼兵交銃手三千，就東安招梘上林三鼎、三錫長鈀手五百，社塘丁上楚殺手八百。又造交銃三千至。五月，騰蛟謁奉天，以兵屬之，再加太子太保、武英殿。清兵攻永州，參將劉國祚碎檄城守死，永州遂陷。命周金湯、熊兆佐、大金、紹孟、家臣三千人復之。時湘中大饑，萬緡不市斗米，妖人王倫據宜湘口，阻舟不進，命宏猷平之。楚粵路通，米價頓減，求瞿式耜通糴糶，並傳檄數承胤十大罪。告先璧、進忠、永忠、曹志建勤王，承胤懼，騰蛟得出屯白牙市。七月七日，決計東下，與永州知府傅本斗、東安知縣敖化龍以親兵千餘人次石期站。八日至永州。十日，鳳昇柳州兵至，歸統領，全州貢生蔣成龍招兵千人隸之，重定恢撫營制，命鳳昇、大金、黄應元守祁陽關口。部署甫定，而承胤遏援兵不出。曠慷慨悲憤，病日重，以印交正發署理。八月三日，作絶命詩、遺疏。八日卒，年三十七，三軍如喪考妣。清兵聞而喜曰：「二敵去一，吾無憚矣。」疏上，上揮淚呼我督臣者三，聲徹殿陛，贈華亭伯，謚文毅。曠卒，吴晋錫代爲巡撫，所部歸鳳昇。鳳昇爲人忮横，諸將離心，永、全遂相繼陷。曠妾陳，巴陵人，光國女，居湘陰，有脅娶者，與女入水死。又有丐者聞陳死節，曰：「我亦公民也，可獨生乎！」觸石死。

曠子有功，任中書舍人，詩酒終。

有謨，字載謀。從王夫之雙髻山，學成稱高弟，隱佘山卒。

門人蕭爲龍葬曠石期站，董君達爲守墓不去。儲降清，爲永州教諭。請伐曠墓，東安王孺泣争之，因誅儲。光先，字明扶；開保，字扶之，皆安陸人。

九有，字若無，鹽城人。恩貢。衡州通判。平瑶有功，歷岳州同知、知府。城陷，赴岳王祠北拜，爲絶命詞，自經死。子同，諸生。弟九鉉，字幼象。諸生。皆不仕。

承忠，字大弩，麻陽人。精悍敢戰。武岡水南橋之戰、長沙之戰，功尤多。遷副總兵。潼溪之敗，被執死。

溶如，字伯雲，漢陽人。選貢，同知。曠方屬以軍事，猝卒。

成彦，字成齋，平江人。工騎射。寇亂，與向本桓、本明兄弟以子弟保鄉里。崇禎十五年復城，迄弘光、隆武間，爲國固守。曠上其功，名曰江團。子添奎，字五聚。

本桓，字國功，平江人。本明，字湛如。皆材武。

嗣濟，崇陽人。從李芳曾起兵。

光楚，平江人。廩生。集兵保鄉里。騰蛟薦職方主事。

鳳昇，雲夢人。武生。才氣過人。助曠守德安，自守備累陞總兵。

本斗，金華人。選貢。永州同知。

爲龍，嘉魚人。隆武二年舉於鄉。端亮有志義，名在復社。以監紀職方主事與監紀孫象乾、郭如泰，知縣俞鴻儀，及相百、宏猷、陳通，從曠湖南。曠死後，未幾卒。

象乾，字健甫，休寧人。終長沙僉事。隱湘陰韻山。

君達，字啟行，嵩江華亭人，騰蛟標賞功旗鼓。歷管糧參將、副總兵，協和諸將，百計全曠子有功、有謨。方騰蛟開府長沙，與曠同幕衡、永、湖、湘間者，多知名士。

張鳳翥，字威丹，宿嵩人。崇禎四年進士。歷嘉興、仁壽知縣，以慈得民，累擢承德副使，護顯陵。部屬降，鳳翥受三刃，扶創走調鄂兵恢復，卒於道。

楊錫億，字文起，安陸人。歲貢。爲曠監紀。上瑞督諸軍自平江出通山，從立戰功，授職方主事。上瑞有貳心，走沅州，强與偕西，不肯，仍赴曠湘陰。長沙潰，痛哭入衡山卒。

張德靖，字禹公，濟寧人。監紀同知。

費之坤，字順甫，沔陽人。諸生。通兵法，贊畫許成名軍。從曠城守，隨乞師國安復城。晚以聲色自娱。

史記言，字伯顧，吴江人。北京亡，入水救免，後以起義湖廣死。子宗班，字玉長，工詩文，躬耕。

倪國錦，字玉成，臨山衛人。從監國魯王，累官寧海都司僉書，流寓盛澤。清起不出。

潘問奇，字雲客，錢塘人。工詩隱。

施男，字偉長，吉水人。修撰芬孫。廣西副使。

譚元杰，字萬青，景陵人。歲貢。從起兵，隱終。

楊鴻，字可玉，武陵人。天啟二年進士。鶚，字子玉，崇禎四年進士。大學士嗣昌從父行。鴻白皙修髯，神采奕然。授淳安知縣。魏忠賢坐唐紹堯贓私，鴻醵三萬金付弟誼爲之周旋，紹堯尋得出。熊廷弼下獄，親詣繫所，觴咏談笑，殁爲公奠賻資，衆莫敢措詞，鴻躬爲文，直刺群奸。觸忠賢怒，調唐縣，謫順天教授。威宗立，累遷兵部郎中。時北京戒嚴，請簡名將提重兵宿蘆溝橋、三汊河，使敵進不得掠，退不得飽，不報。尋坐監武闈累，削籍。

久之，起南京兵部，與范景文同心整飭兵將。陞嶺南副使，平肇慶畔兵，殲淡水墟賊三千，攝海道，禽澳賊柯殿等。轉廣東鹽運使，通商惠民。以嗣昌故，没功不叙，未幾病免。弘光時，起嶺西，未任，召大理少卿。紹宗立，累擢户部右侍郎、禮部左侍郎。汀州變，請服衮冕代上誘敵，不許。昭宗即位，命以兵部右侍郎經理湖北，督師川、廣。奉天陷，清致書勸鴻薙髮，不應。永曆五年，晋太子太保、禮部尚書、東閣大學士，命同鷚募兵麻陽烏羅土司。清兵至，被執，皆不屈，遇害於佛神山寺，家屬死者二百餘人。鷚，崇禎末，自御史累擢兵部右侍郎、僉都御史、巡撫順天。太原陷，請撤吴三桂兵入衛，威宗持示閣臣，愕視不能對。及兵逼，始決計行之，而内閣請降旨問三桂。數日往返，遂遲師期，三桂抵豐潤，而北京已前一日陷矣。出巡通州，兵躁，受傷南歸。安宗立，命以兵部尚書，總督川、湖、雲、貴、廣西，駐嘗德，開屯聯絡土司。初，崇禎十七年二月，遊擊張有忠斬安鄉知縣林錤。三月，周大廳前營楊奇可與安鄉團復華容、石首。澧州寇金銈掠安鄉，張團官、温參謀、營將張友東逐之擾民。百户李開華以義民追寇華容，有忠斬銈，湖南自夏至秋無命官。鷚以王允符爲安鄉知縣，張、馬、王、游諸兵據慈利，與團練諸生熊自秩協力拒之。允符點練各團，羅一雄攻安鄉，團官張象賢攻之，自秩與諸生張自元、義民熊一宋各争長，未幾戰死，諸寇亦走。孟良藩劄士民爲團練官，奸吏逞勢日尋干戈，岳州殘破尤甚。會上荆南參議許璟、岳州推官戴吉人至，居民少安。馬士英詐言鶚人情不勰，令回京。因疏言：「人情極調，且臣與左良玉旗鼓相當，英雄本色，丈夫肝腸，青天白日。伏乞以後申飭臣工收斂精神，用之恢復，釋此不必然之疑，省此不必然之事。如知之不明，處之不當，聽小人之言，薄勞苦功高之士，識者灰心，人人解體，殆非所以鞏朝廷而鼓忠義也。」不聽。隆武二年六月，改督偏沅。至長沙，向何騰蛟分餉不得，拂意去。騰蛟以一柄兩操，付以敕印，上大駭，專敕慰之。永曆元年五月，命總督湖北軍務，與呂大器、趙維岳、方于宣入麻陽烏羅土司，請陞土官楊桂杏爲總兵。五年，改總督七省，同鴻募兵。是年正月，參將王太和、葉德新、王士友，都司陳龍、袁學孟、何進孝。三月，副總兵秦守信；六月，參將陳友亮、關永福，遊擊陳玉貴、丁朝起；九月，總兵師雲旺，副總兵王富陽，遊擊柳成；六年三月，總兵汪浦明、任遇春，副總兵張林、熊國泰，參將王道浩、宋明旺、蕭芳、王才，自偏沅降清。初，張獻忠破嘗德，鶚妻鄭率二妾樊、陳暨三子嗣遠、嗣時、嗣炯督宗人守城死。伯兄鷺，以歲貢歷中書舍人、鴻臚卿，殉城死。騰蛟請旌疏曰「故閣部嗣昌家禍最慘，而忠愈烈」是也。鴻子嗣秉入清辭召，吴三桂聘之，不答，顧終以嗣昌故，不見重於清議。

從子山嵩，字長蒼，嗣昌長子。以任歷錦衣衛指揮、行軍監紀、同知。幼隨父軍中，綜覈軍實，章奏皆出其手。目光如電，軍中號爲楊家小飛將。

山梓，字仲丹。任職方主事。

山櫾，字季元。錦衣衛百户。嗣昌負罪歿，詆之者比之温體仁。山嵩撰孤兒籲天録，山梓撰辨謗録，冀雪父冤。獻忠破嘗德，家屬殉難，兄弟募勇復城。獻忠令執楊氏一人者予千金。山櫾爲一卒所得，縛至城南龍溪，漁人伍立突出大呼曰：「楊氏何負於汝！」梃擊縛者得免。其後三桂兵起，訪楊氏子孫授職，山嵩遁之南直卒。

允符，旌德人。後死難。

良藩，字雒九，鎮番衛人。選貢。歷咸寧知縣、興國知州。平華紅毛亂，陞武昌知府、職方員外郎，後爲湖廣按察使，駐澧州，有戰守勞。馬守應餘衆攻石、慈、九、永，力拒之。永曆元年三月，戰死。總兵甄芳等降清。清道王崇儒自安陸至公安，陳政攻安鄉，爲崇儒所拒。九月，崇儒劫楊國棟營，澧州遂陷。

璟，字亞宋，莆田人。崇禎元年進士。繇南昌推官調盧州，忤御史去。起韶州，平亂，入爲刑部主事、員外郎，恤刑南直，擢上江防僉事、監軍副使。從李乾德、孔希貴以兵二萬守城陵磯，大破獻忠，陞岳州參議。岳州陷走，後依鄭成功，隱思明終。

吉人，字酬之，武進人。副貢。長騎射擊刺，團練拒寇，安集治兵，誅一德老人。後代嚴起恒爲上湖南副使。布蔬如諸生，國亡，不知所終。

龍，字起潛，宣城人。崇禎十六年武進士。

周鼎瀚，字浩若，安福人。巡撫懋相孫，諸生。任南京刑部主事，轉户部郎中。南京亡，慟哭投淮水，人掖救之，不死。昭宗即位，間關入見，中旨擢兵科給事中。歷編修、侍講、諭德、少詹事、日講官，顧不能自堅。初附王坤傾劉湘客，已爲劉承胤誚擿。復因馬吉翔與承胤比，遽晋侍讀學士、詹事。上在奉天，内閣缺員，吉翔以意答章奏，不復票擬，直朱批行。時召鼎瀚緣飾文句，鼎瀚即自稱曰直文淵閣。永曆元年五月，拜兵部右侍郎、東閣大學士，與承胤同入直。奉天陷，爲言官劾罷，改督師聯絡江楚義旅。在郴、桂間，與周之鼎、周遠、周遠令、周鼎輔、周如鼎、周懋極、周世祚號召義兵，又爲何騰蛟、瞿式耜所薄。招蓋遇時、張士舉收之，擬成一軍，恢復江右。清兵至，士舉畔，徐勇持衣冠至，來招降，鼎瀚叱責之，嚼舌血書絶命詞遺疏付家人，大駡死。鼎瀚以風操見重，瀕死無降志，然不諳大體，見嫉失所而死，聞者惜之。

弟鼎泗，字疇五。崇禎十二年舉於鄉。中書舍人。國亡，隱梅川卒。

鼎泍，弘光元年選貢。傾財餉義師。永曆十二年春，吉安蕩公子之禍連及。蕩公子者，世宦蕭甲孫，大言於長沙市被執，泛列上吉安府姓名之欲舉兵者，令己入爲間，楚檄江右名捕。鼎洊時在廬山，聞難作還，舟次南昌卒。

鼎清，字白山。精易理。

之鼎，金谿人。崇禎六年舉於鄉。

遠，長沙人。恩貢。兵部主事遷御史，守忠誠。

遠令，吉安人。有武畧，授御史。

唐諴，字存之，武陵人。紹堯子。崇禎十六年進士。授中書舍人，出爲平樂推官。昭宗即位，累遷吏科給事中、編修、日講、右諭德、詹事。瞿式耜薦方以智、劉湘客等，丁魁楚挾私結王坤撓之，不聽。諴席藁哭宫門，旋受宗室容藩指，劾魁楚脱逃，容藩不宜輕外出，募義旅勤王。永曆元年三月，拜禮部右侍郎、東閣大學士，助式耜守桂林，加文淵閣，總督五省義師，進復郴、桂。陳所聞、羅其鼎、羅名臣、陳五聚、羅楨等皆應之，與何騰蛟相犄角。二年八月，與張先璧、陳友龍、趙應選及副總兵劉甲攻寶慶。湘潭陷，倍道援之不克，走肇慶。四年四月，馬蛟麟執其母入粤，諴號泣上印綬，自囚贖母。蛟麟主兵遇以禮，諴固請死，乃長繫，久乃得釋。胡統虞薦之清。諴作詩謝，遂隱秦人山以終。

所聞，字印水，茶陵人。選貢。授崇信知縣，遷固原知州，未赴。安宗立，調江夏知縣，轉御史兼職方主事。紹宗即位，赴贛州，疏陳清勢逼迫。後與王申錫起兵應誠。昭宗幸緬，隱山中二十年卒。子際唐，字泰來。恩貢。職方主事。

其鼎，字耳臣，嘗德桃源人。崇禎十三年進士，授行人。弘光時，疏陳大勢，請縞素倡義，不報。册封遼王，從騰蛟長沙，請與名臣合復嘗、澧，遷御史兼職方主事。疾作，命子人琮固嘗、澧，通滇、黔，爲長沙聲援。

人琮，字宗玉。舉於鄉。以萬人屯燕子巖。王進才至，説之止掠，清逮人琮、魯男、胡維祺等數十人，僕實、張六、守義、李大宏從之。男、實、六死獄中，人琮、義、大宏得免。人琮後仕於清。

男，字一男，嘗德桃源人。選貢。工詩。

名臣，字賓叔，嘗德桃源人。天啟四年舉於鄉。授璧山知縣。起兵拒寇，與鄧忠宇、向日昇、黎民望、劉希儒、佘勝舉合復澧、嘗。自職方主事累遷夔巫監軍副使。

忠宇，字宙寧，猛止鬭牛。永曆元年力戰八九日碎身死。日昇、民望有膽略，憂憤死。希儒，字奠侯，增生。嘗破産輸史可法軍。湖南亡，涕泣不食，入墨灣山中。卒年九十七。皆嘗德桃源人。

五聚，字史占，嘗德桃源人。副貢。監軍御史。歸隱，築室白茅窩，海内冥鴻之士多歸之。

楨，衡山人。精騎射劍術，授職方主事，隱山中。

申錫，湖廣人。守備，統靖州兵護榮王，大掠，終事不詳。

温應宲，寧都人。父國奇，字仲庸，萬曆四十四年進士。自惠州推官遷陝西道御史，劾魏忠賢削籍。崇禎初，起浙江道，巡按南直，歷四川驛傳參議、布政使歸。張獻忠至，避兵者入城，捐千金爲新城，民仰賴之。紹宗立，召太僕卿、兵部右侍郎。應宲，崇禎九年舉於鄉。南京亡，與薛宏度合瑞金、石城、寧都田兵，立客綱會，聯絡四方義士，清屢招不應。紹宗召，入覲，授御史。永曆元年起兵，拜兵部尚書、東閣大學士，總督恢剿。屯黄沙苦竹峒，聯合瑞、石、寧、會、安、長、信、興、上、崇、龍泉、龍南各山寨，屢敗清兵，贛、粤恃以爲重。十月，兵敗，爲間所執，五毒備至，與國奇皆磔死。同時連江寨亦陷，同難者：兵部右侍郎吴廷猷，總兵邱明、何翀寰、張敬嵩、廖福奇、黄海明、謝泰貞、謝稷、余文輝、曾思蘭、李明宇、葉發達，副總兵鄒開宇、王雙桂、羅泰宇、毛行恕、沈萬約，參將何養貞、丘至、劉倫、梅魁、鍾陸，遊擊余德吉，都司孔大學、楊見素，千總張美初、劉思雲、李達素、楊得隆，二十八宿賴嘉謀，職方主事袁萬全等。

廷猷，字君徽，南昌人。御史羽文子。萬曆三十四年舉於鄉，授屏山知縣，調臨海。杭州亡，與吴凱謀起兵。清使招魯王者至，廷猷突斬之祭旗，監司郡守驚相視，遂奉王監國。遷台州僉事，擢僉都御史巡撫。紹宗以兵部右侍郎召。紹興亡，至寧都。

晏日曙，字惟寅，新喻人。萬曆四十年舉於鄉。授左州知州，遷嘉興同知，調蘇州，明練豈弟，深得民心。陞永州知府，平臨藍劇盜。以曾櫻薦，除承天副使歸。南京亡，與櫻起兵勤王，轉湖南參議。隆武時，以僉都御史代瞿式耜巡撫廣西，民有冤者庭訊之而後批發，一無所擾。設立鄉團，民得自保。都結土州儂廷爵反，陷城逐吏，置僞府。命果化土州趙國鼎討之，先登，斬二十四級，生禽酋儂國琦誅之。傳示各酋，不獻俘，脅從散解，以示寬仁。已命用狼兵，疏言狼有生熟馬步之不同，必選狼將，否則擾民。遂以都督成大用爲統領，夏四敷爲監軍，速赴虔剿扼。昭宗即位，擢刑部左侍郎。憂歸。尋起兵部右侍郎，調禮部，晋工部尚書。永曆元年正月，走博白。三月，拜東閣大學士辭，以資囊爲郝永忠傾劫。六月入直，兼掌禮部。二年十月，督師袁州、吉安，命黄尚賓、徐學山宣諭江西，道中卒。

子九經，任錦衣指揮。傾家起義聯絡。族人日綱，選貢，象州知州。九成，功貢，廣西監紀通判。

尚賓，字嘉卿，清江人。副貢。與職方主事黄肇基從楊廷麟軍，授兵部司務，間關入桂，以興安知縣督狼兵援忠誠，未至城陷歸。調桂平，歷養利知州、左江副使，駐潯州，招流亡，練兵半月，而民復成市。以五千人扼險，衆心少定，以五百人運米千石行在。已陞太僕卿，從日曙江西。日曙卒，入雩都山中，王永吉諷之不仕，卒年八十二。

弟尚寶，字善卿。諸生。與從父介中，族兄長齡，兄尚賓、尚實，誓師廬嶺，應廷麟。自兵部司務遷監紀通判。後敗走吉安，入忠誠，分守南城，巷戰執死。

學山，始興人。恩貢。日曙題監紀通判。

揭重熙，字祝萬，臨川人。崇禎十年進士。授福寧知州，居官廉敏。建菱湖書院，與諸生講學不倦。重罪悉令自申辨，辨窮心服，始定案。慮卒隸捕盜加以曲刑，必察其肢體俱無傷者，卒乃免責。北京亡，張肯堂命監紀閩軍，與泉南副總兵洪日深、管餉按察知事吴瑞昇率兵勤王，呼妻楊謂曰：「汝今即同寡婦，子即孤兒，勿以我尚在念也。」

十七年八月，過蘭谿，許都餘黨亂，領先鋒周之藩會勦平之。遷驗封主事，憂歸。南京亡，妻父諸生楊時芳卒，時芳妻徐、妾傅遵遺命捐金巨萬，重熙遂誓廟，集王宏、徐組綬、萬民望、程邦俊、施逢覲傾家起兵湖東。會益王由本兵起，重熙走謁，請急臨南昌，事不果，因留新集二千餘人助守建昌，獨歸撫州，檄組綬速招募。撫、建陷，招九連峒兵，迎永寧王由櫶，督軍復撫、建。建昌受圍，提兵援之，宏、民望戰許灣敗。紹宗陞重熙考功員外郎兼兵科給事中。

隆武元年十月，清兵至撫州，重熙飛騎之建昌，約鄭彩駐中路，相倚爲勢，彩不應。十二月，撫州又陷，趨福京，請兵再舉，王兆熊劾之。

二年三月謁上，與兆熊廷辨，兆熊悚懼。會曾櫻掌吏部，四月疏薦重熙、傅鼎銓。上以鼎銓嘗陷北，獨召重熙入對，命從傅冠辦湖東兵事，因薦組綬、劉名琦、范甲等爲副總兵。請忠孝廉節四條印，上手加一大字。由櫶自瀘溪告急，冠不能救，重熙劾其逗留。冠去，兵事遂專屬重熙。由櫶敗，重熙復謁福京，統諸將熊和、潘鳴鳳進復金谿、撫州，有衆十餘萬。捷聞，陞僉都御史，代劉廣胤巡撫江西。以諸將進止不協，退保瀘溪，授鳴鳳參將，率偏師禦敵。重熙擐甲督師，戰清兵銅蒲隘、師姑嶺、高田、孔坊，俱大捷。先重熙謁福京，上以金聲桓、王得仁動靜詢之。重熙具策以告，上喜，許相機宜行，畀之密詔。至是命大髻道人以血書告得仁，聖主天威，親督六師，宜急掃土歸命，封侯可俟，且示以便宜密詔。八月，聞清兵入仙霞關，命中軍洪深入鐵牛關，趨光澤，駐峽山。遇苦雨，食盡，鳴鳳迎戰死。越數日，聞駕赴忠誠，倍道趨之。命曹大鎬、金簡臣三十六營後先渡河，半濟，爲清兵掩擊，師潰，急收散卒，親督深復撫州，斬數百級。副總兵吴楚雄入城，援絶馬蹶，被執大罵死。深等力戰死。重熙復趨忠誠，清兵追及三洞，重熙據馬祖巖拒險發礮，斬二將及偵卒數十人。相持月餘，粟盡兵潰。副總兵楊奇，參將羅景華，監紀推官揭集萬、揭冠、黄端生力戰死，參將陳聯耀被圍自刎死。重熙餒行三日夜，間出安、東、金、貴諸寨，命魏先達聯絡以待，而身爲日者裝，入南昌覘虚實。

永曆元年春，會有客自南昌來，傳金、王有反正意，欲從重熙求敕印，約九月二十五日舉事。重熙令謀之曹兑光。兑光奉意指，造二敕印，付來客送南昌。二年，聲桓果以南昌反正，幣車迎入城，爲重熙商入閩事。得仁部落相聚來觀督師，即之，故穿營行日者也，一軍皆驚。重熙寓南昌信宿，規諸在事羅賢才，抑阿諛，更屬人采義士行畧，爲疏請命刊布。重熙固不欲久留，請與羅人儁招故旅入閩，即日出師，書達閩中，以奇勳高官招郭天才。三月，天才部將守邵武城門，期十九日以内兵應，重熙密畫方畧授將士，失期大潰，吴灝之戰死。清兵追至大夫岡，都督僉事選鋒正將副總兵鄭鳴雷先登殺敵，力竭死；諸生欽授副總兵李士昌，參將朱曙光、吴持杰、楊克美、鄭毅、鄭國佐、丘秉忠，遊擊李登泰、左英，監紀胡以瀚力戰死。清圍王祁建寧急，命進援，次汀州不克進，間攻撫州、永豐、興國。聞南昌圍急，命天才援之，以軍付鼎銓兼督之，即徒從虔赴粤求救。十月，抵廣州，見李成棟曰：「江西急矣，須兼程前。」十一月，謁肇慶，備陳江事。上慰泣下，留內用，力辭。遂加太子太保、兵部尚書、左副都御史、東閣大學士，經理江西義旅，應援閩、直，總督兵馬錢糧，賜尚方劍便宜行事，給智仁勇信嚴五鎮敕印。然無餉可支，兵可遣。一人徒手受命而往，與鼎銓同援南昌，以廣東數百人從，至則聲桓已歿，沿途招兵。三年正月，猝遇清兵程鄉三江口大敗，王山若、桂泓陣亡，重熙身中三矢僅免，惟諸軍盡散，大鎬、張自盛、洪國玉、李安民、潘永禧、楊興、杜甲、郭甲將金王餘衆入山自保，遺民多從之，聞重熙奉新命出湖東，爭來歸。六月，兵至十萬，復石城、宜黃、寧都，數十戰皆捷，與鼎銓、徐博一軍相應。命信豐皂隸劉泰賫書浙江，事洩，執至南京死。四年正月，永禧密款清，重熙偵得之，斬以徇，三軍股弁。以自盛屯閩，赴其軍，約大鎬自廣信並進。三月，甫入閩境，清兵圍之數重，重熙慷慨誓師，期東恢閩，西克江，在此一舉。即命興統六大營，屯李家坊爲正軍，自盛爲前軍，國玉爲後軍，杜甲等全軍伏其來路之南。及至，興戰方合，佯北，清兵入伏，杜甲邀之截爲二，興還戰，自盛、國玉夾攻，自辰至酉，斬多，禽將紀甲，遂徇諸郡邑下之，進至撫州。去城卅里，幾禽清將楊捷，顧諸將勝而驕，又人異臆，不盡用命，野署逾年。五年，大鎬、鼎銓、和兵敗封禁山被執。命自盛攻邵武敗執，重熙屯大巖，勢益孤。四月二十八日，乃以數十人走依大鎬軍，至沙縣百丈磜，適軍還鉛山，惟空營在，衆就營炊食，不設斥堠。清遊騎偵得，猝招兵圍之。重熙戰不利，師大潰。清兵射重熙中項，大呼曰：「我揭閣部也。」擁至崇安。邑令具車蓋迎，勸之降，叱曰：「小子亦讀書，不識綱嘗名教耶！」不食者七日，械送建寧。署道曾延孔故官天興，以城降清，與重熙有舊。重熙瞋目詈之，遂下獄，日呼高皇帝祈死，作詩歌百首。士紳多賄獄吏乞書，各爲書不辭。故將謝以和間走謁，以爪髪屬並詩歌付之，一揖而入，無他語。十一月三日，獄吏啟出，舁至南街市口。又請下車，欣然加網幘，整衣冠，遺筆書「數載孤臣無當報君」畢，南拜嵩呼，昂首正坐，顏色不改，再刃始殊，雙瞳如生，白氣逆騰丈許，血流碧地。卒年四十四。宋國龍、陳仕道、鄧貴、鄒鳳、陳昌禧、詹書田等從死。易紫生賄得重熙屍瘞之。時芳妻徐、妾傅歸重熙喪，贖其子貞傳，范惟中護其家族。

貞傳，字憲武。國亡入山，終身不南北向坐。

重熙世父德符，字應祥。南昌教授。崎嶇兵間，卒於高山。贈五經博士。兄重振、重輝，中書舍人、參謀贊畫。

從兄企新，字鶴圃。子培赤從重熙死。企新麻巾杜門絶人事。

萬毅，隆武時官總兵，掛武烈將軍印，與重熙同出兵，勇於戰。兵敗，執死獄中。萬毅兄萬邦，昭勇將軍。在里聞重熙執，嘆曰：「無能爲也。」觸楹死。

族弟恢之，從軍百戰，死百丈磜。

羽沖，隆武時官閩浙總兵，亦戰百丈磜死。

羽沖弟培赤，官漳泉總兵，戰死汀州。

從子剛五，倡義閩、粤，奮勇力戰死。

欽繩，亦從重熙百戰，粟盡執獄，自經死。

宏，臨川人。大孝營正將都督同知副總兵。黄通之戰，力戰死。

組綬，金谿人。天啟四年武舉，廣東參將。後與其孫蜚戰許灣死。蜚，諸生，贈推官。

逢覲，字教臣，吉水人。副貢。文章意氣，推重一時。授太嘗博士。杜門教授。

名琦，字方伯，撫州東鄉人。從羅川王由核軍。由核薨，從重熙復撫州功多。得仁反正，招之入山。重熙出建、邵，上書言事。後爲清執死。

和，字位育，南昌人。武舉。從黄蜚，官副總兵，鎮覺華島。李自成招之，斬使焚書。蜚屯采石，命扼蟂磯。清兵至，自銅陵還采石，斬劉良佐子。已從戰胥江。蜚歿，以孤軍朝紹興，謁福京。紹宗命援忠誠。汀州變，罷兵隱。永曆二年秋，江西急，以太子太保、左都督、總兵從重熙江、閩大小百戰。五年四月，過封禁山，執見清帥，誘降，大駡不屈。八月，作自祭文，與鼎銓同死南昌。

鳴鳳，字丹竹，安仁人。由核起義師時三十六將之一，勇冠一軍。及從重熙，有衆萬人。一日，偵得仁赴樂安，撫虛可襲，提兵從重熙往。得仁方出西門，不虞鳴鳳至。鳴鳳以步逐馬，戟中得仁面，幾執之，疾走得免。後爲僧山中。聲桓過安仁，聞其病，遣九騎往縶之。鳴鳳力疾起，呼所部十餘人伏於隘，而孑身入酒肆中。敵騎見爲僧，不知即鳴鳳也，因問識鳴鳳乎？遽應曰：「我是也。」拔刀斬二人，七騎者上馬馳，遇伏禽其二，再前再遇，禽其三，得歸者才二騎耳。聲桓陷廣信，鳴鳳以木椿置水中，舟盡碎，多泅水死，鳴鳳盡其所獲而返。後率壯士邀擊清兵之入閩者，馬蹶被殺。

先達，南昌人。招兵安、東、金、貴間成一旅，數戰勝，後戰於野，被執見清帥，不屈死。

人儁，字克儐，建昌廣昌人。諸生。與馮柏從由本、由樬兵，招羅榮、蕭陞、謝志良因與其鍾、馮、范、林四營善。永曆二年，參重熙軍，官監軍副使，命招四營援江西，兵次廣昌，戰清兵城下，多斬獲。及清兵大至，縛其妻子招之，不顧，堅從重熙。重熙屯江閩界，命齎疏行在，陳邦傅留之，命監黃用元兵東江，武弁與俱，舟中論事不合，武弁怒，殺人儁。

灝之，字文侯，金谿人，侍郎仁度孫。工文詞，精兵畧騎射。崇禎九年，上時務十六策中格，爲蔡懋德所賞。弘光元年恩貢。南安王企鈺命職方童甲監軍至建昌，請由本恢復，參由樬軍，紹宗授孔目。兵敗遁於醫卜，酒酣輒悲歌泣下。永曆二年，招兵應重熙，遷職方主事，總提五營戎務，行監軍道事。出入險阻，經畫多勞。從至邵武，前驅抵古山。會前鋒許達及降將秦孝重敗還，灝之怒，獨以都督桂英芳、副總兵吴秉忠千人進。清兵奄至，力戰被執，大駡。皆腰斬死，贈簡討。

山若，臨川人。初從張天威起兵。及天威從得仁，山若歸重熙，從攻邵建。又赴寧都聯四營，説興合攻江西、福建。自盛故與四營隙，疑不往。重熙獨與内丁俱，而山若爲前鋒，道遇清兵，力戰脱重熙，遂與名琦執至南昌，腰斬死。

泓，字元旭，汝陽人。官監。海豐知縣，累遷監軍僉事。

興，贛縣人。四營大總，屯長寧。永曆九年，雄長潮、惠、忠之交大帽山，已合寧化黄素和、永定廖明奇。後興死，素和降清。

國龍，閩縣人。恩貢。兵科給事中。

仕道，字兆可，新建人。崇禎十五年舉於鄉。宜君知縣。重熙弟子。二人聞重熙陷敵，即衣冠輿進沙城，謂門者曰：「謁揭閣部。」門者引之清鎮守許，二人坐鎮守坐。鎮守出，二人語不遜，下獄，竟不屈死。

貴，臨川人。采石爲生。以隸卒從重熙，授都司。大小數十戰，甘麤糲，軍獨戢，陞參將。重熙執，從者皆散，貴獨不去。重熙曰：「死，我分也，汝何爲者？」曰：「公生而忠義，死必爲神明，願千秋萬世下，貴得貌像公側足矣！」卒同死。

鳳，臨川人。重熙僕。昌禧，安仁人。諸生。皆從軍爲部將。

書田，字大有，廣信永豐人。諸生。方重熙執，自稱其部，願死，於時亦縛至。重熙不識，問曰：「爾爲誰？」書田曰：「公固不我識，我慕公義，特來隨死，爲公伴耳。」問官笑其癡，勸不去，亦同死。

紫生，臨川人。商賈爲生。重熙入獄，無平日之雅，傭侍八月，求遺文歸其家。

惟中，字元夫，臨川人。諸生。任俠負大力，精劍射，從軍舞六十斤矛如飛。兵敗，與游東昇、劉命詩酒終。當重熙起兵，湖東人相從戰死可紀者：芹田之役，都督僉事前鋒正將、副總兵余大勳力戰矢叢體死。東鄉之役，都督僉事、副總兵楊國望追敵被圍戰死；副總兵夏景生力戰死。瑣山之役，參將周象坤陷陣死。安仁之役，諸生陳昌熙被執不屈死。峽山之役，副總兵揭鶚被執死。黎陽之役，監紀推官、諸生曾朝選，副總兵曾遇春陷陣死。右山之役，推官、監紀大廉營務、諸生吴科第陷陣死；都督僉事、衝鋒正將、副總兵潘爲憲被執淩遲死；參將李克靖、胡啟忠，都司李佑啟、許君顯力戰死。以及貢生鄧儒遴之父兄、李簡生、張安遠、徐伯和亦舉兵先後死。事皆不詳。

傅鼎銓，字維衡，臨川人。崇禎十三年進士。授簡討，充永王講讀官。熊、姜之獄，絛奏制勝之策，俯宥言事之臣，劉宗周申救獲譴，再三疏理，切指周延儒，奪俸。十七年三月，疏請以蔣德璟爲首輔，忤陳演、魏藻德。北京之變，欲自經，爲同舍所奪。出謁李自成，爲鄉人所訕。隆武初，曾櫻以鼎銓與揭重熙並薦。紹宗重違櫻意，召重熙，而予鼎銓知府銜，令赴贛州軍前自效。重熙輒與鼎銓偕入閩，乃令以故官統義師，繇泰寧出關招募。至廣昌，聞福京亡，過寧都，遇田海忠兵，求借不應，還兵崇仁，自集鄉豪爲一軍，復宜黃。與重熙會攻撫州，先後失期，敗駐樂安，命萬年聯絡閩、廣山寨。閩亡，偕重熙同入武夷山。

永曆元年，撫州御史謝坊、謝良翰、王之翰與總兵王寵山寨義師起。二年，清兵再圍南昌，與重熙同任閩事。重熙入粵求援，鼎銓兼督兩軍，與張自盛合營援南昌，戰於三河口敗績。南昌再陷，内召。至瑞金，自劾無功，請再舉終江西事，重熙亦疏留之，乃擢兵部右侍郎、副都御史、侍讀學士，督師江西，會兵桐木，令監軍陳化龍馳檄浙東。有徐孝伯者，引軍來會，鼎銓屯封禁山，自盛亦至，居間調應，屯徐博，晉尚書、東閣大學士。四年冬，自盛敗死，惟曹大鎬一軍在廣信，往依之。五年三月，總兵楊奇盛戰建昌死，鼎銓逆戰，敗入山。四月八日，俗稱浴佛日，廣信張村山中作浴佛會，鼎銓與焉。爲清將所執，令作書招重熙，不從。再三勸降，曰：「人誰不欲生，但亡國孤臣，八年矢死，今日被執，義不苟活。」在南昌獄五月，巾服如故，吟詩不輟。巡撫夏一鶚欲爲薙髮，曰：「無庸，留此與頭俱去也。」八月朔，得赴市信，衆爲涕泣，鼎銓衣冠洋洋如平時。聞吹角聲，曰：「可以行矣。」語左右曰：「我不畏死，不可縛。」觀者如堵，皆泣下。所至人爭乞書，雖隨紙墨，必紀大明永曆孤臣某。輿至順化門，爲正命銘曰：「生不負學，死不降志。取義成仁，庶畢吾事。」南向再拜。兵請跪，叱曰：「自被執來，爲誰屈膝者，今日欲我跪耶！」因請坐，鼎銓徐諾。出橋上，整領衣，伸頸就刃。兵爲手顫墮淚，總兵楊起龍及壯士百餘人從死。時南昌鄉試諸士聞之多痛哭，不終場事而去者數十人。初，鼎銓受順命，爲鄉人所鄙，嘗欲求一死所以自滌，預置木主，書死年而空其月日，死後得之笥中云。

贊曰：當南京之亡，荆、楚風靡，土崩之決定矣。曠奮起湖南，力守湘陰，爲何騰蛟之外援，支撑傾側，清兵不敢南牧者年餘，厥功偉矣。鴻、鶚、鼎瀚、誠、應宷、日曙從事義旅，經畧無聞。重熙、鼎銓百戰江右，吹灰已寒，張律既絶，屢蹶屢起，歷久而始亡，尤敻乎不可及也夫！

南明史卷五十五

無錫錢海岳撰

列傳第三十一

王應熊 子陽禧 高作霖 羅應秋 鄒簡臣 趙司鉉 黄達 周鼎昌 吕大器 子潛 劉鱗長 弟鱗應 楊鼎和 文安之 子協吉等 劉兆鋥 黄路清 陳安國 黄燦 弟炳 陳正言等 何源等 弟淑

王應熊，字非熊，巴縣人。萬曆四十一年進士。改庶吉士，授編修。天啟中，歷官詹事，以憂歸。崇禎三年，起禮部右侍郎，疏論中官事，而語皆迎合上旨，以是蒙眷注。馮元飈發其貪汙狀，上不省。應熊博學多才，熟諳典故，性谿刻强很，人多畏之。周延儒、温體仁援以自助。及延儒敗，而體仁援益力。六年冬，廷推閣臣，應熊不與，特旨拜尚書、東閣大學士。命下，朝野胥駭。七年，晋文淵閣。

八年正月，張獻忠破鳳陽，毁皇陵。巡撫楊一鵬，應熊座主也；巡按吴振纓，體仁姻。二人恐上震怒，留一鵬、振纓疏未上，俟恢復報同上之，擬旨令撫按戴罪。范淑泰劾其改一鵬疏月日欺誑狀，應熊亦屢疏辨，最後何楷奏言：「故事，奏章非奉旨，邸報不許抄傳。臣疏於十四日奉旨，應熊乃於十三日奏辨。旨未下，應熊何繇知？且旨未繇科抄，先送錦衣堂上，是疏可不繇科抄矣。」應熊始具疏引罪，因言以閣臣抄閣疏，與外廷少異，身受指摘，與探他人事少異。上卒惡其漏洩，下應熊家人及直日中書七人於獄。獄具，家人戍邊，中書貶二秩，應熊乃乞休去。延儒再召，力引之，應熊未至，而延儒已罷去。比應熊至，請召對，不許。請歸田，許之，乃慚沮歸。安宗立，起故官，未赴。以獻忠據四川，改兵部尚書，總督川、湖、雲、貴，專辦蜀寇，給銀三萬兩，賜尚方劍便宜行事。應熊散家財招兵數千人，開府永寧。薦川將羅于莘、侯天錫、曾英、王祥，疏言：「蜀境西北接鄖，東抵夷陵，西南繇建昌通雲南，東繇遵義通貴州。今寇據成都，蜀人殆無孑遺。議者謂李自成在陝，獻忠必不北向，然自成自七月入蜀，虛喝保寧、順慶之吏民而制之，一旦爲獻忠所驅，則獻忠之無顧畏可知矣。川、陜總督宜提兵復保寧，牽寇北顧，臣得合黔、滇之力，以擣其空虛，廣西、鄖陽許臣節制，則緩急可以呼應。臣名總督四川，而兵止於黔，餉止於滇，不幾輕視巨寇乎！」乃命廣西、鄖陽悉聽節制。應熊又劾馬乾縱兵淫掠，下所司逮訊，命未達而南京亡。

時蜀當獻忠兵後，城邑村落千里無人烟，民入山無食死者填澗谷，偶采木葉實得生者，裸處林棲，體生白毛，見人則搏殺之而吮其血，與野人無異。應熊兵單餉匱，不能有所爲，英請屯田重慶，亦不許。紹宗立，晉少保、武英殿。

隆武元年八月，應熊赴巫山，命王學詩以川東兵屯巴東，寧秉文屯東鄉香爐山寨，又使禹命益招貢生冉琳。琳書約通江向衷亮、向質、向謙同舉事，命益遣其副抵黄城，衷亮即禽斬令陳三捷，署東鄉主簿林春茂爲通江知縣，招兵萬人攻巴州，都督馬元利援之。衷亮偵兵將至，即日回通江，琳回東鄉。衷亮有兵二萬，衆推爲總兵，質、謙爲副總兵，何三益、祝嵩、劉瑞贏爲前營遊擊，屯分水嶺，當南江道。趙嘉忠、祝華封爲右營遊擊，偕衷亮屯縣城，各處響應。孫可望兵大至，衷亮敗走，質戰敗屈家墳不食死。衷亮守寨二十餘日陷，執見獻忠不屈死。可望命張國寧攻南江李上苑等。上苑復通江，斬副將翟仙桂等，引回分水嶺，楊展等復川南州縣，應熊始移綦江，又移瀘州。以張登貴、顧存志會樊一蘅，檄諸路並進，回駐遵義。二年六月，疏陳西南形勢，上展等功，上手詔褒美。命撫姚天動、黄龍，壹力剿獻忠。是冬獻忠死，姚、黄十三家來歸。可望以餘衆陷重慶，英戰死。清兵繼入，徇川北、川西、川南、川東，乾亦殉難。清將招降，應熊斬其使，棄遵義入畢節。永曆元年正月，封長壽伯。明年，至仁懷卒。贈太保、建極殿，謚文恪。應熊督師四年，無赫赫名，然遵義一隅不爲寇禍者，應熊力也，川南百姓祀之。

子陽禧，字箕文。死於兵，竟無後。族子更律以衆降清。

從應熊起兵者：高作霖、羅應秋、鄒簡臣、趙司鉉、黄達、周鼎昌。

作霖，字蘇生，金壇人。恩貢。授定遠知縣，從應熊恢復，遷重慶副使。爲僧石硅，名淨石，字無想。十二年，李國英薦，力辭不出。

應秋，字君實，瑞州新昌人。選貢。授遵義通判，以防守功，遷知府。應熊薦擢下川東副使，歸。

簡臣，字開樂，樂至人。崇禎十五年舉於鄉，歷邛州知州、成都同知、監紀。弘光元年，與司鉉合衆十萬，復順慶十餘城。八月，與馬應試、天錫大破清兵瀘州，斬數千級。副將趙友鄢、藍兆周反正，馬化豹走，陞下川南副使，管川東道事，駐瀘州。國英命參將李奇茂來招，斬之。劉文秀至，擢右通政，贊理蜀王軍務。交水之戰，與李定國、文秀曰：「賊衆我少，難與爭鋒，然我直而壯，賊曲而怯，當如謝玄淝水，乘未振擊之，可一戰禽也。」定國、文秀將退，簡臣揚鞭曰：「賊塵已靡，我將大勝，受創者一隊耳。殿下當隨後趨之，則巨憝可得。」未幾，果大捷。文秀卒，上十二事，言馬吉翔之奸，勸收大權，用正人，幾受禍。楊國明政苛，多怨畔，上言除荒去刻，下詔蠲䘏，川民始安。後力爭幸緬，隱禄豐。晚講易洪雅花溪。國英、吴三桂招，不至卒。

司鉉，字翼黄，彭縣人。崇禎三年舉於鄉，負經濟，爲應熊軍政官，監川西義兵討寇，授越巂同知。李乾德薦陞洱海建昌僉事，上川南參議卒。子弼妻，王自明女，經死。

達，彭水人。都督僉事督標屯練總兵，征剿有功。國亡，隱。

鼎昌，夾江人。千總。獻忠自青衣江下夾江，攻南安，奉應熊檄拒守，以木爲城，寇攻不下，遂作浮橋爲長圍。令泅者潛水腰鐮斷橋，寇沈水中，餘反奔南岸。鼎昌蹙之，寇大敗走成都。累遷副總兵。

吕大器，字儼若，遂寧人。崇禎元年進士。歷行人、稽勳、考功、文選主事。乞假歸，以邑城庳惡，倡率修築。工甫成而張獻忠至，佐有司拒守，城獲全。起關南參議，建陽平關城。遷固原副使，破寇夾岸，禽紫微星、横飛虎，討長武寇，以穴地火攻法滅之。調湖廣驛傳，再乞假歸。十四年，以僉都御史巡撫甘肅，劾罷總兵柴時華，數破寇，西陲畧定。

十五年六月，擢兵部右侍郎。大器負才，性剛躁，善避事。見天下多故，懼當軍旅任，以五不堪、四不可自揭吏科，言己好酒色近財，必不可用。言官劾之，詔趣令入京，詭稱疾不赴。嚴旨切責，亦不至。命所司察奏，明年三月始至，命以本官兼僉都御史總督保定、山東、河北。清兵將薄城，預伏死士，夜半礮拒之，清兵失氣去。已率將士追擊於清河，大敗之。又追擊於順義，復破之。周延儒螺山之敗，大器所部無失。未幾，以保定息警，罷總督官，特設江西、湖廣、應天、安慶總督，予禁旅三千人以往，駐九江，大器任之。左良玉以侯恂故，疑大器圖己，劄九江，稱疾不進。大器詣榻前慰勞，疑稍釋。命部將謝騰雲、李士元連復吉安、吉水、茶陵、醴陵。已而所部兵與良玉兵私鬭，焚南昌關廂，廷議改大器南京兵部右侍郎兼禮部事。南京議紹述，大器主錢謙益、雷縯祚說，與張慎言、姜曰廣移牒史可法，言安宗有七不可立，將修衅三案，潞王常淓賢明可定大計。既徐弘基、劉孔昭、高弘圖、程註、韓贊周等集議於朝，大器時綰禮兵二部印後至，頓筆不肯下，而馬士英及諸將擁安宗至。

安宗即位，遷吏部左侍郎署部。李沾以惡慎言，故遷怒大器，疏劾之。大器遂乞罷，不許。已士英與孔昭比，欲盡起逆案諸人，先薦阮大鋮。大器知必不爲時所容，乃倡言以攻士英，疏曰：「近今温、周擅權，老成凋謝，奸庸僨事，中原陸沈。陛下中興，一時雲蒸蔚起，不意士英濁亂紀綱，顛倒邪正。士英非以賄敗遣戍，借名知兵而爲鳳督者哉。重兵入朝，覥顔政府。南國從來藹藹，一經唆撥，而殿陛喑啞叱咤者，藐至尊爲贅旒矣。逆案一書，先帝手定，而士英悍然不顧，目無先帝，何論陛下。且士英有何勞績，倏而尚書、宮保，倏而金吾、世廕，其子以銅臭列銜都督，女弟之夫未履行陣，冒授總戎。若越其杰、田仰、楊文驄等皆先朝罪人，盡登膴仕，名器僭越，莫此爲甚。總之，吴甡、鄭三俊，臣不謂無一事之失，而端方亮直，終爲海内正人之歸；士英、大鋮，臣不謂無一技之長，而奸回邪慝，終爲宗社無窮之禍。」疏入，上勗以和衷體國。會劉澤清又劾其心懷異圖，遂致仕去。大器慮有後禍，以手書監國告廟文送内閣，明無他意。士英憾未釋，嗾沾復劾之，遂削籍，命法司逮治。以蜀地盡陷，無可踪跡而止。

隆武初，拜兵部尚書、東閣大學士、總督。疏陳用人太濫，所用人又相援引，虐民叢盗，望治何繇。汀州之變，與丁魁楚、瞿式耜擁戴昭宗於肇慶，晋文淵閣，督師兩廣。林佳鼎敗，回肇慶，上幸梧州，請留守東方，赴韶州。疏陳川蜀地居上遊，爲國根本，川蜀安，則楚粤俱安，宜及時收拾。久之，自梧、柳走烏羅土司入蜀。先清兵徇川南、東。

永曆元年九月，屯忠州、遵義者乏食，巡撫李國英，退守保寧。吴三桂及都統李國翰駐漢中，東至順慶，西至中江。自什邡以西敘州以南，則楊展地也。曹勳屯雅州，趙榮貴屯龍安，侯天錫屯永寧，馬應試屯瀘州，王祥屯遵義，各守其地。及姜瓖反正，漢中兵北返。王應熊卒，命加大器少傅以代之，總督西南九省，賜尚方劍便宜行事。時宗室容藩謀據蜀，僭稱監國，李占春等爲其所惑。大器按部至涪州，占春來謁，大器察其可用，深相結，勸其誅容藩自贖，占春感悟。三年冬，晋武英殿，召赴行在。將行，容藩攻石砫。大器赴行在，至自水洋溪攻其前，于大海自忠州攻其後，胡雲鳳潛兵逕襲萬縣，而自駐石寶寨策應。占春、大海敗容藩三教壩，譚文中矢走彭水思南。入遵義，具櫜鞬，迎甚恭。容藩自沙菁溪欲歸萬縣，而屯營已爲雲鳳所破，乃間入天字城。占春、大海攻之，相持二十日，容藩敗，圖出雲陽界，兵迫自刎死。四年春，大器至都匀，遺疏請上獨持太阿，調和將士，雪恥除凶，刻不容緩。卒年五十三。事聞，上輟朝三日。

子潛，字孔昭。崇禎十六年進士。歷行人、太常博士。國亡，隱湖州。卒年八十六。

劉鱗長，字孟龍，晉江人。太常卿宏寶子。萬曆四十七年進士。授都水主事，值皇極門。及濬隍之役，中貴浮揭石工至三十萬，鱗長以六千竣事。復有保橋運石，揭至四十萬，鱗長議從橋下拽運，費可省。尋管街道事，提督乾清太監王體乾侵市屋，即毀之。清追五城官房戚畹大璫占者，忤魏忠賢意，削籍歸。崇禎初，起員外郎，司節慎庫，臺省侵權擅支放，鱗長力折之，坐累逮詔獄，謫嘗州通判。適孫愼行倡學東南，遂師事焉。署崑山知縣，除隸役虐民，清漕糧積弊，父老像祀之。陞南京户部主事、員外郎、郎中，出爲浙江督學僉事。疏陳七事，一尊聖道，二卹靖難臣，三定禮制，四立射禮，五訪逸才，六清庠序，七重教職。轉建昌參議、川東參政。張獻忠入川，調劉佳胤援成都。全蜀陷，惟遵義獨存，鱗長與王應熊傳檄起兵，督曾英守涪，自扼酆都觀音灘。失利，走綦江，仍與應熊往來計議，加太僕少卿。紹宗立，晉兵部右侍郎。隆武元年十一月，出綦江，收刁化神兵，督英復重慶，已大敗獻忠多功城。疏言：「復重夔二府三州二十三縣，以川餉贍川兵，不敢虛糜破冒。」上以其不避危難，二年四月晉尚書、東閣大學士，督川師，加太子太保。後間歸，卒於家。

弟鱗應，任中書舍人、兵部員外郎。

楊鼎和，本名應甲，字彤宣，江安人。崇禎四年進士。授歸化知縣。疑獄數言而剖。歲凶，特嚴閉糴之禁。府胥來邑勾攝，聞其威名，不敢爲暴。隆武時，累遷太嘗少卿，管文選事。陳中興策及端本源、愼名器、重守令、行久任、專咨訪、嚴部復六事，上嘉納之。命以僉都御史提調滇、黔，策應江、楚，加兵部右侍郎。昭宗即位，晉尚書、東閣大學士，總督川、黔。孫可望自遵義向貴州，鼎和棄貴陽走。可望請封秦王，力持不可，且乞卻所獻南金、玉帶、良馬諸物。永曆五年二月，可望使賀九儀殺之於崑崙關。贈太子太保、禮部尚書、文淵閣，謚忠肅。

文安之，字汝止，夷陵人。天啟二年進士。改庶吉士，歷簡討、編修、庶子侍讀，調南京國子司業，轉祭酒。爲薛國觀所搆，削籍歸。弘光時，起詹事；紹宗立，擢行營禮部尚書，皆以干戈轉側，辭不赴。永曆元年二月，以瞿式耜薦，拜東閣大學士。二年冬，會宗室容藩下關，説李赤心、王友進不用容藩命，容藩遂敗。四年六月，上在梧州，嚴起恒爲首輔，王化澄、朱天麟次之。安之行至平越，上命劉兆鋥敦趣之。及至，起恒讓之居首輔，晉文淵閣，而己處其下。賜「儒雅名臣」銀章。孫可望再乞秦封，安之持不予。後桂林陷，上幸南寧，清兵日逼，雲南又不可往。時川中諸鎮，袁韜在重慶，于大海在雲陽，李占春在涪州，譚詣在巫山，譚弘在夔州，譚文在萬縣，侯天錫在永寧，馬應試在蘆衛，王祥在遵義，楊展在嘉定，朱化龍在嵩潘，曹勳在洪雅，向希堯在長壽，胡雲鳳在忠州，胡明道在酆都，姚玉麟在金城，徐邦定在達州，其姚天動、黄龍諸家，如王興、楊正榮、王友進、扈九思、陳林、靳可擎、馬朝興、張顯、劉惟靈、白蛟龍、楊秉胤、李世傑等在夔州夾江兩岸，以及保寧、順慶總所謂夔東十三家，而劉體仁、郝永忠、李來亨、塔天寶、袁宗第、馬雲翔、李復榮、李本榮、党守素、賀珍在房縣，竹山、竹谿、歸州、巫山、大昌、大寧，王光興、王光泰在施州，則所謂西山兵也，衆各數萬。欲結之共獎王室，自請督師，加諸鎮封爵。上從之，晉太子太保兼吏兵二部尚書，督師經畧川、秦、楚、豫，賜尚方劍便宜行事，進諸將光興、永忠、體仁、宗第、來亨、守素、友進、天寶、雲翔、珍、復榮、弘、詣、文等十六營爵皆公侯，即命賫敕印行。可望聞而惡之，又銜其阻封議，遣兵伺於都勻止之，奪諸將敕印，留數月，安之乘間走貴州。將謁安龍，可望劾其無功濫劄，下廷議，戍羅定，請改畢節。未幾，可望自設内閣九卿等官，請赦之留貴州，以行營東閣大學士同辦事，安之不爲用。八年，聽入楚，走依體仁，可望追不及。時川中諸鎮皆以恢復爲名，而號令各擅，州邑爭擊衙蠹，紳士家豪奴悍僕，戕滅其主，立寨深山，以人爲糧，城中雜樹成拱，虎遊白晝，民無孑遺，惟體仁、來亨、光興屯川湖間，較嚴整，衆數十萬，爲最强。十二年，吴三桂屯漢中，窺沔陽、寧羌至朝天驛，順流下保寧，集舟師過順慶、西充至合州，江寬水深，騎亂流濟，總兵杜子香望風走。三桂窺銅梁、璧山陷重慶，留總兵嚴自明、程廷俊鎮之。十三年正月，上幸永昌，安之督體仁、宗第、來亨十六營泝江襲重慶以救滇。會弘、詣劫殺其兄文，諸將不服，安之欲討之，弘、詣遂以所部畔，於是諸鎮盡散去。什邡知縣黄路清、綿竹知縣袁守聖、簡州知州吴翔舉、新繁知縣李逢年相繼繳印降於清。六月，成都陷，總兵陳安國、劉耀、楊有才、曹昌祚降於清，總兵趙友鄢交綏亦畔。上已入緬，地盡亡。安之至合江，鬱鬱尋卒。

子協吉，任行人。逢吉，關内參議。鼎吉，錦衣指揮僉事。紹吉、秉吉，總兵都督僉事。

孫祖褰，監軍副使。

兆鋥，武岡人。崇禎十七年恩貢。職方主事，改禮部。國亡入山。

路清，洋縣人。天啟元年舉於鄉，廣濟知縣。

安國，字其丹，宜賓人。崇禎十三年武進士。崇明守備。顧容犯施翘河，三矢殪三人，單騎衝擊，賊潰城全，軍中呼陳鐵頭。已犯北洋，禽十九人，賊聞名即逸，以功陞瀏河遊擊。值兵荒，捐所有以振。後擢川南屯田總兵，屯大邑，守成都。

同時黃燦，字中涵，夷陵人。崇禎十六年進士。授編修，歷右諭德、湖南督學僉事，調貴州。永曆十一年，爲可望所逮，除侍讀學士。可望敗，坐黨降右贊善。光興移屯荆西，迎請以御史監軍，擢侍讀兼兵科給事中。先卒於軍。

弟炳，崇禎九年舉於鄉。歷職方郎中、太僕少卿。昭宗立，以兵部右侍郎撫治鄖陽。久之内召。坐可望黨，降太僕少卿，陞卿。雲南陷，降於清。

邑人陳正言，字鹿野。川東副使。殲巨寇，減商稅。國亡入山，不應召。兄萬言，字心一。太學生。固原同知。以廉能稱，隱居不仕。

當安之督師，並時入楚者何源。源，字星海，慶符人。選貢。歷嵩江通判，貴陽知府，辰沅、畢節副使，貴州按察使，湖廣布政使，以僉都御史巡撫湖廣。爲政勤慎寬明。擢總督，晉太子太保、兵部尚書、右都御史、武英殿大學士留任。兵後難民入夷者，悉令贖歸成室。入清不仕。

子方亨，字次長。馬湖新鎮同知、安邊知府，革差利民，有善政。

弟淑，字珠海。崇禎九年武舉，官大定總兵，卒。

贊曰：宋之爲兩川者，前有吴璘，後有余玠，至劉整以瀘溪降元，順流下襄陽，江、淮不守矣。天地無險，得人而固，豈非明驗歟！明室南渡，荆、揚雖亡，蜀、黔上遊固自在也。清破張獻忠，未即侵蜀，吴三桂在陝遥控，棧道横絶，竟空蜀境。應熊、大器、鱗長、鼎和、安之起任西事，未能保險輯民，川北之棄如遺，荏苒二年，坐委蔓草，迄安之敗於重慶，而全土始陷，惜哉惜哉！然諸人之胼胝戈甲，痻寐冰霜，勞瘁則可矜矣，勿以成敗論可也。

南明史卷五十六

無錫錢海岳撰

列傳第三十二

吳獻 子廷相等 何士焜等 尹三聘 吳弘業 周鉞 段騰藻 歐國儁 張其彩 盧際泰 顧祖
奎等 王國治 譚康侯 余昌祚 倪秉元 鍾鎮 陳迪純 王道交 洪名臣 茆世德 劉之徵 姚士裘
陸大咸 楊鐓 王秉志 劉懋和 陳祐 孫明孝 陸一煒 梁奇顯 吳鼎占 馬鳴霆 何執中 羅金
鼎 喻思慥 錢邦芑 子志輔 弟邦詔 邦寅等 曹椿等 鄒秉浩 戴若等 胡欽華等 甘明鶴
杜鼎黃等 金維新 龔銘 宋光祖 馬注 郭貞一 弟守一 李士淳 子樟等 張景 梁士濟
子觀 侯偉時 孟兆泰等 趙廷璧等 劉佐 丘懋樸等 王世定等 唐紹堯 子誼訪 弟思堯等
張尚 陳圭 巫三祝 陳是集 江國選 鄧承藩 趙炳龍 趙之琰 胡我琨等 沈巨儒 劉賜桂 陳璠
謝天命 梁祐新 梁之垣 李庚齊 胡學戴 張聚垣 蘇九容 鄧承簡 何至聖 喻思恪 朱光允
李介 梁暾 孫光前 婁惺伯 馬永思 關家炳 霍藻 郭際昌 張文煥 趙嗣鼎 戴明聖 楊樹第
伍登龍 王夢台 林沖霄 宋時傑 黃河圖 謝啟翰 鄭君錫 馮挺衡 蔣明良 李麟祥 林成義 王
渚 張惟謙 汪錫朋 許一麟 熊軾 陳世芳 鄭樵 陳鳴鳳 王芝瑞 子馮 龍大維等 趙獻素
李芳曾 徐世儀 顧經祖 吳中蕃 李際明 李可棟 梁羽翰 曾高捷 尹文煒 吳道昌 鄧騰雲 沈
縉 尹三錫 陳鵬 倪參化 封昌祚 李宏 區熙 楊自任 楊炳禮 夏道誠 彭朝信 丘士端 孫萬
芳 吳昺 許鴻 王正國 印司奇 姚湘 辜朝薦 弟朝采 陳君諤 江振鵬 丁朝棟 高賚
明 李懋修 陶文彥 蔣獻楨 馮毓舜 劉晋康 熊汝學 王維祺 曹柱 蕭棨 謝振宗 廖廷詔 張

世經　陳純來　祈聖年　劉孝思　何邇道　吳仕賢　李世榮　黃德振　李日顯　陳朝舉　婁僎　潘琪
馮斐　張魯傳等　張應斗　嚴復初　何廷相　梁國棟　鄧一鼒　徐龍禎　毛會建　何子朗　王明汲　陳鴻勳　陳詩等　李寅　何湛然　趙嶷　梁稷　黎之麟　陳梅　余鵾翔　弟麟翔　張嵋　萬日吉　余宏化　賀王盛　子汝第等　黃其晟　蔡世承　胡璇　戈允禮　張朝　楊定國　劉芳　施德裕　艾廷獻
楊開泰　楊先聲　李宗望　向于宸　王士俊　子之昭　莊以裕　高明　李謙亨

湯來賀，字佐平，南豐人。父紹中，字恪素，崇禎十六年進士。授行人，遷禮部主事。篤於孝友，卒年八十六。

來賀，崇禎十三年進士。授揚州推官。江北蝗，大旱飢，得米二千石爲粥，立藥局以救濟，全活萬計。時河水涸，舟行艱澀，運米一石至淮者，百姓費銀六兩。會山左大稔，麥石價三錢。因請改折，凡米石折銀一兩六錢，以九錢買麥三石，抵漕米一石，一錢爲運費，五錢解部充餉。百姓省四倍之輸，朝廷得三倍之入，人服其才。高傑欲入揚州，攻城急，堅守月餘。巨盜出入淮揚間，出奇禽之。又平反大辟二百餘人。治行推天下第一。王坤督鹽餉，强道府行屬禮，來賀曰：「此膝屈不可伸也。」杜門求罷。史可法慰留之。

弘光時，考選刑科給事中。疏劾馬士英，不報。改禮部主事。出爲廣州僉事，嚴重有風裁。每月親行州里，講讀六箴，勢豪犯法不少徇，嶺海肅然。時清理各邑獄囚，減役微服，徑抵州邑圜扉，審係無辜者，給炤即釋。香山有老囚羅姓，閱案知爲海寇亞福父，嘆曰：「罪人不孥，顧及其父耶？」知縣力爭，謂釋則累官。曰：「吾惡戀一官而戕一命乎！」竟釋之。三日，亞福感釋父恩，願領衆歸，用爲巡海嚮導，卒收其力，後立功官總兵殉難。香山獄囚八十人，皆何吾騶僕所請禁者，釋之，寘僕於理。以撫寇功，轉參議，晉廣東布政使。

南京亡，陳子壯欲立桂王由榔。時紹宗監國，來賀曰：「如公議，閩立一君，粤立一君，内自爲敵，蚌鷸即無死，誰爲之漁人者？」議乃止。紹宗即位，方苦餉絀，將就何騰蛟。來賀親運餉十萬，繇海道至福京，上大喜，擢户部右侍郎督餉。艾南英言：「來賀奸險小人。周鍾北來，來賀匿之；且餉任僚佐優爲之，遽加顯擢，何以示後世。」蓋南英與鍾以才相忌而遷怒來賀也，不聽。尋上言文武空談無實，請效前驅，又陳據形勢、慎爵賞、練兵、裕餉四事，命以户兵二部右侍郎、僉都御史，總督直浙徽寧，賜尚方劍，專理湖東恢勦便宜行事，與何三省同料理水師四百人。以忤吾騶，調發不應。清窺忠誠，疏請先安此而後他圖。上優詔答之，改總督南韶，練兵五千人。未行而汀州變聞。

唐王聿𨮁建號，走肇慶推戴昭宗，上未用銀兩兵册，疏言：「今日讓爲上，和次之，爭斯下矣。」丁魁楚疑爲間，閉城不納。望闕痛哭，入瑶峒山中。已召户部右侍郎故官，晋尚書，調兵部，兼右都御史。粤陷歸家。

來賀以理學名家。清以人望薦，力辭。講學鹿洞四十年，卒年八十二。子永誠，字若人。任中書舍人，能文，國亡去舉業，遺言以白衣冠殮，年七十二；永寬，羅難死滄州。

弟來賁，讀書砥行，以孝友稱。晚以貢選教諭，不出。

何三省，字觀我，建昌廣昌人。崇禎四年進士。授順天教授，教士有法，歲雋卅餘人。遷國子博士，轉餉宣府，列邊事虚實以聞。陞主客主事，廠衛恣肆，前此主其事者，爲誣遺戍，三省一繩以法，後不敢犯。朝鮮使臣求書，朝議不與，疏請弛禁崇寬大。權相以一品考滿，賜宴禮部，特劄呈堂，以大臣考滿宴例應拜謝，惟嚴嵩曾一行之，不宜循前轍。權相聞乃中止，然怨不可釋矣。轉郎中，因議姚希孟恤典，權相側目，嚴詰部堂。三省自詣考功曰：「稿司出，何得累堂官！」其詞凛然。在任七年，以黨人沮東林，外補廣州督學副使，上試士莫如造士、造士莫如養士疏。遂立社學，倡以捐奉。大庠四百，中庠三百，小庠二百，置田書教養。權黨以夙怨劾之去。紹宗立，起太僕少卿。永曆時，繼湯來賀爲户部尚書。

國亡，歸隱雲莊。清交薦力拒，憂憤卒。

同時黄日昌，爲刑部尚書，井濟爲工部尚書。

日昌，字源簡，晋江人。天啟五年進士。授户部主事，榷九江，抑宦寺挾帶，耗蠹以清。歷員外郎、郎中。出爲潮州知府，摘伏如神，嚴鹺令，革私廠，不畏强圉。遷河南副使，捍寇全城。轉山東參政，治河治兵有績。累陞廣東按察使、左布政使。紹宗立，擢户部右侍郎，兼管安民庫。

濟，襄城人。崇禎四年進士。以兵部員外郎歷潼關僉事、廣東督學副使、桂平參議。

李陳玉，字石守，吉水人。崇禎七年進士。授嘉善知縣。邑劇難治，前令多得罪去，陳玉至，清漕弊以便運，捐奉築鶴湖書院以教士，逾年而大治。遷儀制主事，召對德政殿，有「儒林循良」之褒。改浙江道御史，彈劾不避權貴。熊開元繫獄，方士亮劾罷王繼謨，錢天錫得密雲巡撫。陳玉劾給事中楊枝起、廖國遴爲天錫夤緣。開元面奏實二人主使，欲令丘瑜秉政、陳演爲首輔。十七年，陳防江要着，請練東陽、義烏兵，上嘉納之。值宗人邦華爲左都御史，掌大計，避嫌歸。旋丁内憂。安宗立，起太僕卿。紹宗即位，召故官，擢兵部右侍郎。隆武二年，起兵信豐，爲贛州聲援。

福京亡，間走湖、湘間，從遊者數十人，歌哭未一日忘故國。每言及德政殿事，輒嗚咽不已。

永曆三年夏秋間，安福西鄉、南坡合族數百人起兵，合永豐、寧都義兵數萬結寨拒清。九月，命兼僉都御史、總督江西義旅，進復南昌。未幾，召晋尚書。國亡，隱居卒。子道濟，崇禎十二年舉於鄉。負文名。

傅作霖，字潤生，武陵人。亢爽有志畧。崇禎十五年舉於鄉。張獻忠入湖南，起兵拒守。

南京亡，與羅時昇從堵胤錫軍，授監紀推官，聯絡嘗、澧鄉團。已忠貞營來歸，作霖言於何騰蛟曰：「東南兵勢之重，無如楚者，上遠處閩海，威令不能及，恐此諸軍益驕，不能唯公所用。誠迎駕長沙，鼓勵諸軍，東下武昌，以圖南京，西取荆州，以出襄、鄧，誠千載一時也。」騰蛟然之，遂遣詣陛見，請駕必出楚。又陳楚兵之虛驕，何、堵之姑息；楊督之貪庸；理財先屯田，用人寬科目；請倣古遺法分天下爲四鎮，擇智勇深紀負大略者爲元帥，號召豪傑，如張所、傅亮。紹宗大悦。疏條議十餘上，有忌之者，命遷職方主事，監辰嘗周思忠軍。思忠馭下不相得，改督全楚軍。已劉承胤迎監其軍，舉軍聽節制。歷御史、太僕卿。

昭宗在奉天，擢兵部左侍郎，掌部事。尋晋尚書。作霖夙與承胤善，故得驟遷。及孔有德逼奉天，承胤將降，作霖勃然大駡曰：「吾始以汝爲人，汝挾天子作威福，惟所欲爲，致天子蒙塵，罪已不容於誅。擁兵數萬，糜餉十萬，平日誇謂天下莫當，今議降，真狗彘不如也。」承胤不顧。清兵入城，作霖冠帶坐堂上。有德欲生降之，强之拜，瞋目不屈，脅以刃，引頸受之。有德命作霖奕，曰：「巾服坐談始可。」有德許，蓋優容之令其服也；作霖反乘間説有德。知不可奪，始縶之，猶使傅上端、思忠百端勸説，並殷勤致承胤意，日往返再四。作霖曰：「吾欲面商於承胤。」有德喜，出作霖。時承胤在坐，作霖一見，嚼舌出血噀其面，提石擊之不中，以頭觸承胤胸。承胤走，復再三勸降。作霖怒駡不絶聲，遂遇害。妾鄭，有姿色，被執過橋躍水死。事聞，贈少保、東閣大學士，謚忠烈。

子允漸，任中書舍人，死於軍。

時昇，武陵人。歲貢。浪穹知縣，從騰蛟長沙軍，遷監軍僉事。

同時姚大復，字偉子，武陵人。選貢。以知縣爲騰蛟監紀推官。陞簡計，監章曠軍。上在奉天，授兵科給事中，受制承胤。奉天陷，遁山中。永曆三年八月，與子兵部司務齊郭戰死祁陽大忠橋。

張士璵，字魯珍，鍾祥人。副貢。授零陵知縣，遷寧州同知。李自成至，起鄉兵勤王，擢江西僉事，固守待援。糧盡寨陷，妻王經死，士璵走平江，授徒以終，湖南文人多出其門。

蕭琦，字韓若，吉水人。崇禎十年進士。授始興知縣，調高要，建閱江樓與諸生講學，坐墨罷。李邦華、李日宣疏白之，遷都水主事。謫諸暨知縣，片言折獄，案無留牘。許都亂，與陳子龍招降之。轉刑部河南司主事，改儀制。

隆武中，楊廷麟命赴廣東，乾没事例銀數萬。除禮科給事中，居郝永忠營，薦以左僉都御史督餉恢剿。永忠索餉，司道府縣官各千萬不一，琦力爲聚斂。

昭宗欲進士州，上十便十不便疏止之，累擢兵部左侍郎。永曆元年十一月，代王化澄爲尚書兼掌都察院，薦書記劉方夏自中書舍人遷職方主事。琦有文望，矜名節，至是頗不能持廉。時國用匱乏，鬻武弁劄，然所積至數萬，無濟於事。二年，上幸南寧，與化澄、嚴起恒、馬吉翔、龐天壽、許兆進、吴其靁、尹三聘、洪士彭隨扈。李成棟反正，賂北鎮撫趙源符呈身於羅成耀。陳邦傅專政，縱家丁環其舟而詈之，家資亦盡没於象州水中。十月，次韶州，問追仁化原劫餉之民，地方羣起毆逐，重創。行至南雄卒。

時兵部司官之可紀者：

祝之至，字一生，洪雅人。崇禎十六年進士。歷邛州、彌勒知州，職方主事、員外郎，武選郎中。後入峨眉山爲僧。

彭岱齡，字具瞻，桂陽人。崇禎九年舉於鄉。武選郎中。嘗請兵沈猶龍復城，以知兵稱。

羅應耳，字子鼎，順德人。天啟元年舉於鄉。自德慶學正，累遷武選郎中。

沈文蔚，仁和人。武舉。貌奇偉，昭宗壯之，擢車駕郎中。

劉芳久，平溪人。天啟七年鄉試第一。聞喜、河津知縣，涿州知州。以廉能稱，擢車駕郎中。降清。

高廷煥，惠來人。崇禎六年舉於鄉。車駕郎中。

陳輔世，字增明，施秉人。崇禎六年舉於鄉。順州、劍川知州，有招徠功。歷武選主事、車駕郎中。隱雲南。

黃其英，字三近，宜山人。天啟七年舉於鄉。衡山知縣，平寇清瑤。調貴溪。自職方主事累遷郎中。

潘駿觀，歸安人。諸生。職方主事。永曆四年，與吴道昌等考選，陞郎中。是年上西幸，李近朱、姜廷機僞云差繳，委駕去，駿觀扈從。邦傅劫駕，與部郎董英、許玉鳳俱墮水死。

李益蕃，偏橋人。舉於鄉。自黔陽知縣，累陞職方郎中。

任之望，思州人。天啟七年舉於鄉。自中江知縣，累陞職方郎中。

戴朝纓，武岡人。選貢。定番知州、武定知府，遷職方郎中。

蕭元起，沅州人。選貢。職方郎中。

韋調鼎，字玉鉉，富順人。崇禎六年舉於鄉。歷户部主事、員外郎、武庫郎中卒。

蔣維芳，字蘭甫，全州人。天啟元年舉於鄉。歷南陽知縣、永平推官。坐紹宗潛邸事下獄。累擢武庫郎中。

劉相，字良倩，香山人。歲貢。歷昭平知縣、職方主事、武選員外郎。

田隆先，夷陵人。選貢。武選員外郎。

王胤旦，不知何許人。武選主事。昭宗即位，賀表有云「永追成祖，大犁庭掃穴之威；曆紹神宗，覃厚澤深仁之度。」上大悦，遷車駕員外郎。

張時規，字必式，泰順人。諸生。以博學稱。歷象州學正、知州，車駕員外郎。弟時斌，字吉甫。弘光元年選貢。修仁知縣，以言事逮歸。

戴宸眷，灌陽人。崇禎十五年舉於鄉。職方員外郎。

洪運昌，字祚熙，平溪人。崇禎十五年舉於鄉。沅州教授，累遷職方員外郎。

李爵佐，字勗明，會昌人。恩貢。授廣通知縣，苗瑶懾伏。陞職方主事、員外郎。國亡不出，卒年七十一。

盧鍛，字百鍊，海豐人。歲貢。拒劉香有功。武庫員外郎。

葉澍，横州人。崇禎三年舉於鄉。武庫員外郎。

劉子羽，吉水人。武庫員外郎。子甲死寇。

陳祥士，字賢裔，平壩人。永曆時選貢第一。歷慶符知縣、武庫員外郎。國亡年三十，爲僧名希聲，主雞足、岷峨諸山。

馮維策，香山人。選貢。武選主事。

龐汝弼，南海人。恩貢。武選主事。

吕純如，字崑池，陸川人。諸生。歷中書舍人、武選主事。入山。

朱之梓，廣安人。恩貢。武選主事。

李本煒，茂名人。職方主事，調武選。

程之蹊，蘆山人。武選主事。

李明嶽，字青來，秀水人。車駕主事。死廣東。

李錦，石屏人。崇禎十五年舉於鄉。車駕主事。

黄桂林，平壩人。選貢。車駕主事。

李象升，番禺人。車駕主事。

尹建泰，東莞人。車駕主事。

鮑一鯤，楚雄南安人。隆武元年舉於鄉。車駕主事。

余猶龍，字潛起，宜山人。崇禎十二年舉於鄉。高安知縣，城破投水免。遷職方主事。永曆元年五月，衣冠端坐死。

李繼晟，字鏡良，上海人。選貢。兵部司務。濟源、仁化知縣，力守全城。遷職方主事。

潘貞士，順德人。恩貢。歷太嘗典簿、職方主事。

李枝芳，英德人。永曆歲貢。職方主事。

蕭日昭，字季昭，順德人。隆武時恩貢。歷桂林訓導、職方主事。

蕭世澤，字寥如，武岡人。崇禎九年舉於鄉。歷龍泉知縣、職方主事。

劉禹甸，字安城，寶慶新寧人。父舜典，字員華，崇禎十七年選貢，精研理學。禹甸，選貢。肇慶推官、職方主事。弟禹功封股愈母，知縣劉平表其門，授陽朔知縣。兄弟偕隱。

陶浤，字秋水，巴陵人。諸生。參何騰蛟軍。從扈滇、黔，遷雲南同知、職方主事。扈駕西狩，磨磐山之敗，罵死。子竑，字甄夫，工詩文書畫，萬里歸父骨，隱南京卒，年八十四。

趙大盛，武岡人。職方主事。痛哭終。兄大望，字雲隱，岷王儀賓。國亡不應試，爲室職方主事。

雷啟東，字初白，寶慶新寧人。歲貢。賀縣知縣，三鎮雲集，撫循調劑，兵民安堵。遷古太平堡，不入城市二十年卒。

安瀾，蠻夷司人。隆武元年舉於鄉。職方主事。

萬年維，平溪人。恩貢。職方主事。

王國卿，城步人。崇禎十七年歲貢。職方主事。

劉士琳，字山野，平溪人。歲貢。職方主事。

鄧天申，孝感人。職方主事。與熊興麟陷清兵。

莫吾鼎，陽朔人。恩貢。歷兵部司務、監紀推官、武庫主事。

敖鳴雷，字白雨，思南人。副貢。武庫主事。吳三桂起兵，二女、子婦投崖死。

楊淑元，江津人。選貢。武庫主事。

姚子蓉，歸善人。諸生。

謝之棟，字凝之，陽春人。副貢。精通經史，有命世才。

李應庚，西充人，歲貢。隱龍臺山。

林英，字雲又，福清人。恩貢。授昆明知縣，有神明稱。國亡爲僧，入東寧卒。

陶偉士，平樂人。歲貢。皆官司務。

周光夏，字敏山，杞縣人。天啟五年進士。授工部主事，抽分龍江，餘羡金數萬，一塵不染。自郎中出爲寧國知府，吏不敢欺，多奬拔士類。調淮安，不屈高傑、劉澤清。北變，與路振飛中軍趙彪、張雲沖、徐人杰、傅文亮、王啟、周逢豫協力守城。武愫南下，使徐州指揮王文明僞降，合徐標中軍卓聖、劉秉忠，同知鄭之俊，諸生吴汝珠、王太生執之。遷江西副使，督兵措餉，崎嶇閩、粤間。紹宗立，召太僕卿，管尚寶事。明年，以僉都御史巡撫江西。

昭宗即位，與擁戴，歷工部右侍郎、左副都御史、左都御史。居官清正。與嚴起恒、晏清友善。尋以越資序題差用私亂臺規非法，爲童琳所劾。上命杖琳，晋工部尚書。肇慶再陷，里人江禹緒爲清任招撫，督兵相遇於平南江。光夏慷慨數之，聲色俱厲。禹緒方顧盼自雄，聞之喪氣，不敢答一語。及兵敗，降之不可，乃奮身鬭，中彈死。事聞，贈太子太保，謚忠烈。

光夏，倜儻卓犖，尚氣，有至性，從扈志鋭甚。及死，人咸惜之。

琳，滎縣人。崇禎九年舉於鄉。自廣州知府調廣東道御史，巡按廣西，疏糾錢邦芑。

隆武時，請殺陳謙爲誤國，上命不究。

同時潘世奇，字澹予，象山人。崇禎元年進士。授長垣知縣，治崇體要，剖決如流，治土豪匡山不少貸。遷湖廣道御史，請起孫傳庭總督京營剿寇，而以郭景昌爲監軍。紹宗立，加太僕少卿，巡按貴州兼參議，疏劾吕爾璵。永曆元年十二月，陞侍讀學士，以兵部右侍郎提調江西及土司義旅。李成棟反正，擢右都御史。三年正月卒。

余文熠，長壽人。萬曆四十七年進士。授江都知縣，嚴重持正，勞心民事。天啟時，遷福建道御史，疏陳黔事，請削葉向高籍，罷歸。威宗立，起故官，監武會試。與馬思理、高倬事下理，陳于廷抗疏救之。未幾，再起大理右丞，歷左少卿、大理卿歸。永曆三年二月，謁肇慶，擢太子少保、右都御史。命與宗室盛濃審鞫五虎，調左署院。降於清。

劉遠生，本名廣胤，字同庵，富平人。器宇開亮。以歲貢授開封通判，調贛州，禦張獻忠有功。歷職方主事、漳南副使。

隆武初，以僉都御史巡撫江西，與萬元吉及吉安副使李文懋守贛州。益王由本起兵，遠生募兵三千人，命中軍張琮領之，繇寧都前往。甫行而清兵薄贛州，遠生亟出城，躬往雩都，邀琮還救。贛人疑其遁，焚其舟，拘其妻子。俄而遠生率琮兵至，贛人乃悔罪。琮渡河至梅林，中伏大敗，還至河爭舟，多墮水死。

二年，贛州行宫成，具疏迎駕。上命收拾寧都、石城。五月朔，渡河復陣，身前士卒，被執不屈繫獄。死士俞文華、翁玉卿、鄧僮以計引之，復脱歸，僮阿長中道死。

永曆元年二月，入爲太僕卿，陞刑部右侍郎。遠生諳熟典章，朝廷草創，未雅馴者，皆議正之。劉承胤以同姓故，亦親之，多調護力。調户部左，晋刑部尚書。上幸南寧，遠生與瞿式耜俱留桂林。金聲桓反正，式耜請「慎選大臣往諭聖德，遠生久於節鉞，名聞江右，可遣也」。弗聽。

尋成棟亦反正，迎駕南寧。式耜慮成棟挾上自專，促遠生入朝阻之，而事不獲已。遠生奉命勞成棟軍，成棟議改兩廣軍門爲行宫。遠生謂之曰：「天子者，天下主也。爵賞征伐，自天子出。脱上駕此，則有隱令寄政之嫌。且江、廣同時反正，六師當不日復南京。上不返桂林，謂可出南、韶，幸江右耳。若幸廣州，則示天下以苟安矣」。成棟然之，乃還蹕肇慶。

已改兵部，協理京營戎政，議開武備庫，儲餉練兵，奉駕親征出楚。會南雄陷，上將西幸，杜永和請留駕。遠生至清遠，馳諭廣州諸將，永和奉詔，歸請駕暫駐。

上如梧州，詔獄起，劉湘客等逮問。吴貞毓等嫉遠生甚，乃自請催桂林諸將兵出楚。

四年六月，高必正疏請總督忠貞營兵馬。冬，桂林陷，式耜死，與管嗣裘、朱昌時入瑶峒。六年，李定國復桂林，迎説盡忠戴上，定國重之。定國下湖南，留守桂林，激厲士兵，控扼平、柳，屢破清兵。桂林再陷，退入谿峒以終。

文華，閩縣人。授通判。玉卿，莆田人。僮，贛縣人。

嗣裘，字治仲，衡陽人。父大成，天啟元年舉於鄉，自福州通判調應天，遷刑科給事中。嗣裘，崇禎十五年舉於鄉。獻忠破衡州，走嶺外。故與蘇觀生善，廣州建號，授給事中，不受。歸與王夫之、僧性翰起兵衡山，偕章曠、李跨鼇、吴汝潤、周士儀商方畧，通消息。兵潰，走行在，除中書舍人。五虎之獄，與夫之詣嚴起恒曰：「國勢如此，而作如此事，奈天下後世何？」起恒曰：「吾亦冤之，無如何！」嗣裘曰：「誰秉國鈞，而令至是，相公不可爲此言。」起恒默然。廣西陷，匿靈川山中，冬月負敗絮採苦菜以食，與遠生行吟谿峒中，以死自誓。定國復桂林，與議機務，説迎上拒孫可望。八年，遇害永安州。兄嗣箕，字弓伯。諸生。有文行。與嗣裘起兵不利，被執免，走廣東，託於酒人。後入南嶽百丈山卒。

昌時，字若木，廣平人。父某，沅州推官，清兵至，城守，被執不屈死。昌時，隆武中，以貢生改庶萃士，授推官，從路振飛入粤，遷職方主事。桂林陷，匿靈川山中不出。定國復桂林，同城守。桂林復陷，走瑶中，饑病卒。

性翰，字凝然，衡陽人。南嶽僧。

汝潤，衡陽人。隆武二年舉於鄉。族弟華衍，永曆中選貢。

黄奇遇，字亨臣，東莞人。崇禎元年進士。授固安知縣。清兵至，拒守全城。考選編修，修實録，憂歸。紹宗立，起少詹事、侍讀、右春坊。李成棟以清兵陷粤，奇遇匿海島免。成棟反正，擢詹事、禮部左侍郎。與劉湘客直經筵。

奇遇端和凝重，進止有度，爲昭宗所優禮。時江、楚收復，所在以捷告。有張嵋者，自南直來，僞作吴三桂奏，言舉陜西反正迎駕。姜瓖起兵大同，已敗殁矣。一妄男子自言從大同來，僞作瓖血疏求救。又或投疏易名姓，稱嘗州蔣拱宸舉義復南直者。朝廷遂詫謂旦夕奏廓清，王維恭置女樂一部，日歌蘇崑曲調，行在文武無夕不宴，無宴不樂。奇遇進講孟子禹惡旨酒義，上稱善。

永曆二年，晋尚書，請仿唐宋開科取士，許之。郭之奇以杜永和薦，且入矣，與奇遇有隙。時詔選庶吉士，命與之奇教習。奇遇先以黄維璟應詔，之奇因與萬翱、永和參奇遇得賄。奇遇抗疏辨，事得直。尋兼兵部。王化澄亦畏奇遇入直軋己，比逐奇遇益亟。奇遇恥與爭，三疏乞休。

三年六月，命提督惠潮官義兼理糧餉。廣東再陷，走海上，與郝尚久反正。久之卒。

黄公輔，字廷璽，新會人。萬曆四十四年進士。授浦城知縣。葉向高辭位，疏留之，並詆錢象坤去位。遷山西道御史。有府屬誤干文網，力爲昭雪。餽之醢，發之金也，還其金而切責之。又疏糾修撰韓敬，劾魏忠賢、李實不法，力乞明正典刑，言甚激切，卒爲霍維華所劾，削籍。忠賢敗，起湖北參議，轉江西副使。湖北民數百抵京，擁楊嗣昌門，責其不爲桑梓保障計。嗣昌疏留還公輔於楚，晋寶慶參政。因入賀，疏言「流寇燎原，征討宜急」，上嘉納之。越二年，兼長沙副使。值張獻忠攻城，設伏禽斬三千餘人，事始定。未幾，回寶慶，臨藍賊萬餘攻城，督兵逆擊，搗其巢，禽賊首斬之，餘黨平。公輔廉介慈慎，長、寶人感其德政。會推僉都御史撫治偏沅，以不合於巡按，謝病歸。

廣州陷，張家玉、陳子壯、陳邦彦師起。永曆元年正月，起太僕少卿。七月，公輔亦起兵新會。邦彦攻順德，約公輔就其鄉屯兵，互爲犄角。公輔乃與連城璧復新會、新寧。三人死，軍亦散。

昭宗再幸肇慶，轉左通政侍經筵。三年，擢刑部左侍郎，署尚書。公輔已年邁，無仕宦情，特欲一陛見，抒懷抱而已。四年，上西幸，公輔留肇慶，率李元胤、馬吉翔守三水。兵敗入深山。

八年，李定國出師，與孫確依王興。

十一年，遺書鄭成功，議以閩、粤師復南京，會勤王兵迎上。命確自龍門間出安南謁行在。十二年，晋兵部尚書，總督水陸義旅，賜尚方劍便宜行事。公輔與興等議大舉而事機洩。尚可喜招降，復書拒之。已又執確、碩兄弟，終不屈。十三年正月七日，以憂憤卒於文村，年八十四。

確，字磊嶙。諸生。從軍，授兵部司務。定國薦廣西監軍副使理餉。十四年八月二十九日死難廣州。

碩，諸生。任中書舍人，遷兵科給事中。確死，脱歸。

魯可藻，字孺發，和州人。父一連，字逸少，歲貢，崇仁主簿。南京亡，走浙西，嘗循髮嘆曰：「此種種者幸留，下見先人地下足已。」隆武二年卒。

可藻，初爲諸生，著文譽。弘光時，以功貢授新寧知縣，兵後撫綏有功。遷寶慶推官，管東鹽税，陳鹽政七事。陞户部主事。久而走廣西。

會昭宗即位，與擁戴，轉四川道御史，疏請上勤聖學，謂學非從事章句也，請法制日御午朝，講官擇通鑑中興復仇事，究論得失；條奏累朝實録可行今者數事；内閣擇用人、理兵、治餉章奏，面商可否，時時辨難，自然聖聽日開，天下事日諳習矣。上優詔答之。又請卹周鑣、雷縯祚、鄭元勳諸人，部議不許。

劉承胤專政，可藻獨不上門生帖。劉湘客要諸御史盟，承胤面叱王坤於上舟，鎖之去，上不得已詔安置永州。可藻聞之，謂劉鼒曰：「諸君誤矣。坤有罪，不能劾治，而假手承胤。承胤之暴，方欲立威脅衆，而諸君倒持太阿以授之。一旦威權震主，目無廷臣，莽、操之惡，誰復禁之乎？」以承胤勢燄日盛，出巡按廣西。

桂林被圍，從瞿式耜協心守禦。焦璉復陽朔不克，可藻曰：「不如招撫。」乃命宗室履跘先行，自是東道漸通。加大理右丞。璉大舉東伐，可藻亦率兵復富川、賀縣，會璉平樂，璉曰：「文官如此，何敵不克，徒令吾儕武夫愧死耳！」

歷右少卿，擢僉都御史巡撫。蕭琦以爲資淺，上不聽。會宅母憂，何騰蛟請奪情。未幾，梧州陷，上幸桂林，命即視事，乃以標將袁啟泌守昭平，徐進、陳上德、吴奇勳、吴奇貴扼馬江、龍門，陳惟學、朱方明、朱方升防賀縣，而自以標兵移屯平樂。請裁陽朔監軍道，又以銓政悉還吏部，禁督按一切題委。報可。惟學及總兵李向陽、楊林、劉洪裕復開建，以龍韜小挫，復回賀。賴良至昭平，迫民薙髮，迎清令何瑞圖，啟泌立斬以徇。

廣東反正，梧鎮道楊有光、陳軾，中軍屠大植來歸。總兵羅全斌、副總兵徐彪方拒清兵府江。報至，人皆以爲詐，可藻曰：「李成棟反正，其下自瓦解，何疑也？」梧兵將未有屬，洶洶思亂，可藻遂率啟泌、全斌、劉徐韜、楊奇、羅武鎮、岑飛熊、范應鑾及監軍吴景曾、張德榮樹旗幟鼓吹入城，兵民歡迎。因修興陵，開倉廩，招商賈，民情大安。疏達行在，上大喜。上幸南寧謁陵，召慰勞之。加兵部右侍郎、副都御史。

上再幸肇慶，廷臣會宴多用女伎，力言非聖世所宜。題委龐雜，蔭襲混淆，迭疏言天下之壞，壞於吏治，吏治之壞，壞於輸餉得官，請各監紀官不得輒授兵科官；宗藩玉牒遺失無據，不得概嗣郡王。吴貞毓以爲自閩入粤，未嘗聞朝臣有此言也，從之。

式耜檄可藻駐梧州，可藻遽自署總制兩廣銜。式耜劾其違制自命，貽新附者笑，可藻不自安；母死墨經從事，式耜再疏糾之，時逾小祥，乃請服喪終制，命余心度代之。

永曆三年十一月，貞毓薦起故官，經理江淮楚粤。可藻先命總兵和州厲文慶偵南北情勢，聯絡義紳還。堵胤錫二疏請以可藻總督浙直，會兵出楚。未行，可藻疏請召録遺賢，以楊廷樞爲侍讀，張自烈爲簡討，劉城、沈壽民、康范生爲給事中，杜如蘭、金光房爲禮、兵二部主事，張之陛、金光昊爲行人。從之。四年正月，與余文熠、王貴德師發梧州，曹志建將劉成玉、張國泰截之江，奪其餉，並殺中軍趙玉。成玉後降清。

萬翺入中樞，上幸梧州，晉可藻南京兵部尚書、參贊機務、經畧直浙蘄黄軍務糧餉，兼左副都御史、提督操江，賜「定越籌南」銀章、尚方劍便宜行事。四月，清兵陷鎮峽關，傳平樂不守，將移蹕，奏阻勿他幸，乃止。時河干汹汹理楫，聲達數里。文熠遣人偵之，曰：「方對客飲。」文熠曰：「是可無虞，可藻諳西事，彼從客宴，餘人可高枕也。」自是聞西事，内監及諸司必覘爲緩急云。

桂林陷，上發梧州幸潯，命與水營將軍徐韜留督梧州。明年，梧州陷，乃爲僧。馬蛟麟遣其中軍范鑾以書招之，不至，隱卒。徐韜入璉軍。

有光，不知何許人。降清，守梧州，盗壞興陵，繩之。反正，授都督同知總兵，從杜永和守廣州。永和入海，投水死。

心度，本名朝相，字君卜，瑞昌人。崇禎四年進士。授吴江知縣，陳漕政十事。調順昌，立書院，捐學田，治保甲。累遷禮部員外郎、廣西督學僉事、太嘗卿，以副都御史巡撫廣西。端方恬靜，居官清譽，所在彰聞。入爲兵部右侍郎，與顔鼎受崎嶇兵間，共濟艱險。國亡，隱僚峒不出。子鍾麟，字振子，歲貢，邵武訓導。弟國相，字君佐。副貢。國亡葛巾，卒年九十一。

如蘭，字德馨，臨淮人。副貢。嘗熟訓導。

光房，字天駟，全椒人。光宸弟。入清應舉。

之陛，字階平，萬安人。崇禎六年舉於鄉。隱青原。

光昊，字侶樵，全椒人。九陛子。崇禎十五年舉於鄉。後降於清。

貴德，字正源，容縣人。萬曆四十六年舉於鄉。麻陽知縣，修城安民。隆武二年，陞監軍僉事，著忠勤節。永曆六年卒。

鼎受，字孝嘉，桐鄉人。諸生。張履祥弟子。後遊桂陽。吴三桂起兵，招爲五經博士，入衡山爲道士，以詩名。

吴獻，字呈偉，肇慶新興人。隆武元年舉於鄉。昭宗即位，詣肇慶陳策，授職方主事。陳邦彦兵起，散家財結鄉兵隨之，與張家玉、陳子壯相應。後子壯敗走高明，獻中流矢，易服遁。清兵以刃脅其妻陸，强索獻，卒不言，乘間投水死。初土寇掠靜村，獻討平之；開平羅村有族匪隨賊，官兵將屠其鄉，獻請分別治之，保全者數百人，多德獻。會獻收殘敗，還肇慶募兵，於是遠近響應，軍勢復振。累遷兵部左侍郎。上走梧州，從扈南寧、安龍，擢尚書。滇京亡後歸。麾下謀執獻降，獻覺逃去，變姓名居龍江鄉，人無識者。久之，鬱鬱死。子廷相、廷柱，俱隱。廷相，字佐君，工詩。

同時，何士琨，字文玉，新會人。尚書熊祥子。選貢。累官南京刑部郎中，治獄平允，乞歸。隆武二年冬，黄信攻城，士琨登陴殺信。踰年春，復至，招鄉兵策應完城。昭宗即位，擢右侍郎歸。頻年灾祲，率子弟炊粥振飢，存活無算。廣東亡，隱圭峯山玉臺寺，植蒿自娱。卒年七十二。弟士壎，選貢。大理評事。從子壯英，字茂生，諸生，與族人節生同隱。節生，職方員外郎。

尹三聘，字莘耕，長沙安化人。隆武二年舉於鄉。授國子助教。事劉承胤，累遷虞衡主事、儀制員外郎、鴻臚卿，自户科給事中轉工科都給事中。出爲澂江知府，調武定，吏安其政，民夷樂之，御史昆明王釗爲文頌德。後入爲户科，與吴其靁、洪士彭從扈肇慶，比李元胤等，迭疏訐魯可藻，速其去。除虞衡郎中，陞通政使。西洋瞿紗微進新曆。三聘奏擅用夷曆，爚亂祖制，請仍用大統曆。從之，後擢兵部右侍郎。從扈安龍，晋工部尚書，繼吴弘業調刑部，從扈永昌，謫通政使。説楊武忠義，起兵騰越。滇京亡，爲僧。

弘業，字富有，河陽人。萬曆四十四年進士。授銅梁知縣。奢崇明反，固守全城。遷工科給事中，改吏科，疏言危黔敗局雖振，剿撫廟算宜周。歷户科右、兵科左，陳建昌屯政，薦胡平表鎮守建昌。陞禮科都給事中。崔呈秀、魏忠賢專政，上權奸去國疏劾之，又論周應秋、潘汝楨及呈秀子鐸倖舉。累擢太僕卿，引疾歸。永曆時，晉刑部尚書卒，年八十八。

時刑部司官之可紀者：

周鉞，東莞人。天啟七年舉於鄉。歷義寧訓導，兵部司務，刑部浙江司主事、員外郎、郎中，卒官。

段騰藻，晉寧人。崇禎九年舉於鄉。浙江司郎中。

歐國儁，字景仲，平樂人。天啟元年舉於鄉。江西司郎中。

張其彩，河陽人。崇禎十二年舉於鄉。湖廣司郎中。

盧際泰，懷集人。崇禎九年舉於鄉。傾家起兵，從瞿式耜。歷雲南司主事、員外郎，陝西司郎中。

顧祖奎，字元度，吴江人。天啟元年舉於鄉。歷連城知縣，户部主事、員外郎，南寧知府，多惠政。清使來招，大哭斬使。討横、永畔衆復城，言者劾方面及之罷。起廣東司郎中。肇慶再陷，爲僧白雲山。清薦不出。弟祖斗，字文度。諸生。萬里歸兄骨，亦隱。

王國治，字修吾，永昌人。萬曆三十一年舉於鄉。自新繁知縣累遷山東司郎中，平反郤餽遺。永曆中卒。子弘祚，見清史。

譚康侯，番禺人。福建司郎中。

余昌祚，銅梁人。萬曆四十七年進士。河南司郎中。

倪秉元，黎平人。天啓七年舉於鄉。歷徐聞知縣、瓊州同知，以御史監馬養麟、周金湯軍，轉永州知府，入爲儀制郎中，改山西司郎中。

鍾鎮，字原靜，順德人。崇禎十三年特用。四川司郎中。

陳迪純，順德人。崇禎十三年特用。廣西司郎中。

王道交，全州人。萬曆三十七年舉於鄉。自新寧知縣累遷貴州司郎中。

洪名臣，平江人。天啓七年舉於鄉。自星子知縣累遷雲南司郎中。

茆世德，平溪人。萬曆四十三年舉於鄉。浙江司員外郎。

劉之徵，長壽人。選貢。江西司員外郎。

姚士裘，字啟傳，澄海人。崇禎六年舉於鄉。湖廣司員外郎。卒年七十四。

陸大咸，隆安人。選貢。陝西司員外郎。

楊鐵，江津人。恩貢。廣東司員外郎。

王秉志，撫州東鄉人。保舉。廣東司員外郎。

劉懋和，榮昌人。善復子。選貢。行人累遷山東司員外郎。

陳祐，番禺人。福建司員外郎。

孫明孝，巴縣人。崇禎三年舉於鄉。河南司員外郎。

陸一煒，隆安人。崇禎十二年舉於鄉。山西司員外郎。褐衣草履，不入公庭。

梁奇顯，字肫慶，新會人。天啟七年舉於鄉。自茂名教諭、工部司務，累陞刑部四川司員外郎。卒年八十三。

吴鼎占，字元公，呈貢人。廣西司員外郎。入山。

馬鳴霆，字瑞霞，廣通人。崇禎十二年舉於鄉。授黄巖知縣，平海門畔兵。累陞貴州司員外郎。

何執中，字元亮，香山人。雲南司員外郎。

羅金鼎，賀縣人。諸生。司務。

喻思慥，榮昌人。萬曆三十一年舉於鄉。授獲鹿知縣，遷大理評事，轉寺副。崇禎元年，鞫魏黨張體乾、谷應選等逆案定罪。陞户部山西司郎中管河西務，警報至，運粟入京，不避艱險。出爲威清僉事，以勤王功，移雲南副使。昆左土司反，思慥臨邊詰責，土司稽首，活生靈以萬計，夷漢生爲立祠小關嶺孔明橋側。調金騰參議，乞歸。四川亂，命總理軍務，屯銅仁，安輯六府，控制百酋，西南屏障，獨撑半壁。加太僕少卿，以副都御史巡撫貴州。王應熊疏以川人辦川事，復兼理川撫。久之，召擢左都御史，以勞瘁卒。

錢邦芑，字開少，丹徒人。選貢。紹宗立，授中書舍人。上書言事，遷御史。熊開元請改兵部司務，上重違其意，命以司務得非時言事。尋復除陝西道御史，兼職方主事，監金衢杭嚴嘉湖蘇嵩軍。未行，監國魯王命陳謙使福京，忤旨下獄。鄭芝龍救之，邦芑奏：「謙爲魯藩心腹，與鄭氏交最深。不急除，恐生内患。」上即殺謙。

李赤心、高必正等受撫，何騰蛟、堵胤錫爲之請封，上及内閣諸臣難之，邦芑上言：「國家新建，兵力單弱。李、高五十萬衆入楚，如不以封爵招之，彼或自立，全楚非我有也。今出空爵朝廷之上，一日得五十萬兵，免全楚生靈塗炭，孰得孰失？即昔漢高王韓信於齊，豈得已哉！今當權宜假以封爵便。」從之。

明年，皇子誕生，進諸臣爵，大赦，邦芑言：「浙東新陷，脣亡齒寒，舉朝正切齒同仇之日，非蒙恩受賞時也。」不報。駕發延平，命先期清路。

昭宗即位，以原官巡按四川，兼督學僉事。永曆元年五月，調酉陽、石砫、烏蒙、烏撒、平茶、容美、永順、保靖土司兵數萬，移檄川將協力恢剿，數月衆至三十餘萬。

奉天之變，川中不知乘輿所在，宗室容藩因僭稱監國，邦芑疏劾之，移書胤錫、吕大器聲言其罪，諸將從逆者多解散。

二年正月，疏全川九州一百三十餘縣定，上川中諸將楊展、王祥等收復州縣功，擢僉都御史巡撫川黔，任二子錦衣僉事。閏三月，疏請上幸四川，以一軍從陸，繇漢中出秦，一軍從水出荆。今祥兵二十萬，展十萬，武大定四萬，袁韜六萬，李占春、于大海各三萬，王光興六萬，侯天錫、馬應試、曹勳、安朝柱、譚弘、譚文、譚詣、顧存志、王友進各二萬，都不下六十萬，諸將議汰老弱屯田，見有精兵三十餘萬，足以復中原矣。會上從李成棟請幸肇慶，邦芑聞而嘆曰：「金、李貪財酗酒，何能成大事？朝廷必爲所誤。」

先，天錫欲招孫可望，謀之邦芑。十二月，乃遣推官王顯致書可望，勸其反正。可望大喜，謂顯曰：「從來朝廷文官，與我輩爲仇。今錢公遣使通問，何敢自外。封我爲王，我舉全滇歸朝矣。」邦芑復以書，謂本朝無異姓王者，而具疏稱可望歸順，請封公。既可望逆謀益著，心憂之，察其部將白文選忠誠可用，私語之曰：「忠義，美名也；畔逆，惡號也。孺子且辨之，丈夫可身陷不義乎？」文選大感動，與祥盟於烏江，邦芑爲執牛耳。既而可望襲遵義，祥走死，文選晤邦芑，愧汗不能仰視。邦芑曰：「非公賣國，他人賣公耳！」因言上在安龍，主辱臣死，泣數行下。文選怒，裂眦折箭，誓誅可望。邦芑旋以憂歸，隱餘慶蒲村，與鄭之珖、曹椿相唱和。

可望用爲詹事，逼召十有三次，至爲封刃行誅，迄不動。八年二月，邦芑生日，同人釃酒，可望使知縣鄒秉浩復至，乃祝髮爲僧，名知非。可望怒不已，拘於大興寺。程源、鄭逢玄固可望黨，且嘗爲邦芑劾罷。邦芑察其不忘朝廷，乃私結之，教以言辭激發鎮將。此輩朴魯武人，無避忌，酒酣耳熱，罵可望曰：「剥一張賊皮，又生一張賊皮耶？」邦芑知其可用。

十一年九月，可望謀犯闕，邦芑與源、逢玄計曰：「馬進忠、馬寶、馬維興雖隷可望麾下，然皆朝廷舊勳，圖報無路。至文選，決不相負。今可望入滇，從中用計圖之，如反掌耳。」源告文選，文選然之。與逢玄私見寶定約。從客謂可望曰：「使功莫如使過，將才無出文選右者。」可望信之，釋文選以爲大總統。交水之捷，邦芑實陰啟焉。晉太子少保、右都御史、掌院事，兼巡撫雲南。疏劾黨逆雷躍龍、龔彝、張重任，馬吉翔忌之。

時督理晉王軍事者金維新，秩左都御史，位在邦芑上，邦芑鬱鬱浮沈朝請而已。上入緬後，與戴若、吴子朗、熊軾爲僧雞足山、衡山，終年七十二。

子志輔，字左車。間關從父。國亡，屢遇大獄，幸不死。醫隱開封，抑抑卒。

弟邦韶，一名邦岳，字虞少，號海岳。精醫術。授中書舍人，以俞文淵萬日吉義師事連死，贈光禄少卿。

從弟邦寅，字馭少。諸生。爲僧，間關入朝，授行人。工詩。國亡杜門卒。邦楨，字啟少，諸生，從軍，不知所終。從子點，字監濤，監紀李定國軍，亦隱居。吴三桂稱帝，爲禮部尚書。

椿，字壽宇，湄潭人。夾江知縣，招集流亡，振興絃誦。從邦芑及湄潭吴扶靈、祝雨蒼、龔上之遊。

秉浩，字義生，岳池人。選貢。終河陽知縣。妻劉，死張獻忠兵。

若，安居人。僧名古笑。子朗，邦芑弟子，僧名古道；軾，僧名小坡。初邦芑祝髮，門人古心、古雪、古愚同日爲僧。次日，胡欽華、甘明鶴、杜鼎黄、許振鷺、劉斯涯、李花榮及巴縣倪寧之，遂寧黄璽卿，湄潭馬仲立、黄月子、古德、古義、古拙、古荒、古懷、古圉、古處從之，禁之不止。

欽華，字實美，紹興山陰人。執恭子。永曆時，自賓州知州歷潯梧副使。上幸潯州，迎駕，擢僉都御史，巡撫湖廣，命催調曹志建、焦璉援桂，李明忠、熊兆佐援廣。爲瞿式耜、何騰蛟所劾罷。金堡下獄，欽華奏式耜老奸誤國，請併逮治。後與黔陽貢生丘式耘、長垣王幼輿、高密王敬修，同隱黔陽金箔園。

明鶴，字羽嘉，鄰水人。學闊子。恩貢。禮部郎中，講學老君山。

鼎黄，字爾侯，富順人。選貢。户部員外郎、郎中。與行人李渾以黨可望，各降級。僧名古乘。振鷺，字飛則，錢塘人；斯匯，字海如，選貢；花榮，字秋有，皆湄潭人。

金維新，本名公趾，字初麟，保山人。永曆八年舉於鄉。從李定國軍，授中書舍人。忠諒有志略。嘗從容爲定國説王國，斥孫可望爲董卓、曹操，而期定國諸葛亮。定國大感動，曰：「孔明不敢望，關羽、張飛、姜維所自勉也。」繇是革面洗心，盡忠王室。

九年，定國駐南寧，軍弱不振。可望以總兵張明志等襲之，計無所出。維新偕曹延生進曰：「明志兵多，皆帥主舊部，安敢相敵？今以奇兵間襲其後，彼不虞我至，且驚潰。我乘勝至安龍，迎駕入滇，大勢在我，可望無如我何。美名厚實，兼收之矣。」定國從之。

上在滇京，以扈從功，擬陞大理卿。維新不悦，語侵吏部。馬吉翔、扶綱、張佐辰定議，遽擢吏部右侍郎兼副都御史，尋轉左侍郎，署尚書兼左都御史。

時定國幕客龔銘字應禎，湖廣人，永昌同知，留貴陽。定國斬尼堪，將應可望召。銘急足間告變，定國乃不行。至是，亦以中書舍人超擢兵部右侍郎，同用事。二部啟事，必繇二人。初吉翔被拘，媚之自頌曰：「晋王功高，二公爲之提絜。今晋王封，二公亦當不次膺賞。如吉翔得侍上，當爲言之。」維新、銘大悦，言於定國，吉翔得復用。自是票擬閣臣陰相雷同，維新、銘恣行其私，吉翔藉爲外援，文選郎中宋光祖惟其指使。高勳、鄔昌琦疏劾定國，被杖除名。維新言曰：「二人誠有罪，但不可有殺諫官名。」定國悟，救之復官。尋督理晉王軍事。

炎遮河敗後，廷議幸蜀，定國然之，且宣示中外。初王有德以銀千五百兩賣愛妾，爲王自奇所劫。自奇死，歸維新。有德泣請之定國。定國厚維新，不許，後不得已還之。有德恨，嘗欲得當報維新。是時有德鎮建昌，維新憚之，不敢去。及至楚雄，與吉翔苦勸定國走永昌，不可爲則入緬。定國猶豫，復說：「川勳鎮林立，殿下以敗之餘遠至袁宗第、郝永忠之穴，能保聽節制乎？恢復荆襄，保不再封永忠等數王，以與殿下並立乎？」定國乃定幸永昌。維新從之猛緬，束裝財物盈路，皆爲兵奪。後以小嫌，爲定國杖斃。銘，不知所終。

光祖，晉寧人。天啟四年舉於鄉。自岳池知縣，累擢職方員外郎、文選郎中。

又馬注，字文炳，永昌人。亦以定國薦授中書舍人，改錦衣僉事。上入緬，隱居山中，授徒爲生。吴三桂兵起，走北京。

郭貞一，字元侯，同安人。崇禎十三年進士。授行人。安宗立，考選雲南道御史，條陳屯田保甲，略言：

今天下朝廷日苦餉少，百姓日苦兵多。重鎮在淮、豫、荆、襄，隱憂在閩、粤、江、浙。所謂重鎮在淮、豫、荆、襄者，蓋淮、豫既受敵之衝，而荆、襄又上流必爭之地。淮、豫不守，荆、襄不復，郊圻封域，未可恃也。乃兵與餉絀，孰不知屯田之宜行。然臣觀古來屯田，皆自將帥實力修舉，故易以成功。漢趙充國、唐畢諴、宋吴玠等，或因所獲以餉兵，或歲省度支數百萬。國初諸將，亦於龍江等處屯田，後設各衛所，大約以三分守城，七分屯種，又有二八、四六、一九、中半等例。誠以三分之兵，防據要害，協剿分禦；以七分之兵，各就汛地，闢草萊。廣治耕牧，亦何至吸髓朘骨，斂民怨咨哉？所謂隱憂在閩、粤、江、浙者，民窮走險，屢屢見告，剽賊聚散，莫悉其跡。秦楚前車，可爲炯鑑。

夫保甲所以除暴禁奸，惟司民社者，平日每視爲迂緩不切，迨法令滋紛，盜賊羣起，而大事去矣。今欲嚴其法於京師，並宜廣其責於郡縣。誠使守令下車，竭數日之勤，先自都邑，次及郊畿，窮鄉僻壤，皆身履其地，周知其數。凡雜居僑寓，倣土斷之條。十家爲甲，有甲長，十甲爲保，有保正，籍書而存之，擇其家可任者，練成義勇一軍，以户口多寡爲準，有警調發，何事援將統兵騷擾内地哉！

不報。尋巡按浙東，擢僉都御史。内監不遵朝班，憲長王夢錫用賄遷官，迭疏糾之，一時風采懔然。

選郎劉應賓倚附馬、阮黷貨，復疏劾之曰：

應賓當先帝丙子年，夤緣掌選，黷貨無厭，降南禮曹。尋營躐南考功，又復謀轉南璽秩，爲御史劉熙祚所劾，先帝嚴旨罷斥。然鑽刺之術，到老彌工，好利之迷，人言不悛。自其再燃灰燼，重握銓衡，縱子及壻，招權納賄。有言其遇大選急選，每日於楊中書家對銀兩者；有言其恩例副榜、揀擇地方、考定危疆依舊送監者；有言其前人之推補未幾，扣除出缺，經手之題注已明，兜憑勒索者；有言其任子之聲價，未必皆芳，而多獲名郡者。

嗟嗟，設官分職，所以牧民。今其存者，不過上江數十縣、贛越諸省數百縣而已。年有選，月有選，日有選，今皆以官爵行賂，其何瘳之有？非錢皆不可得官，非取之百姓，又不可得錢。蟪蛄聲聞，夜行有虎，哀此黔黎，牂羊墳首，何物可供子大夫之求者？

以貨賄言之，竊賄爲盜；以名器言之，盜器爲奸。奸盜之名，爲大凶德，固當籍家資以佐軍需，投饕餮以禦魑魅，又惡可司帝命之出納乎？乞論贓正罪，以警墨吏。

疏上，人皆快之。應賓以貞一不處，則言者蝟集，遂疏辨，並詆貞一營求考選，挾嫌妄言，遂謫外。貞一復辨，宗敦一拒不受。

紹宗即位，復起按浙東，上疏請用正人，言：

陛下艱難草昧，奮繩祖武，徵書蒲馭，相望於途，如鄭三俊、曾櫻諸老成人，各仗廉節禮義之風，海内並仰，陛下親裁手詔，遣官敦迎，一時人心歡呼踴躍，而干旄所及，又有如夏允彝、陳子龍二臣，臣有以知中興之不遠也。

夫人主用人，則必用其名譽有益於實者；人臣薦人，必薦其行事有見於前者。以臣所知，又得數人：爲原任吏部尚書徐石麒，清標介性，獨立不阿，大忤僉壬，飄然去國。詹事徐汧、春坊沈延嘉，文章經濟，冠絶一時，帷幄論思，夙抱公輔。工部郎中葉廷秀，剛腸勁氣，百折不回，近擢銓司，堅卧不起。科臣熊開元、袁彭年，一當周延儒氣燄薰天之日，能批其鱗；一當馬士英權奸炙手之時，能折其氣。凡此數臣，皆海内具瞻。下至新進之臣，有清畏不知，慈可衆喻，如原任嘉興知縣林之蕃者，種種善政，難以枚舉，爲鹽臣李挺所傾去任，縉紳士民罷市閉關，叩閽請留，而奸黨疾之，遂從降調。夫之蕃所能者，無得罪於百姓；所不能者，未彌縫於上官。此賢令也。使天下之令，皆若之蕃實心清節，則海宇有不昇平、禍患有不消弭耶？所宜特加超擢，以風有位也。

福京亡，歸隱思明。昭宗以兵部右侍郎召。後渡東寧卒。

弟守一，副貢。贛州通判。

李士淳，字二河，程鄉人。崇禎元年進士。授翼城知縣，惠民訓士，朔望詣明倫堂，集諸生講學，立翔山書院。寇入晉，計禽巨盜王嘉胤等，散其黨。調曲沃。考選編修經筵展書官、東宮講讀、直起居注。六年，啟沃有功，加侍讀學士、右中允掌左春坊。北京陷，四夾不受李自成命，遁歸。

隆武時，起少詹事。軍興餉絀，命練兵措餉，往來興、長、程、鎮間，又命子梓多方勸導，得餉二萬餘。張家玉疏其忠勞，遷詹事。清兵至，與張景陰圖恢復。昭宗即位，起兵部右侍郎，歷禮部、吏部，兼翰林侍讀學士、協理詹事府經筵講官，乞休。永曆六年，與羅萬傑、賴其肖、謝元汴起兵潮州，郭之奇命使蠟詔相通。七年四月，與郝尚久反正。

國亡，立耆英書院，學者宗之。清薦，有司敦迫不出，卒年八十一。

子樟，字其猷。恩貢。福建道御史。奉親樂隱，訓弟成名。梗，字其礎。崇禎十二年舉於鄉，好學行遁。梓，字其拔。選貢。職方主事，家玉武興營監軍，調祠祭，與尚久反正。

景，程鄉人。廩生。士淳練兵里中，景立寨石扇，邑人賴之。永曆元年二月，清兵至，士弁楊乾與景有隙，引清兵攻之，死守不支，被執不屈死。

梁士濟，字遂良，南海人。天啟五年進士。授奉新知縣，調清江。楚中用兵，芻糧徵給，拮据應辦。崇禎五年，峒寇作，守道欲撤城外民居，力持不可，曰：「脱寇至，燔之無怨矣。」乃自出簡鋭，扼之河上，民賴安堵。又置學田贍士，廣弟子員及科舉例，待士有禮。人不可干以私，讞獄矜慎不苟。識楊廷麟於諸生中，後以文章忠節名。以循良召，民號留之，爲停車三日。

遷兵科給事中，轉江西道御史，改浙江道巡按雲南。父憂歸。劉香亂，熊文燦造訪，力拒撫議，竟滅之。

起巡按四川，流寇充斥，覈功罪，除貪墨，革火耗，寇遁民安，修昭烈君臣陵墓及杜甫草堂。復命，行李蕭然。

改按北直，鋤奄宦，劾宗室，糾外戚，不避權要。奉敕監軍山海關，覈將領，籌兵餉。掌河南道，侍經筵。四疏乞休歸。

南京亡，入西樵山。紹宗立，張家玉再三疏薦，敕撫按疾催，未赴。昭宗即位，累擢太僕卿、兵部右侍郎卒。年七十七。

子觀，字顒若。歲貢。隱順德西山草堂。詩有晚唐佳致。

侯偉時，字異度，公安人。崇禎四年進士。授陽江知縣，歷稽勳主事、文選郎中，恬淡有清望。北京陷，妾劉經死，偉時變服南走得免。紹宗立，起太僕少卿，命徵兵長沙。昭宗幸奉天，超擢吏部右侍郎，秉銓政。

孔有德陷奉天，上幸靖州，追扈不及，與吴炳同被執。見有德，嶷立直視，命坐不肯，勸薙髮不從，席地問不答，曰「應死久矣」，如是者三。偉時止一子章華，年十歲，夙鍾愛之。是日清命被珍服擁泣膝前請降，曰：「吾生汝猶一塊土耳。」蹴以足，仆之階下，罵益烈。左右捽其頰，血流面，刃交於脛，僵仆地上，竟不屈，從容賦絶命詩死，行道無不涕泣。章華亦悒悒死。

塤孟兆泰，江陵人。廣東道御史。將收偉時屍，守者拒之，格，大罵，與妻同死。女二，歸諸生王寵國、田甲，皆水死。塾師譚希侯從兆泰死。事聞，贈偉時禮部尚書、東閣大學士，謚忠靖。同死者：

趙廷璧，字相如，内鄉人。崇禎六年舉於鄉。自湘陰、瀏陽知縣，歷下湖南僉事。時諸軍屯集，廷璧傾誠交歡，諸將約束兵弁，民恃無恐。後佐章曠守湘陰，陞太僕卿。率妻吉、子熼、子婦馬等火死。

劉佐，嶍峨人。崇禎九年舉於鄉。自寶慶同知，累陞下湖南參議。

丘懋樸，字若木，新添人。崇禎六年舉於鄉。自徐聞知縣、嘗德推官，累遷上荆南僉事。清迭招不應，力拒死，贈太僕卿。

王世定，字日華，安福人。隆武元年舉廣西鄉試。授寶慶教授，躬行實踐，以古人自期。有德至，或勸走。曰：「見危授命之謂何，此言胡至吾耳耶？」衣冠坐明倫堂。授官不屈，與指揮楊登明、劉壯猷同死。

唐紹堯，字二華，武陵人。天啟二年進士。授高陽知縣。高陽爲魏忠賢故里，媚之者建生祠極崇峻，日奏樂上食，紹堯禁之。璫黨冉世魁與其叔爭産，紹堯因籍其資餉軍。忠賢怒，五年六月太監韓世能參之，遂遣緹騎逮治，下法司追比，先後責一百八十板。紹堯自獄中上疏劾忠賢曰：

竊惟忠賢有大罪三，舉朝皆知而皇上不知，天下皆見而皇上不見。今敬爲我皇上陳之：

一曰蔽主聽。皇上聰明天縱，神武性生，倚任先帝之臣，恪守祖宗之成憲，真不世出之主。乃自忠賢任事，舊臣皆已屏斥，政府日事紛更，假奉聖爲彌縫，潛結宫中之耳目；借内批爲獨斷，勾引腹内之虺蛇，致使涇渭莫分，章程無紀。其不可容於盛世者一也。

一曰誤國事。歷朝重典，内莫大於枚卜，外莫大於封疆。邇者忠賢一手握定，不繇廷推，徑擬入閣；不緣衆望，濫寄干城。中書以伴食爲榮，直是門生閣老；邊隅因開釁釀禍，或反冒捷邀封。民已窮而斂愈急，兵已驕而凱日聞。一旦脱有不虞，勢必土崩瓦解。其不容於盛世者二也。

一曰戮羣賢。國家養士數百年，忠君愛國之心，何人蔑有？迨忠賢專恣而後，一時號爲忠直敢言者，類皆以罪斥逐；斥逐不已，方且搏擊羅織之。大則身首異處，暴露邊隅；次亦血肉淋灕，摧殘杖下。而其爲爪牙爲鷹犬者，率皆充滿要途，以致頌功頌德，舉國若狂；請爵請祠，惟日不足。夫正人戮而讒邪進，君子消而世道衰，詩曰：「人之云亡，邦國殄瘁。」其不可容於盛世者三也。

伏惟皇上大震雷霆，將臣所奏，昭示中外，與衆共殛，然後斬臣，以謝忠賢，臣方含笑九泉，誓報犬馬於來世矣。

疏入，忠賢益怒，必欲置之死。會首輔李國㯳力救，乃稍解，於是誣坐贓三萬兩，拷掠無完膚，八月遣戍。

威宗立，出獄，起武選郎中。出爲開封知府，遷汝南副使，平盛二、郭三海亂，適當事有南陽之敗，恥之，且妒其功，調山東鹽運使。改平樂知府，陞陝西驛傳副使。時關中荒，棄嬰滿道，紹堯收養以萬計。轉嘉湖參政，復以謗移府江。晋廣西布政使，靖江王亨嘉反，率標兵突出不意平之。以僉都御史巡撫貴州。

昭宗即位，與擁戴，擢户部左侍郎。未幾卒，謚文貞。

子諴、誼、訪。誼，字正之。紹堯下獄，年十四，負鑕請代，人稱其孝。考授推官，隨任汝南、陝西，剿寇有功。紹堯臨終，命諸子毁家勤王，手書「忠孝」二字示之。永曆中，諴以閣部督五省義師。誼留楚奉母，保永州鎮峽關，與粤中相應。四年，馬蛟麟襲之，全家被執。脅誼作書招諴，誼草絶命詞，投筆大駡，遂遇害。訪，字周之。隆武元年廣西鄉試第一。永曆中，上六代中興法戒書。瞿式耜、黄錫衮嘆謂異才，疏薦庶吉士掌制誥，奉命入楚聯絡勳鎮。知不可爲，乃痛哭爲僧，名食苦。諴，自有傳。

紹堯弟思堯，字君贊。恩貢。以彭水知縣遷户部主事，亦隨危難；心堯，死張獻忠兵。

時户部官先後可稱者：

張尚，字若人，成都人。選貢。名著復社。授盂縣知縣。隆武中，遷職方主事。昭宗立，轉太僕丞。何吾騶入相，疏劾之罷。已陞少卿，諭解堵胤錫、曹志建。後擢僉都御史、管桂林鼓鑄。未幾鑄罷。桂林陷，亡去。

陳圭，字玉海，建安人。天啟元年舉於鄉。授永新知縣，歷桂林通判、衡州知府，以治行稱。同官戶部右侍郎。上幸南寧，迎駕。終事不詳。

巫三祝，字疑始，龍川人。子肖子。崇禎元年進士。授富順知縣，平寇有功。歷福寧知州，浙江司主事、員外郎、郎中。卒年八十。

陳是集，字虛斯，文昌人。崇禎四年進士。授中書舍人。出使蜀、靖諸王，不受餽遺。既復命，壬人嫁禍下獄，赦免。久之，起浙江司主事，歷員外郎、郎中歸。居貧，刺不入公廷。

江國選，黎平人。浙江司郎中。

鄧承藩，字覺斯，全州人。天啟四年舉於鄉。歷華州知州、臨江同知、江西司郎中。

趙炳龍，字文成，劍川人。崇禎十五年舉於鄉。講經世學。佐楊畏知守楚雄，隨至肇慶，自文選主事，歷戶部江西司員外郎、郎中。從扈安龍。畏知死，慨然投劾歸，隱向湖村。詩哀怨悱惻，多君國身世之感。吴三桂迫起之，入石寶山卒。

趙之琰，保山人。萬曆四十六年舉於鄉。湖廣司郎中。三拒孫可望命，救饑埋胔以卒。

胡我琨，合州人。世賞從子，隆武元年舉貴州鄉試。任右府經歷，從王應熊軍。自湖廣司主事，歷員外郎、郎中。國亡爲僧，清召不出。弟我玠，字玉書。隆武元年舉貴州鄉試。從應熊軍。自户部陜西司主事，歷監軍僉事。隨李定國出師，兼吉安知府。入爲郎中歸。子其儼字若思，任尚寶丞，降清。

沈巨儒，字越雞，萬縣人。天啟四年舉於鄉。陜西司郎中。國亡入山。李國英招之，不應，以詩文自娱終。

劉賜桂，臨林人。萬曆四十年舉於鄉。廣東司郎中。

陳璠，字瑕無，内江人。父奎瞻，隆武二年死難綦江。璠，崇禎中舉於鄉。廣東司郎中。課徒順寧卒。

謝天命，字魯生，全州人。天啟元年舉於鄉。山東司郎中，陞龍安知府，未任卒。

梁祐新，順德人。萬曆四十六年舉於鄉。福建司郎中。

梁之垣，梁山人。舉於鄉。福建司郎中。隱思南。

李庚齊，江津人。崇禎十三年特用。歷涇州知州，瑞州同知，河南司主事、員外郎、郎中。潛究程朱。妾孫爲寇執，舟過重慶，挾子投江死。

胡學戴，五開人。選貢。漳州同知，累遷雲南、河南司郎中。

張聚垣，字象緯，黄平人。歲貢。河南司郎中。

蘇九容，筠連人。天啟四年舉於鄉。山西司郎中。

鄧承簡，全州人。萬曆三十四年舉於鄉。山西司郎中。

何至聖，富川人。天啟四年舉於鄉。四川司郎中。

喻思恪，榮昌人。任四川司郎中。

朱光允，南海人。萬曆四十三年舉於鄉。廣西司郎中。

李介，字虹江，元江人。隆武二年舉於鄉。蒙化同知，著循聲。擢廣西司郎中。

梁曒，字宅羲，順德人。崇禎六年舉於鄉。貴州司郎中。

孫光前，馬平人。太僕卿克恕子。任山西司郎中，調貴州司。

婁惺伯，字愚庵，湘陰人。父琇，太僕少卿，死難。惺伯，任雲南司郎中。降清，除山西按察使。永曆元年以疏縱故藩見法。

馬永思，字盛公，桐城人。弘光元年恩貢。授文華殿中書。遷刑部主事，治獄多平反。與馬吉翔忤，改考功。陞户部雲南司郎中，督理糧餉卒。

闞家炳，字堯文，順德人。崇禎十三年特用。歷南京司務、山東司主事、浙江司員外郎，國亡杜門。

霍藻，字濬公，南海人。崇禎十三年特用。江西司員外郎。

郭際昌，蒼梧人。崇禎十三年特用。江西司員外郎。

張文煥，全州人。天啟元年舉於鄉。湖廣司員外郎。

趙嗣鼎，臨桂人。崇禎六年舉於鄉。陝西司員外郎。

戴明聖，灌陽人。萬曆四十六年舉於鄉。廣東司員外郎。

楊樹第，字及之，内江人。天啟四年舉於鄉。廣東司員外郎。

伍登龍，全州人。萬曆四十三年舉於鄉。山東司員外郎。

王夢台，全州人。萬曆四十三年舉於鄉。福建司員外郎。

林沖霄，字爾搏，莆田人。天啟元年舉於鄉。歷吏部司務，累遷户部河南司員外郎。

宋時傑，黄平人。歲貢。河南司員外郎。

黄河圖，字十五，和州人。山西司員外郎。通皇極經世書。隱順寧，後死鶴慶。

謝啟翰，字屏南，馬平人。萬曆四十六年舉於鄉。永康知縣。助式耜守桂林。歷廣西司主事、四川司員外郎。隱。

鄭君錫，平溪人。崇禎九年舉於鄉。廣西司員外郎。

馮挺衡，本名國柱，字鼎臣，番禺人。萬曆三十七年舉於鄉。授善化知縣。臨藍賊數萬攻城，卻之，修城浚池，練兵繕甲。四署長沙，調奉新，平劇盜李肅十等。歷工部主事、員外郎，改户部雲南司。上幸桂林，走龍巖卒，年七十四。

蔣明良，普安人。天啟元年舉於鄉。浙江司主事。

李麟祥，信宜人。賢良方正。江西司主事。

林成義，蓬溪人。湖廣司主事。

王渚，貴池人。廣東司主事。

張惟謙，揭陽人。四川司主事。

汪錫朋，字符倩，歙縣人。廣西司主事。

許一麟，字天池，福建司主事；熊軾，字學瞻，河南司主事；陳世芳，字谷蘭，陝西司主事，皆不知何許人。居甕安，與錢邦芑唱和。

鄭樵，字桂仙，嵋峨人。貴州司主事。陳鳴鳳字邕治，長沙人。雲南司主事。皆隱順寧。

王芝瑞，字鍾淑，江寧人。崇禎四年進士。授行人，歷驗封主事、員外郎。有郡王當降授將軍者，行賄三千，請襲王封，芝瑞駁之。政府爲之言，終不可。真人張應京謁上建壇，命祈雪不效，上猶眷之，因疏求策勳府，以居魏忠賢故宅。事下，芝瑞曰：「宅故賜額以待有功。應京以一羽流，高爵厚糈，而祈雪且無應，彼何動哉？」格不與。周延儒再相，芝瑞故所取士，吏部補人，欲以芝瑞補。芝瑞曰：「相公出山，不饜輿望，將必敗乃公事。吾去恐不速，敢汩其波乎？」乃力辭歸。

久之，起四川督學僉事，佐王應熊措餉有功。弘光元年，奉命守江，寇不敢渡。擢尚寶少卿，命未至，閏六月張獻忠悉兵南向，拒之江上。樊一蘅以輕進敗，芝瑞救之，失道遇寇傷馬。後軍至，乃免，退保永寧。尋陷。曾英初爲芝瑞所拔，應熊命諭攻寇復永寧，芝瑞守遵義。紹宗立，召光禄少卿、太僕少卿，擢兵部右侍郎、僉都御史巡撫四川。芝瑞應召，行至湖南，中道而福京亡，依劉承胤武岡。承胤欲立岷王，芝瑞力折之，幾被害。走廣西，黄尚賓以兵迎居萬年城。永曆二年閏三月，以吏部左侍郎召，拜命遽卒。

子馮，字杲青。家貧，歸父及潘世奇骨於肇慶。

同時吏部官可紀者：

龍大維，字張卿，高州石城人。崇禎四年進士。歷文選主事員外郎，以墨敗。十七年八月，諸生崔文瀾攻城，殲大維家。守道邢甲命廩生林一梅誅文瀾。永曆初起郎中，再以貪婪劾罷。未幾，起太僕少卿，累擢吏部右侍郎。子昺，歲貢。博白知縣。

趙獻素，字南石，全州人。萬曆四十年舉於鄉。歷户部郎中、寧武副使、太僕卿。與何騰蛟破清兵桂林，復全州，陞吏部右侍郎。耿介廉靜，有古大臣風。

李芳曾，字角月，長壽人。崇禎三年舉於鄉。授崇陽知縣。與汪柱、趙繼抃謀起兵拒清。教諭周生文畔，間引清兵至，芳曾與蒙正發、孫嗣濟夜走摩旗峯，入長沙章曠軍。謁肇慶，歷職方員外郎、文選郎中。力絕私交，不受苞苴。每入朝，下車帷，不欲各官見面。劉季鑛三訪之不見，謂同列曰：「李公真人中龍也。」肇慶陷，歸隱，以天年終。

徐世儀，南直人。選貢。自儀制主事，歷文選員外郎、郎中。

顧經祖，字二龍，巴縣人。崇禎十三年特用。自文選主事，歷員外郎、郎中。國亡，隱順寧落黨山村，吟哦以終。

吳中蕃，字滋大，新貴人。子騏子，崇禎十五年舉於鄉。歷遵義知縣，重慶、普安知府，儀制、文選郎中。清徵雲南知府，不就。吳三桂起兵聘之，不應。

李際明，字伯章，順德人。崇禎十三年進士。授建德知縣，苞苴贖鍰歸公，大荒盡心振恤。左夢庚兵至，與都司彭起濬力拒。遷儀制主事，歷員外郎、職方、驗封郎中。降清。

李可棟，劍川人。崇禎七年進士。授蘇州教授，遷武庫主事，歷驗封員外郎、郎中。

梁羽翰，字鵲起，海康人。崇禎十六年進士。歷稽勳主事、員外郎、郎中歸。入清，同年多在要津，居貧無趨附念。趙最守雷，迭誘脅不出。一夕自經進士坊下卒。二子皆飢死。

曾高捷，字雲馭，賓川人。崇禎十三年進士。授驗封主事歸。深研性命之學。孫可望脅降不屈。昭宗幸滇京，遷稽勳員外郎、郎中。國亡，爲僧雞足山，名還源。卒年八十。

尹文煒，字去文，金華人。崇禎十年進士。授金谿知縣，爲政清淨，獄訟平息。與黄道周義師。王化澄薦考功主事，歷員外郎、郎中。

吴道昌，都匀人。崇禎十二年舉於鄉。自宜春知縣，累擢御史、考功郎中。

鄧騰雲，南海人。崇禎三年舉於鄉。工部主事，遷文選員外郎。

沈縉，興隆人。天啟七年舉於鄉。文選員外郎。

尹三錫，鎮遠人。萬曆四十三年舉於鄉。驗封員外郎。

陳鵬，字九萬，高安人。崇禎十五年舉於鄉。稽勳員外郎。

倪參化，黎平人。萬曆四十年舉於鄉。考功員外郎。

封昌祚，字振祧，容縣人。崇禎九年舉於鄉。户部山東司主事，與劉宗周抗論馬阮，乞歸。遷考功員外郎，陽狂入山歿。遺命以故衣冠殮。

李宏，鎮遠人。萬曆四十年舉於鄉。文選主事。

區熙，字若孩，番禺人。天啟四年舉於鄉。歷宣化教諭、吏部司務、文選主事。

楊自任，南安州人。崇禎十五年舉於鄉。吏部司務、文選主事。

楊炳禮，江津人。選貢。驗封主事。

夏道誠，衡山人。恩貢。驗封主事。

彭朝信，保昌人。稽勳主事。

丘士端，黔陽人。選貢。稽勳主事。

孫萬芳，臨桂人。隆武二年舉於鄉。兵部司務、職方主事，調考功。

吴昺，字昭侯，閬中人。選貢。考功主事。隱河陽。恬静高潔，人重其義。

許鴻，字子羽，閩縣人。考功主事。國亡，卜居大理，吟詠自適。先遇兵斷右掌，以左腕書，能作懷素大草。

王正國，吴江人。吏員。司務。

印司奇，字雪浪，嘗德桃源人。崇禎四年進士。授南京車駕主事，歷員外郎、郎中。峭直廉介，使氣不爲物下。謝陞召掌北銓，司奇以新例裁其驛卒，南京僚屬祖道，亦不往。陞顧重之。

出爲鎮江知府，温體仁欲陷錢謙益、瞿式耜，募無賴子擊登聞鼓訟之，下撫按檄會鞫，司奇擿其奸狀。體仁怒，鐫其級。已與推官雷起劍交惡，降謫歸里，囊無十金，清名滿江表。

安宗立，起嘗鎮副使。隆武中以僉都御史協理院事。福京亡，歸隱。清兵陷辰、嘗，崎嶇至桂林，累擢通政使、兵部右侍郎。桂林陷，爲僧終。

友人姚湘，字夢峽，餘杭人。杭州陷，不肯薙髮，隨金堡楚、粵。丁時魁欲薦之，湘罵曰：「吾死爲大明一秀才足矣，何用此腐鼠爲？」國亡後，隱居卒。

辜朝薦，字端敬，海陽人。崇禎元年進士。授桐城知縣，遷安慶推官，入爲山東道御史，改户科給事中，疏劾溫體仁。與郭之奇、羅萬傑、黃奇遇號爲四駿。

十二年秋，督催三楚練餉一百二十萬，未四月報竣。憂歸。服闋，補禮科左，疏劾董心葵爲周延儒鷹犬。

十七年，以前督餉稱旨，陞户科都給事中，督南直、江西、廣東、廣西糧餉。出都而國變。安宗立，改禮科。

紹宗即位，何吾騶方在朝，與朝薦隙，故不出。海澄寇亂決隄，潮州盡爲澤國，里人屢築屢潰，朝薦命子之潤築之，至今東南諸郡食其利。隆武二年，黃海如亂潮，逃弁李明內應。朝薦、黃錦、程峋欲緩之。有陳君諤者計誘明出，密令張瑞漢衷甲直前斬之，殲其黨。清兵陷潮，展轉避地。李成棟反正，李用楫薦擢太僕少卿，晋僉都御史；之奇再薦兵部右侍郎、副都御史。後依鄭成功思明。成功致敬，軍國大事一皆咨決。晚渡東寧卒。

妻謝，於寇至時，出鏹二千募兵，死守全城，潮人德之。

弟朝采，字端章。諸生。遯跡海外十餘年卒。

君諤，字替否，澄海人。諸生。官參將，力拒海如鷗汀寨，後又拒成功卒。

江振鵬，字翼雲，泰寧人。天啟元年舉於鄉。授懷遠知縣，以威惠稱。遷通安知州，未赴。

永曆初，以營繕員外郎，累擢工部右侍郎，佐瞿式耜守桂林。覩疆事日急，命長子荀龍曰：「歸矣！我酬君父，汝教子弟，勿我念也。」時季子白龍方間之桂。值桂林陷，振鵬不食卒。妾張、白龍及幼子懷龍，俱從死，桂林人立祠祀之。其後仲子燭龍入桂，扶服扶柩歸葬。

同時丁朝棟，字潤生，臨川人。萬曆四十六年舉於鄉，九上春官不第。南京亡，朝夕悲號，矢志勤王，與弟朝陳及義勇徐應期、黃文光起兵應永寧王由㯖。清兵屠其家，名捕急，赴桂林，授工部主事，累擢左侍郎。桂林陷，與同官十六人西行，遇害泗城瀨灘村。門人南昌胡紹先方客粵幕，收骨瘞之。

高賚明，字孟良，順德人。天啟二年進士。授新喻知縣，調安福。里户解米泊省河候兑收，苦耗失，捐立城外行倉，使暫貯待輸納，民稱便之。舊俗獲竊盜，擲投濠潭斃之，不送署訊。賚明察出，以擅殺律論，於是宵小感化，三年無犯竊者。魏忠賢毁天下書院爲生祠，安福有復古、復禮書院在毁中，抗言復古祀王守仁、湛若水、鄒守益，皆本朝大儒，毁之則得罪天下名教，雖死不敢爲。爭之力，復禮以是得免。遷河南道御史，以建言謫歸。與陳子壯復修南園社。

昭宗即位，起刑部郎中。李成棟反正，李元胤薦太嘗少卿，改大理。從扈南寧，追兵急，百官星散，賚明不去。上幸安龍，擢工部右侍郎。滇京陷後歸，貧甚，紙袍糠餌，安之若素。未幾卒。

時工部司官之可紀者：

李懋修，字伯躋，順德人。崇禎十三年特用。自寧州知州，累遷營繕郎中。

陶文彦，字名籙，大理太和人。崇禎七年進士。自連城知縣，累遷營繕郎中。

蔣獻禎，字鳳儀，全州人。萬曆三十七年舉於鄉。授歸化知縣，調昆明。歷工部主事，督理七省糧餉，轉虞衡員外郎、郎中。

馮毓舜，字景符，南海人。崇禎十三年特用。虞衡主事。從陳子壯起兵，累陞郎中。

劉晋康，字巨源，富順人。崇禎十二年舉於鄉。歷平和知縣，德慶知州、廉州知府，政簡刑清。累陞都水郎中。隱。

熊汝學，字月崖，豐城人。進士。都水郎中。隱忠州。

王維祺，夷陵人。屯田郎中。

曹柱，字擎伯，湄潭人。崇禎十五年舉於鄉。屯田郎中。隱。

蕭棨，新會人。天啟元年舉於鄉。營繕員外郎。

謝振宗，字占熊，高明人。恩貢。虞衡員外郎。歸，布蔬數十年不出，卒年八十五。

廖廷詔，重慶忠州人。太學生。都水員外郎。

張世經，南城人。副貢。屯田員外郎。

陳純來，字孝標，寧波奉化人。太學生。營繕主事，督興陵工。桂林陷，上自南寧出幸。或勸走，曰：「吾當守陵寢，以待駕返。死且不敢，況行耶？」乃爲僧，居陵下終。

祈聖年，太平永康人。竹谿知縣，遷營繕主事。

劉孝思，字維則，攸縣人。工詩。營繕主事。西遊蒼洱，入雞山。將死，自火其詩文。

何邇道，字平孺，香山人。歲貢。都水虞衡主事，爲陳邦彦造葬。

吴仕賢，崖州人。舉人才。虞衡主事。

李世榮，不知何許人。通判，遷都水主事。

黄德振，揭陽人。舉賢良。都水主事。

李日顯，饒州安仁人。恩貢。屯田主事。

陳朝舉，揭陽人。屯田主事。

婁僎，安順人。天啟元年舉於鄉。司務。

潘琪，宣化人。崇禎十六年進士。授中書舍人。安宗立，與馮斐分頒廣西、廣東追尊謚號詔。隆武時，歷簡討、編修。昭宗即位，轉右諭德。先隆武元年，安南黎維祐使阮仁政朝福京求封，永曆元年五月，命琪以一品服與李用楫封維祐安南國王。册文曰：

朕惟帝王之興，務先柔遠，春秋之義，獨獎尊王。昔我皇祖疆理天下，海隅日出，盡入版圖。惟爾安南，獨承聲教，禮樂衣冠，漸爲風俗，其食國家之恩者百世，貽子孫之慶者數傳。

爾都統司黎維祐，賢良夙昭，恭順不懈，宜德服龍荒而聲馳象魏。當我隆武皇帝御極閩甸，爾獨航海來王。惟國家不寶遠物，臣人享贄，祗嘉事大之誠。念要荒皆吾赤子，錫社分藩，所謂柔遠以德。

朕以神宗皇帝嫡孫，爲四海臣民推戴，纘承大統，撫臨萬方，遠慕唐帝協和之風，近想漢宣兼臨之盛。值兹醜類犯順，爲我薄海同仇，楚蜀之壯士雲興，吴越之義旗響應，滅此胡虜，綏彼四方。嘉爾忠誠，深予眷注，是用遣詞臣潘琪、科臣李用楫持節封爾爲安南國王。

於戲！章服奉龍光之命，圭璧餘燕翼之休。君爾國，子爾民，耕桑亦屬帝德；荒服王，賓服享，共球無怠前修。朕惟漢家銅柱之封，永綏南服，夏后塗山之會，再見中原。欽哉。

二年二月安南入貢。五年二月，命官諭安南資兵象糧銃助恢剿，又遣官齎敕印封安南師父清王鄭梉爲安南國副王，册文曰：

朕惟祖宗肇有區夏，聲教誕敷；禮信外藩，以廣國家屏翰。爾安南王黎氏，介在南服，世奉車書，載德懷忠，欽承靡替。原其所致，則爾輔國政鄭梉，乃祖乃父，後先同德，匡扶翼贊之功，載在驛傳，夙昭國盟。傳至爾梉，功名益著，夷屬傾心，匡王庇民，克修厥職，朕所鑒知。

邇者朕蹕粤西，鋭圖克復，憂切宵旰，五載於兹。今川楚諸勳臣，相次入扈。大師率止，萬竈雲屯，我軍大振。向之環兵入衛者，已經次第引去。而爾鄭柟，奉表稱貢，自春徂秋，接踵間關，罔敢廢墜，朕甚嘉之。雖排抑有徒，朕不爲間。是用特崇殊典，晋封爾爲安南副國王，錫之敕印。爾其祇受，以裕來兹。

於戲！朝廷置外藩所以撫要荒，弘捍蔽。承平則漸濡德教，戡定則翊贊明威。維翰維城，無分中外。爾懋膺寵錫，務益忠貞，夾輔黎氏，永修職貢，作朕南藩，永世勿替。欽哉。

十月上幸新寧，莫敬耀貢金二萬，晋安南都統。其後九年九月，再册封鄭祚爲安南國王，賜金章。二十一年春，安南陪臣克立入貢石鏡一尺許，蟻二，小象二，大蛇二，紋綾、綢帛諸方物，並願歲上銀二三萬兩。璽書優答。

琪累擢詹事、禮部左侍郎。從扈緬甸。馬吉翔、李國泰用事，與王祖望、鄧居詔、齊環、王應偉、張龍先後劾其表裏爲奸，以調燮爲彌縫，視賄賂爲進退，乞即罷斥，以張人心，以回天意。不省。未幾卒。

斐，字可絅，金壇人。崇禎十六年進士。中書舍人。

時禮部司官之可紀者：

張魯傳，字宗在，崑山人。恩貢。授鄰縣知縣，力守拒清兵。調雩都，閻王總亂，龍泉知縣不能拒走，往集紳民防之，城得復完。隆武元年十一月，閻王總攻雩都，持以鎮靜，卒卻去。遷新寧知州，清使招降，立予杖殺。歷祠祭主事、員外郎，主客儀制郎中。卒官，贈太僕卿。子立藻，有膂力，殺敵功多，國亡爲僧；嵋自有傳。

張應斗，字北生，沔陽人。選貢。自寶慶訓導，累遷儀制郎中。

嚴復初，字養庵，崑山人。選貢。儀制郎中。後家於粵。

何廷相，富川人。萬曆三十五年進士。歷户部主事、員外郎，祠祭郎中。

梁國楝，字景升，香山人。天啟四年舉於鄉。授彭澤知縣，民稱鐵面，禽寇官三。左夢庚兵過，不敢擾。歷祠祭主事、員外郎、郎中。歸，讀書自娱，卒年七十二。

鄧一鼒，全州人。崇禎四年進士。歷兵部主事，主客員外郎、郎中。

徐龍禎，字騰九，廣東三水人。崇禎六年舉於鄉。歷福寧知州，儀制主事，主客員外郎、郎中。隱。

毛會建，字子霞，武進人。副貢。自樂昌知縣，歷儀制主事，主客員外郎、郎中。耿繼茂、尚可喜物色之，遁江夏。

何子朗，字明公，香山人。副貢。歷待詔、主客主事、儀制員外郎、精膳郎中。

王明汲，平樂人。萬曆四十六年舉於鄉。歷處州推官，户部陝西司主事，精膳員外郎、郎中。

陳鴻勳，陸川人。崇禎十二年舉於鄉。歷陽江知縣，儀制主事、員外郎。入山。

陳詩，字采俞，順德人。崇禎六年舉於鄉。祠祭員外郎。杜門痛哭死。子諸生文標從死。

李寅，字曉令，嘉興人。同知士標子。諸生。名著復社。精膳員外郎。死廣東。

何湛然，高要人。天啟七年舉於鄉。儀制主事。

趙嶷，字國子，廬陵人。副貢。儀制主事。國亡，爲僧青原。

梁稷，字非馨，南海人。袁崇煥幕客。崇煥死，入南京何喬遠幕歸。授祠祭主事。疏白崇煥冤，請補謚蔭祭葬。

黎之麟，番禺人。崇禎九年舉於鄉。主客主事。

陳梅，靖州人。歷禮部司務，精膳主事。隱。

余鵾翔，字誕北，辰溪人。天啟五年進士。授金谿知縣。縣吏朋奸侵牟官鏹，鵾翔至，悉抵之法。許灣故盜窟，鵾翔僞出水次，突搗其巢禽之，人驚爲神。調遂溪，洊遷户部主事、員外郎，出爲徽寧參議。歷浙江、山東副使，蘇嵩參政。紹宗立，南京户部右侍郎。永曆時，召户部，晉兵部尚書，督七省餉。與張嵋崎嶇滇、黔間。七年，以楊崑事連，被執南京，與萬日吉等同不屈，一門死。

弟麟翔，字十房。副貢。從黄蜚起兵不成，欲走桂林不果。授浙江監軍御史，傾家招兵。事發死。

嵋，一名充美，字眉山，崑山人。魯傳子。劍眉鳳目，方面修髯，負大畧，兼工擊刺。從魯傳廣東。憂歸，道逢僉事何永祐卒，被執。永祐阻山而屯，得嵋，欲殺之。嵋具言其身世。永祐色動，曰：「果爾，則通家也。今海宇鼎沸，盍留觀變。」曰可，遂以女妻之。無何，永祐歿，統其衆。聞昭宗立，率千人從扈。值清兵至，戰捷，授職方主事。累功官兵部右侍郎，賜蟒玉。永曆三年，封吴三桂漢中王，命賫密詔金章宣諭，未行。十二年秋，三桂詭稱反正，上再命宣諭。至則三桂設宴，曰：「天命有歸，幸毋自辱。」誘脅歸順。嵋知見紿，大駡。三桂示以藥酒，謂曰：「不欲富貴，盍飲此酒？」嵋一吸而盡，舉杯擊三桂面不中，周身戰栗，首足相就而死，身猶椅坐。清兵棺殮，屍三曲不入。士民憐其忠，火屍儲骨銀甕，以缶合之，卒年三十三。事聞，上爲文祭之，贈尚書、武英殿大學士，謚忠武。

日吉，字允康，黄岡人。崇禎十三年進士。授崑山知縣。隆武初，遷兵部主事。時選貢爲庶萃士，日吉特疏劾其非制。上曰：「拔士貢中，作育人才，事關特典。命曰『萃士』，原不同庶吉士，毋得憤激詆誹。」轉建南副使。清兵至，亡去。已以起兵，改嶺北參議。間至寧波，聯絡海師，欲謁監國魯王，不果。以崑事連，致蘇州。臨命取石擲清兵，罵不絕口而死。贈太僕卿。

又余宏化，字貳公，婺源人。工書，善騎射，美鬚髯，多力，馬上使二飛錐如雪，十步擊敵無不中。少以社兵退寇，授千總。安宗立，累遷鄱陽參將，從袁繼咸軍。紹宗時，擢總兵。昭宗即位，命變姓名，往來南直、江西、浙、閩，日召募遊説。十二年被執，明年遇害南京。妻子從死。

賀王盛，字無黨，丹陽人。世壽子。崇禎元年進士。授文登知縣，調諸城。孔有德畔，募勇守城，不敢犯。莒寇起，募壯士往剿，大破之，渠魁走死。秩滿，例除臺省。當事畏其敢言，詭謂王盛知兵，遷職方主事。抗疏極論時政，語侵首輔溫體仁。王坤疏辨，條奏其竊權亂紀。先後疏七上，直聲震天下。屬次輔擬旨，請廷杖，不從，鐫三級，出爲河南簡較。未幾，體仁去，晋大理副，擢太僕丞。時以漕爲急，上膠萊海運圖，請開文登養魚池以通漕。命勘視，未行而北京亡。受李自成官。南歸，陞少卿。永曆八年，以兵部右侍郎召，與黄其晟並命。王盛道遠不克赴。二月，被執不屈，賦絶命詞，與楊崑等同死。

子汝第，字合虚。諸生。爲僧，名生庵。弟王醇，字魯縫，廩生。著名復社，以黄冠隱。

其晟，字仲曄，同安人。天啟二年進士。歷内閣中書，巡視東城御史，撫州、南昌、桂林知府，南寧副使，有惠政。昭宗即位，擢工部右侍郎。永曆二年正月，與蔡世承同入爲兵部左右侍郎，未赴。後從扈緬甸。入清，繫獄六年。歸卒。

世承，字香城，宣化人。崇禎六年舉於鄉。授績溪知縣，遷海州知州。兵後安集，寬刑薄賦，士民思之。南京亡歸。永曆元年，遷御史。三月，清兵陷南寧，與陳瑾謀起兵，被執下獄得脱。再起兵，復永淳、横州、欽州。七月，與宗室統鍪復廉州，管道事。二年四月，合靈山武忠、薛景文、寧復初，横州王皎兒、徐彪復靈山。七月，與舉人梁甲復廉州，執馬漢推官洪甲。

胡璇，本名璋，字寶樹，騰越人。崇禎七年進士。歷行人驗封主事、郎中，太僕卿。永曆十二年，與張重任同應召，晋工部右侍郎。偕楊在、鄔昌琦上恢復八策，格於馬吉翔、李國泰，不用。上西狩緬甸，隨扈銅壁關散失，歸隱寶峯山。博學能文，潛心性理，雲南學者奉以爲師。

同時行遯者：

戈允禮，字敬輿，保山人。天啟二年進士。授麻城知縣，弊絶風清，邑人比之召父。歷户、吏科給事中，彈劾不避權貴。張捷舉吕純如，力言逆案不可翻。遷應天府尹歸。永曆十年九月，謁滇京，以年老，晋工部右侍郎，致仕卒。

張朝，崇陽人。隆武二年舉於鄉。累官工部左侍郎。

楊定國，字子鎮，大理太和人。天啟七年舉於鄉。歷邵武同知，福建運同，荆西僉事，清介有幹才。歸里，爲後學日講聖賢要旨。孫可望招，不屈。

劉芳，字實甫，石屏人。天啟四年舉於鄉。授碭山知縣，息嚚訟，懲猾吏，清積欠，革耗羡。調蒲臺致仕。沙定洲亂，力守全城。可望起臨安推官，不應。

施德裕，字惟一，鶴慶人。崇禎三年舉於鄉。自射洪知縣，遷黄州同知。時楚地受兵，單車之任，悉心備守。城陷，被執得脱。晚居望江，杜門詩酒，卒年七十一。

艾廷獻，字念葵，通海人。天啟元年舉於鄉。授池州同知，廉幹有聲。可望脅授官，不赴。

楊開泰，字保寅，石屏人。天啟四年舉於鄉。自龍巖知縣調鎮江同知。張獻忠窺江上，大修船艦禦之。聞北京亡，自經遇救，歸隱乾陽山，永曆十八年卒。

楊先聲，字傳伯，大理太和人。天啟四年舉於鄉。授蟄江知縣，民尸祝之。乞歸，力田奉親，環堵蕭然。可望招，不屈。

李宗望，建水人。萬曆四十六年舉於鄉。授原武知縣，致仕，爲僧名洪度。

向于宸，字心孚，河西人。選貢。授射洪知縣。獻忠入川，捐金造敵樓五十，建城外土牆，期死守。會城内有携貳者，戰不勝，懷印走成都。城已被圍數重，于宸間入，署監軍。請簡兵半出城犄角，與城中夾擊，不用。城破被執。啗以官，不應，脱歸。入清，屢拒辟命。

王士俊，陸涼人。選貢。授徽州判官，調文縣知縣，拒守有功歸。可望重其清德，相戒勿入其門。子之昭，字涵炤，永曆三年選貢。楚雄知縣。降清。卒年八十二。

莊以裕，字仲元，曲靖南寧人。恩貢。授鎮江通判。高明，字遍映，雲南廣西人。歲貢。官陽宗訓導，耿直有守。李謙亨，雲南廣西人。隆武二年舉於鄉。王府審理。皆清徵不起。

贊曰：來賀、璇，菑畬經訓；三省、遠生、獻、思慥、貞一、士淳、士濟，素業貞萃；陳玉、作霖、光夏、偉時、王盛，忠誠亮藎；奇遇、公輔、三聘、芝瑞、司奇、振鵬、琪、鵾翔，劬瘁協恭；可藻、邦芑、維新、紹堯、朝薦、賚明，敦大開敏，可謂朝之彥士矣。琦才軨任重，既負且乘，於諸臣不無愧焉。